SoloMan

Alleen op zee met God en AOW

Jack van Ommen

Schrijver: Jack van Ommen
© Alle rechten voorbehouden aan Jack van Ommen
Omslag ontwerp Arjen IJff. www.ArjenIJff.nl
Omslag foto: Roberta DiLallo, in de Zwarte Zee 30/08/2011
ISBN: zwart-wit **978-1523928125** kleurendruk **978-1522915256**
Eerste uitgave: 20 februari 2016
Revisie: December 15, 2018

The winds of change are always blowing
And every time I try to stay
The winds of change continue blowing
And they just carry me away

Tekst van Albert Hammond en Hal David uit:

"To all the girls I've loved before"
I'm glad you sailed along
I dedicate this song

1. Inleiding

De kans om mijn lang gekoesterde droom te verwezenlijken kwam pas laat in mijn leven, na een series van tegenslagen. Waar ik uiteindelijk mee van wal ging leek menigeen onverantwoord en zelfs dwaas. Af en toe, voor en tijdens het avontuur, moest ik ze wel eens gelijk geven.

In het schrijven van "SoloMan" nodig ik U uit om de negen jaar ontdekkingsreis met mij weer te beleven; om de hoogtepunten en uitdagingen mee te maken in het leven aan boord van een klein zeiljacht, met weinig geld, in een wonderwereld waar vreemden vrienden worden en God tastbaar is.

De meeste boeken over lange zeereizen beschrijven hoe de eindbestemming bereikt wordt. Dit verhaal gaat over hoe ik hier toekwam, wie ik ben en de ontmoetingen die ik had. Ook leg ik uit waarom ik graag alleen zeil.

Ik had een paar wensen op mijn lijstje, zoals Vietnam weer terug te zien, en af te meren voor de mastmakerij in de Lemmer waar onze moeder opgegroeid is.

In het volgende hoofdstuk maak ik de rekening op van de afstanden die ik zeilde, de 51 landen die ik bezocht heb en de 568 sluizen waar de "Fleetwood" doorgeschut is.

En uiteindelijk, na 88.000 km, liep het spoor onverwachts dood.

Het boek is geïllustreerd met een gedeelte van mijn foto's. Achter in het boek is een inhoudsopgave van dias-hows voor de verschillende delen van de reis en dit boek. De dia-shows kunt U downloaden van mijn website, er is tekst bij de foto's en audio. De foto's geven U een veel betere indruk van waar het verhaal plaats vindt dan ik in woord kan beschrijven. Dit is vooral aanbevelenswaardig bij het lezen van het zwart wit geïllustreerde boek.

Er staan veel foto's van kerkinterieurs in dit boek. Ik ben de tel kwijtgeraakt van de diensten die ik in de 51 landen bijgewoond heb. God maakt mij een ontzettend blij en dankbaar mens. Met Hem ben ik een solozeiler die nooit alleen vaart.

Voor zeilers die mijn reiservaringen als een cruising guide willen gebruiken geef ik "links" naar de "Logs" die ik schreef van 2005 tot 2009 voor de verschillende delen van de tocht. Hier vindt U, onder anderen, de gps-coördinaten van mijn anker plaatsen en meer specifieke praktische details. In 2009 begon ik mijn dagelijkse ervaringen vast te leggen op mijn blog www.cometosea.us

Ik bewijs dat het met weinig geld kan en dat leeftijd er minder op aan komt dan de wil en de nieuwsgierigheid. Ik was 68 toen ik vertrok en mijn enige aardse bezittingen waren toen een boot van 9 meter en $150 op mijn rekening.
Het is mijn hoop dat ik U hiermee inspireer om ook de trossen los te gooien.

Als U vragen of commentaar voor me heeft kunt U dit doorgeven in de contact sectie van de website voor het boek www.SoloMan.nl.

2. De "Fleetwood" rond de wereld route.

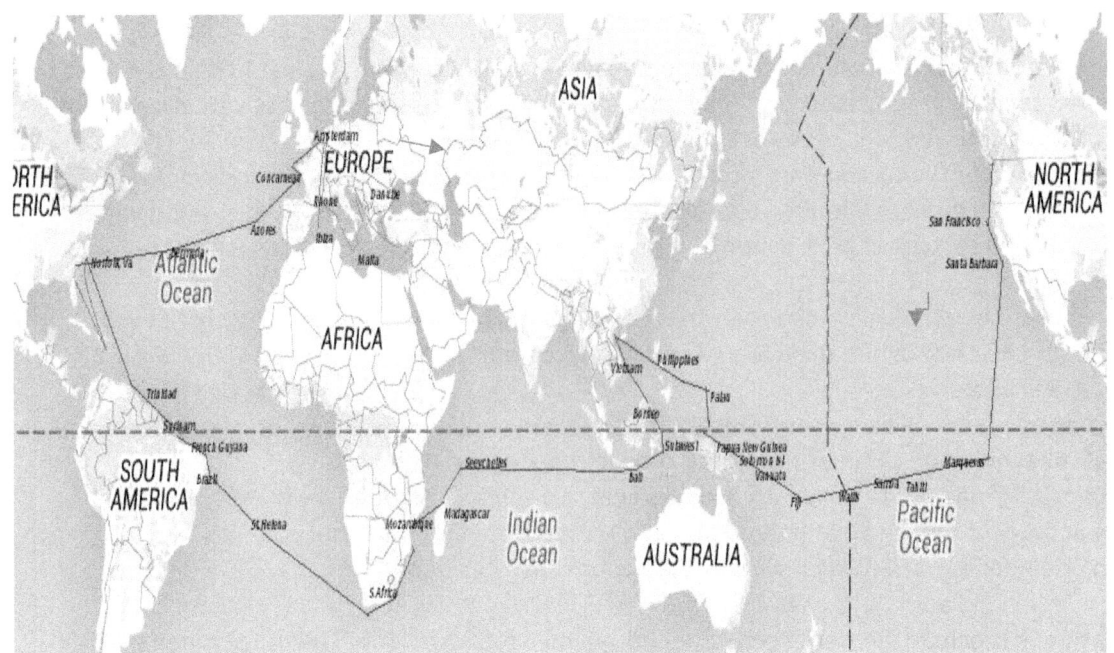

Door de Europese rivieren

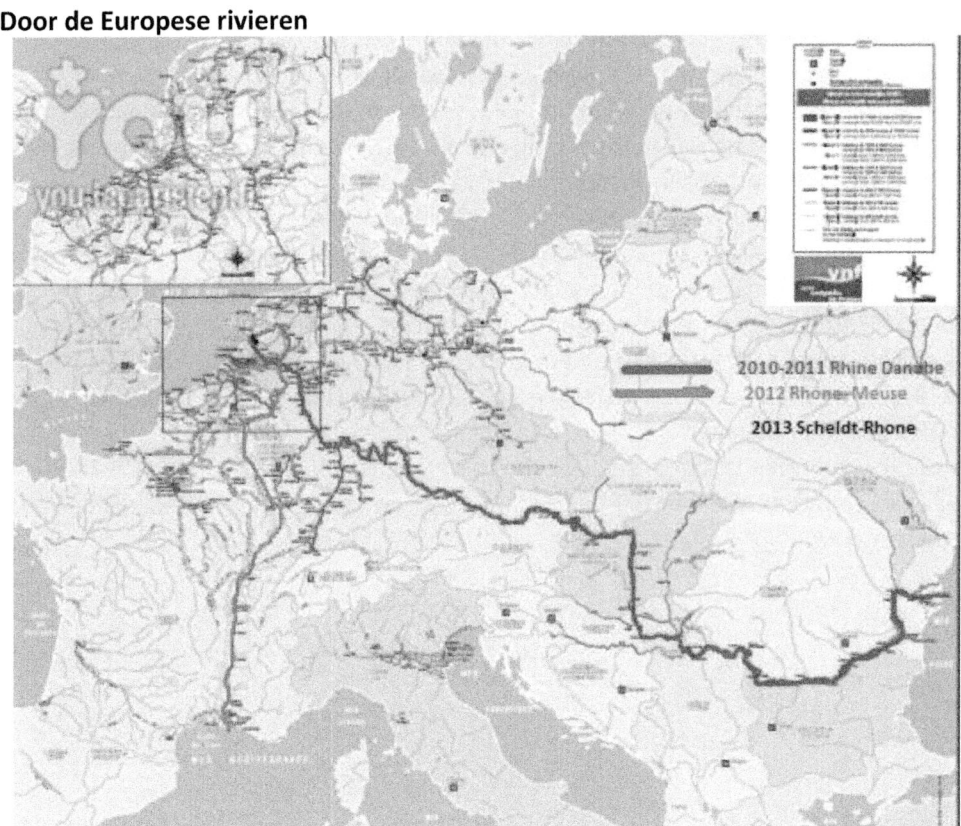

3. De Rekening

Vanaf het vertrek op 11ᵉ februari 2005 tot de schipbreuk op 16 november 2013 is de reis in de volgende etappes afgelegd:

1) 11 februari 2005 van Gig Harbor, Wa. tot 18ᵉ juni 2007 aankomst Portsmouth, Va. De eerste oversteek van Santa Barbara, Californië naar de Markiezen, 3000 zeemijlen, dit blijft de langste oversteek van de tocht.
Landen bezocht: 23. Totale afstand in zeemijlen: 28.500

2) 14 januari 2008 tot juni 2009. Rondreis van Virginia naar noord Florida voor bootonderhoud, door de Intra Coastal Waterway (ICW) en Atlantische Oceaan, een zomertocht op de Chesapeake Baai in 2008, en een winter rondreis van Portsmouth, Va. naar de Caraïben tot juni 2009.
Landen bezocht: 4. Sluizen 3, totale afstand in zeemijlen: 6.135

3) Juni 2009 vertrek van Beaufort, N.C. naar Amsterdam, via Bermuda, Azoren en Frankrijk, aankomst Amsterdam augustus 2009.
Landen bezocht: 4. Sluizen 4, totale afstand in zeemijlen: 4.450

4) Zomer 2010 tot najaar 2012 Rondje Europa. Donau, Zwarte Zee, Middellandse Zee, Rhône en Maas.
Landen bezocht: 18. Sluizen 324, totale afstand in zeemijlen: 7.594

5) Van Amsterdam naar Tagomago Herfst 2013
Landen bezocht: 1. Sluizen 241, totale afstand in zeemijlen: 864

Totaal 51 Landen   568 Sluizen   Zeemijlen: 47.843

De zeemijlen omgerekend in kilometers: 88.605. In vergelijking is dit 2 ¼ maal de afstand rond de aarde aan de evenaar of ¼ van de afstand naar de maan.

De totale afstand werd single handed afgelegd, met de uitzondering van 2.300 mijlen tussen de Azoren en Amsterdam en van Namen tot Amsterdam op de Maas en IJssel.

6) Van Gig Harbor, Wa. September 2016 tot Fort Lauderdale, Fl. 31 maart 2017
Via Panamakanaal om de wereldrondreis te voltooien:
Landen 9   sluizen 4   Zeemijlen   6.482

Totaal   60 landen   572 sluizen   Totale afstand in zeemijlen   54.325

4. Alles Kwijt

Het is volle maan maar de zware bewolking en lichte regen belemmeren het zicht. De vuurtoren zwaait met vaste regelmaat haar licht over het trieste schouwspel. Het licht van mijn hoofdlamp gaat verloren in het donker. Ik zit op een steile helling, twintig meter boven het wrak van mijn boot. Aan de perioden, iedere dertien en drie seconden, van het vuurtorenlicht weet ik dat ik op een eiland ben, het is hoogstwaarschijnlijk onbewoond. Het is vier uur in de morgen. In het donker heeft het weinig zin om naar een beter beschutte plek te zoeken. Op het laatste moment heb ik mijn laarzen aan kunnen trekken maar ik heb geen buitenkleding aan. Ik probeer zo dicht mogelijk onder de laag groeiende boompjes te kruipen, uit de regen en harde wind. Ik heb een redelijk vlak stukje gevonden maar moet me wel schrap zetten tegen een sparrenboompje om niet weer naar beneden te glijden. De geur van salie wordt vermengd met die van vuursteen, door de ijzeren kiel die tegen de rotsen slaat.

De "Fleetwood" is gebouwd in Sapeli multiplex en het is nu een holle drum geworden. Het driekleuren licht brandt nog bovenop de wild zwaaiende mast, die schudt en kraakt als de mast de steile rotswanden aan beide kanten raakt. Tien minuten eerder werd ik met slaapzak en al uit mijn kooi gesmakt. Door de kajuitingang zag ik een steile rotswand. Golven sloegen de kuip in. Ik greep mijn rugzak waar mijn portemonnee en paspoort al in zat, snel nog mijn laptop en fototoestel erbij ingestopt. In mijn haast lukte het me niet om mijn zwemvest aan te trekken. De boot was achterstevoren klem geraakt in het eind van een inham.

Het water dat de kuip insloeg veroorzaakte kortsluiting in het motor-paneel; knetterende lichtflitsen schoten alle kanten uit. Het framewerk van de windvaan op de achtersteven bonkte op de rotsen.

Ik kon van het frame direct op de rotsen springen, zonder nat te worden. Op handen en knieën klauterde ik de helling op.

Langzaam begint het tot me door te dringen dat een stuk van mijn leven wordt afgesloten. Een deur wordt voor mijn neus dichtgegooid. Mijn boot, mijn huis, mijn dromen, alles wat ik bezit wordt met iedere nieuwe aanslag van een massa witschuimend water in stukken geslagen.

Al mijn aardse bezittingen verdwijnen twintig meter onder me. De "Fleetwood" was mijn enige onderdak sinds ik negen jaar geleden uit Amerika vertrok in 2005.

Wat nu?

Ik heb nog wat spaarcenten op de bank en wat kleinigheden in schoenendozen bij mijn dochters in Amerika en bij mijn zuster in Badhoevedorp.

Maar hoewel ik nog doodmoe ben en het nog niet helemaal kan bevatten, begint er al een gevoel van opwinding en verwachting in me te groeien. Wat voor verrassingen heeft God deze keer voor mij in petto?

Daarbij ook een gevoel van opluchting. Dit verrast me. Ik hoef me niet langer zorgen te maken om de verwachtingen, van anderen en de verwachtingen en die ik me zelf heb opgelegd, waar te maken. Ik mag nu eindelijk eens iets totaal anders gaan doen.

Ik ben sinds eind september op weg van Amsterdam, via de Rhône naar de Canarische eilanden en vandaar naar Colombia.

Mijn laatste bericht naar de buitenwereld dat ik verwachtte donderdag of vrijdag op Ibiza aan te komen, verzond ik op dinsdag, voor mijn vertrek van Frontignan aan de Franse kust.

Het navigatielicht op de mast is nu gedoofd. Ik kan vaag het witgeverfde dak en dek zien als de schuimende golven weer terugrollen. "Wanneer komt de EPIRB[1] onder water?" Ik had die op mijn vlucht van de boot mee moeten nemen, want hoe en wanneer zal iemand me hier vinden? Opeens zie ik de lichten van een schip. "De kustwacht?" Maar het blijkt de nachtboot van Palma naar Ibiza te zijn en langzaam verdwijnt zij weer uit het zicht.

Rond acht uur is het eindelijk licht genoeg om te proberen beschutting tegen de regen en wind te vinden. De vuurtoren schijnt daarvoor de enige kans te bieden. Ik ben stijf van het vier uren zitten en klim op handen en knieën verder naar boven.

De vuurtoren is nog een eind weg en er is geen enkel pad door de lage sparrenboompjes en de saliestruiken.

Het lijkt me het beste onder de rug van de helling te blijven ter bescherming tegen de nog altijd sterke wind. Het is goed mogelijk dat aan de andere kant van de rug een gevaarlijke steile helling is.

Foto: Carlos Martorell-Mac Media

---

[1] EPIRB: Emergency Position Indicating radio beacon

5. Goudlokje en de Drie Beren

Maar uit nieuwsgierigheid neem ik toch even een kijkje over de heuvelrug. Ik kan mijn ogen niet geloven. Een knots van een landhuis met een helikopter landing. Geen mens te zien. Ik klop op de deur en probeer de deurknop. De deur gaat open. Ik loop in mijn natte plunje over de zwart marmeren vloer. De drie enorme roestvrijstalen ijskasten in de keuken zijn vol met bier. Hier kan ik het wel een paar dagen uithouden! En het bier zal wel de juiste temperatuur hebben, daar heb ik Goudlokje niet voor nodig. Toch weer naar buiten. Er staat een auto geparkeerd en ik ontdek achter de villa een huisje met een licht aan. Daar gaat de deur ook open. Een gele Labrador en een kleiner hondje springen naar buiten. Ik roep: "Hola, Buenos Dias!" En ik hoor een vrouwenstem en even later staan een man en een vrouw voor me.

Zij kijken mij met grote ogen aan. Ik heb mijn koplamp aan over een skimuts en ben kletsnat. Kom ik uit de lucht vallen? Niemand kon in de laatste dagen met dit weer met een boot van de vaste wal op dit eiland landen.

In mijn beste Spaans probeer ik ze uit te leggen waar ik vandaan kom: "Naufragio".

De man, Mozz, blijkt een Brit te zijn. Nu kan hij voor tolk spelen voor Angeles die zich als een ware Engel ontpopt. Het tweetal werkt voor de eigenaar van het eiland. Even later ontmoet ik Hamid, een Marokkaan, die zich bezighoudt met het onderhoud van het haventje en de boot die de verbinding verzorgt naar het eiland Ibiza.

Angeles brengt een handdoek en droge kleren; een spijkerbroek van haar zelf, een hemd en vest van Mozz.

Gelukkig is er Wi-Fi en ik stuur meteen een e-mail naar mijn dochters in Amerika. Want die zouden zich doodschrikken als zij van de Coast Guard zouden horen dat er een noodsignaal ontvangen is zonder verder iets te weten. Daarna belt Angeles de kustwacht in Palma de Mallorca. Kort daarna krijgt Palma bericht van de Amerikaanse kustwacht dat ze mijn EPIRB-signaal hebben ontvangen. De Spaanse kustwacht wil mij van het eiland afhalen. Maar eerst stopt Angeles mij in bed.

Terwijl ik eindelijk mijn slaap inhaal, van de drie slapeloze stormdagen, gaat het drietal een kijkje nemen op de plek van het wrak. Angeles neemt een stel foto's. Nu ontdek ik, wat ik in het donker niet besefte, dat het maar een haar scheelde tussen leven en dood.

Als ik een paar meters verder gestrand was had ik nooit van de boot af kunnen stappen en het zou onmogelijk zijn geweest om van uit het water de steile rotswanden te beklimmen. Op de oostelijke lengte van het eiland is dit blijkbaar het enige plekje waar een, nu droge, stroom de steilte wat afgevlakt heeft.

Was dit toeval? Ik weet, God zij dank, beter.

Later in de middag komt de kustwacht van Mallorca. De schipper durft het echter niet aan om langs de steiger aan te leggen, of de Avon van het kustwachtschip langszij te brengen omdat de zee nog te ruw is. Ze keren onverrichterzake terug.

Voorgrond de achtersteven in de Heksenketel. Foto: Maria de los Angeles Peña Milla.

6. Tagomago

Het eiland Tagomago is privébezit. Het huis en eiland worden verhuurd aan vakantiegangers die het zich kunnen veroorloven een eiland ongestoord voor zichzelf te hebben, inclusief een ploeg bedienden en helikopter van het vliegveld op Mallorca.

Tagomago werd al een paar eeuwen voor Christus bewoond. De moeder van Hannibal (anno 247 v. Chr.) zou haar zoon hier van het eiland hebben gesmokkeld om te voorkomen dat hij met de rest van de jongens van vijf jaar bij volle maan werd geofferd aan de goden, zoals gebruikelijk was bij de Feniciërs en later de Kartagenen. Odysseus zou hier ook langs gevaren zijn en door de Sirenen op het iets verdere eiland Es Vedrà zijn gelokt.

7. Hoe kwam ik op de klippen terecht?

Na mijn vertrek van Frontignan op 12 november bleek mijn AIS[2] niet te werken. Een elektrotechnieker had het twee dagen eerder aan de gang gekregen. Zonder het alarm op mijn AIS, moest ik constant een oog op het verkeer houden. De tweede nacht probeerde ik de motor te starten en ontdekte ik dat mijn accu's te laag stonden. Aan het eind van de volgende dag gaf mijn voltmeter na een goede dosis van mijn zonnepaneel mij hoop, maar het lukte weer niet. Ik had geen andere keus dan te proberen een haven in te zeilen of een ankerplaats te vinden. Vrijdagmorgen vroeg was ik nog dicht genoeg bij Mallorca om de haven van Andratix te proberen. Het was een stormachtige nacht geweest, boven het eiland hingen zwarte wolken af en toe verlicht door bliksem. Toen ik binnen vijf mijlen van de haven was, zag ik een gemene storm aankomen vanaf het eiland, de wind draaide. Snel trok ik mijn stormfok naar beneden.

Ik probeerde voor top en takel weg te lopen, maar de windvaan kon de boot niet meer sturen onder deze windkracht en in deze golven. Ik schatte de windkracht van die plotselinge storm tussen de 8 en 10 Beaufort. Gelukkig had ik daar genoeg ruimte om bij te liggen.

Na een uur nam de wind weer af en ik besloot Andratx nog eens te proberen. Maar een uur later was het totaal windstil en onmogelijk in de nog altijd woeste zee te sturen; de zeilen sloegen naar alle kanten.

Ik was machteloos en gefrustreerd. Het vergde nog meer energie en attentie dan de storm die ik net had doorstaan. Eindelijk kwam de wind weer terug uit het noorden. Ik kon nu rechtaan op Andratx sturen.

Maar nog geen tien mijlen van de haven kwam er weer een zware bui aan. De wind draaide tegen me in en ik kon niets meer zien van mijn bestemming.

Ik was doodmoe en besloot de kustwacht in te schakelen. Maar mijn accu's stonden te laag om mijn nood roep te horen. Het was al laat in de middag en daarom besloot ik de nacht door te zeilen voor een aankomst bij daglicht in de haven van Ibiza. Het was voor de wind in ongeveer windkracht zes.

---

[22] AIS: Automatic Identification System. Via Marifoon zie je op een scherm de schepen in je buurt en een alarm kan gezet worden op een gewenste afstand.

De storm op vrijdag morgen.

Ik moest vaart verminderen om bij daglicht in Ibiza haven aan te komen. Rond middernacht was ik tien mijlen ten oosten van de vuurtoren op het eiland Tagomago aan de Noord Oosthoek van het eiland Ibiza. Daar legde ik de boot bij en verzekerde mij een paar keer van mijn heel langzame, zijdelingse koers op de elektronische kaart. Alles in orde. Ik dreef richting de haven van Ibiza. Ik kon dan ook het licht van de vuurtoren, in de verte, in de gaten houden. Eindelijk kon ik nu mijn laarzen uittrekken en in de slaapzak kruipen.

Vier uur later werd ik met slaapzak en al op de vloer gesmakt.

De wind is negentig graden gedraaid kort nadat ik dacht alles onder controle te hebben, en in plaats van langzaam in zuidelijke richting naar Ibiza te drijven, dreef ik naar het westen. Ik had een wekker moeten zetten. Na veertig duizend zeemijlen solo te hebben gezeild, had ik beter moeten weten. Ik had in 2006 aan de kust van Vietnam eenzelfde soort fout gemaakt maar daar ben ik en de boot, ook op een miraculeuze manier, heelhuids vanaf gekomen. Ik zeilde toen onder windvaan, was in slaap en de wind was ook negentig graden naar het land gedraaid. Sinds die ervaring zette ik altijd een alarm als ik binnen een dag varen van de kust een slaap pauze nam.

Ik had, voordat ik van de Franse kust vertrok in Frontignan, een vakman aan boord gehad die de AIS aansloot op mijn VHF-radio en een nieuwe gps-ontvanger via een draadloze multiplexer. Die eerste nacht voer ik op met een vissersboot en dat klopte met mijn scherm. En er waren nog drie schepen op het scherm, maar die waren te ver weg om met het oog te zien. De volgende morgen lag de vissersboot op mijn scherm nog op hetzelfde plekje, maar er was geen boot aan stuurboord te zien. Toen realiseerde ik me dat er niets op het scherm veranderde, het bleek in demonstratie stand te staan en de AIS-connectie werkte niet. De tweede avond ontdekte ik dat mijn accu's te laag stonden, toen ik mijn motor probeerde te starten.

De boot was alleen voor Wettelijke Aansprakelijkheid verzekerd. Het is zo goed als onmogelijk een houten boot in Amerika allrisk te verzekeren.

De Tagomago strandjutters doen een modeshow in "Le petit Marché", L.R.: SoloMan, Mozz met rode zeilbroek, Angeles, Hamid met floatcoat en gele bibfoulie aangespoeld van de "Fleetwood".

8. Hulp van alle kanten

De volgende morgen is de zee kalmer. Met zijn vieren varen we met hun open bootje de kilometer naar het eiland van Ibiza. Ik moet me eerst bij de politie melden in San Eularia. Het is zondag, de dag van de vlooienmarkt in Cala Leña, waar ik voor een Euro een broek koop. Angeles laat mij haar appartement in Cala Leña gebruiken. Zij maakt me de volgende dagen wegwijs naar de winkels waar ik mijn hoogstnodige, verloren eigendommen kan vervangen. Tijdens de lunch hoort de eigenaar van een fietsenwinkel in San Eularia van mijn situatie en hij laat mij één van zijn fietsen gebruiken.

Hulp komt van vele kanten. Vrienden bieden financiële hulp aan. Evert Slijper, een Hollands-Amerikaanse zeilvriend in Amerika brengt me in contact met zijn neef, Victor van Liempt, die een herenmodezaak heeft in de stad Ibiza en van hem krijg ik een volledige, nieuwe kledinguitrusting. Ik ben nu de best geklede drenkeling.

Een jonge Zweedse familie, die ik in 2009 in de Dominicaanse Republiek ontmoette, biedt me het gebruik van hun appartement in Palma aan.

De politie draagt me op om rapport uit te brengen in Ibiza bij de havenmeester over de schipbreuk en ook me te melden bij de immigratie en het hoofdbureau van politie. Daar ontdek ik dat mijn 90 dagen maximum verblijf in de Schengenlanden de 9^e december afloopt. Ik ben hier vaag mee bekend maar dit is de eerste keer sinds ik vier jaar eerder in Holland aankwam dat ik hier mee geconfronteerd ben.

Ik had een valse start gemaakt in september, vanuit IJmuiden, om direct via het Kanaal naar de Canarische eilanden te zeilen, daar weer ingeklaard en toen de route via de Franse rivieren gekozen.

Tot april heb ik niets op mijn agenda. In april wil ik "thuis" zijn in het Noordwesten van de Verenigde Staten. Lisa, mijn oudste dochter, viert haar 50e verjaardag, een goede vriend, Roger in Tacoma, zijn 80e in april en mijn parochie in Gig Harbor het eerste eeuwfeest met Pasen. Het was mijn plan geweest om daar vanuit Zuid-Amerika naartoe te vliegen.

Ik probeer om als bemanning aan te monsteren op een ander zeiljacht, via zeilvrienden en het internet. Maar de meeste boten die naar de Caraïben oversteken van de Canarische eilanden hebben hun bemanning al voor elkaar. Het lukt me om dertig dagen verlenging te krijgen, tot 8 januari 2014. Nu op zoek naar een tijdelijk onderdak. Angeles kan me niet langer logies verschaffen, zij moet terug naar Tagomago. De zee is weer ruw geworden en de twee mannen kunnen haar niet afhalen met het bootje. Als het eindelijk weer kan heb ik nog steeds niets gevonden. Een plan met een Duitse dame, die voor de kerst naar huis wil en wel oren heeft om mij op haar huis te laten passen, wordt afgekeurd.

Uiteindelijk lukt het Angeles om een Française, die af en toe deel uitmaakt van een groepje dat geregeld langs komt bij "Le petit Marché" in San Carlos, zich over mij te ontfermen. Zij woont in een flat aan het strand van San Vincente. "Ik hoop dat je geen bezwaar hebt tegen mijn vier katten, en ik heb ook op het ogenblik een probleem met kakkerlakken….". Dit blijkt niet overdreven te zijn. Kattenvoer staat overal en de kakkerlakken hebben een festijn. Op het balkon staan de kattenbakken die, wie weet, wanneer voor het laatst verschoond zijn. De zeewind blaast de troep naar binnen.

Ik begin meteen met een bezem de rotzooi op te vegen en de keuken uit te mesten. Mijn gastvouw brengt een fotoalbum op tafel. Zwart en wit naakt foto's van toen zij veertig jaar jonger was. Wat moet ik zeggen? Er is één slaapkamer en één bed….en af en toe springt een van de katten op mijn kant.

Die zondag ontmoet ik een Frans echtpaar in de kerk van San Vicente. Ik vertel hen mijn situatie. Zij kent mijn gastvrouw. Een paar dagen later komen ze mij opzoeken aan het strand. We lunchen in het restaurant in de hoogflat naast waar ik logeer.

Padre José (Pepe) Ribas was in de zestigerjaren de "aalmoezenier" voor de Amerikaanse rich kids draft dodgers op doortocht naar Kathmandu.

Mijn nieuwe vrienden kennen de eigenaars van het restaurant en het bijbehorende hotel. Zij helpen mij om een keurige gemeubileerde flat te huren in het gebouw voor €15 per dag. Het heeft een prachtig uitzicht op zee met Tagomago in de achtergrond. Ik kan nu eindelijk rustig met het schrijven beginnen van "SoloMan".

9. Dromen

Wij, mijn tweelingbroer en ik, begonnen al als jongetjes alle boeken te verslinden over reisavonturen. Om de hoek van de straat had onze woningbouwvereniging een kleine bibliotheek die elke donderdagavond open was. Dan sleepten we de ons toegestane limiet voor de week naar ons slaapkamertje. Nadat moeder ons had ingestopt en het licht had uitgedraaid kwamen de boeken weer tevoorschijn. Verhalen over de Oost-Indiëvaarders, de ontdekkingsreizen, over zeehelden zoals Piet Hein en Michiel de Ruijter en vanzelfsprekend alle boeken van Karl May. Later kwam de fascinatie voor de boeken van Jan de Hartog en de solozeezeilers zoals Joshua Slocum en Bernard Moitessier.

Wij groeiden op aan het water van de Amstel aan de zuidrand van Amsterdam. Onze Opa was de vierde generatie mastmaker[3] en van hem leerden wij al als peuters het verschil te herkennen tussen een klipper en klipper-aak, een gaffel en een giek.

De mastmakerij was in de Houthaven aan het IJ in Amsterdam, onder het Volkskoffiehuis, bij de brug over de Houtmankade. De winkel voor de scheepsartikelen was op het Singel 2-A, Firma Wed. S.J. de Vries & Zoon, het allereerste pand vanaf het IJ. Hier werden zware manilla trossen en staaldraad gesplitst, vlaggenstokken geverfd. Binnen hingen de geuren van terpentine, hennep en hars.

Vaak liepen we van de winkel naar de mastmakerij; langs het IJ, dat toen nog een levendig schouwspel was van stoom en zeilschepen, de sleepboten van Goedkoop aan de de Ruiterkade. Op de Westerdokdijk gingen we wel eens de valreep op van een marineschip dat een bezoek bracht aan Amsterdam. Verder, aan de van Diemenkade stonden rijen van pakhuizen met namen van eilanden en havens zoals Pertjoet en Begoemit waar wij, in onze aardrijkskundelessen, nog nooit van hadden gehoord.

Mastmaker Scholing 1947

---

[3] "De Mastmakersdochters" van Jack van Ommen, www.DeMastmakersdochter.nl

Mijn neef Carol de Vries, het Singel-2A   Foto: Rob Koop 1995 ©

De geur van kopra, kruidnagels en koffie en de kleine groepjes zeelui die je daar tegenkwam, Javanen, Madoerezen en Laskaners in hun traditionele drachten. Dit alles werkte op onze fascinatie en nieuwsgierigheid.

In de mastmakerij stopten we jute zakken vol met de spaanders die vielen bij het schaven van het rondhout uit de Pitch Pine stammen en Oregon Pine balken. De spaanders werden gebruikt bij de bakkers om hun ovens aan te maken. Als we na zo'n dag thuiskwamen herkende moeder meteen de bekende geur van het hars en wist zij waar we vandaan kwamen.

Het is dan ook geen wonder dat mijn broer Jan scheepsbouw gestudeerd heeft en ik in de houthandel terecht kwam.

10. Uitstel

De passie voor zeilen begon met meevaren in de boot van mijn oom Fred; hij was lid van de watersportvereniging "de Schinkel" aan het Nieuwe Meer, bij het Amsterdamse Bos. Ik was twaalf. Later met een vriendinnetje, in haar twaalf voet jol op Loosdrecht.

In 1957, toen ik 19 was, emigreerde ik naar Amerika. Van zeilen kwam niet veel meer in de daarop volgende jaren. Ik trouwde in 1959 in Los Angeles, in 1961 moest ik twee jaar in het Amerikaanse leger onder dienst, in 1966 werd ik voor vier jaren uitgezonden naar België.

Carrière en gezinsuitbreiding bleven het zeilen in de weg staan.

In 1974 heb ik mijn eigen houtexport firma opgericht. Dat liep meteen met groot succes.

Ik kocht toen eindelijk mijn eerste zeiljacht in 1976. Het was een polyester Ranger 29 (8,8 meter). Gelukkig had ik mijn twee dochters meegenomen toen de verkoper mij wegwijs maakte met de boot. Lisa was toen twaalf en Rose Marie acht. Zij hadden het allemaal veel beter begrepen en onthouden dus zonder die twee dames kon ik niet van wal. Maar toen ze me eenmaal vertrouwden met mijn nieuwe speelgoed bleven ze liever thuis.

Dit was de periode van de oliecrisis en hyperinflatie. Ligplaatsen waren heel moeilijk te vinden waar ik woonde in Tacoma, aan de zuidkant van de Puget Sound, een binnenzee verbonden met de Stille Oceaan. Toen maar een stukje grond met een steiger gepacht van de Swinomish indianen in La Conner, 165 km ten noorden van Tacoma. Alles, de boot en ligplaats contant betaald, het kon toen niet op. En als het weer eens allemaal fout ging, met het weer en mijn nog klungelige zeil manoevers, dan twijfelde ik wel eens aan wat ik nu allemaal begonnen was. In 1978 liet ik een huis bouwen aan de steiger, dus nu was er geen ontkomen meer aan. Ik had nu mijn ziel aan Aeolus verkocht.

Maar polyester paste niet bij wat ik preekte en in 1979 kocht ik een bouwpakket van Whisstock Boat Yard in Woodbridge Engeland op de Deben rivier, een 9 meter Mahonie multiplex knikspant NAJA. Ik was overtuigd dat dit mijn boot moest worden. Een sportieve boot met zeven slaapplaatsen, stahoogte in de cabine. Ideaal voor zeilvakanties met familie op de binnenzeeën van de Puget Sound en voor wedstrijdzeilen.

17 mei 1980 tewaterlating, gedoopt als de "Fleetwood"

11. De "Fleetwood"

Cees Bruynzeel had in 1967 de Transpac van Los Angeles naar Honolulu gewonnen in zijn multiplex knikspant de "Stormvogel". De NAJA[4] heeft veel weg van een "Waarschip".

De romp heeft een unieke constructie die de kopse kant van de multiplex rompplaten beschermt

De rompplaten worden dicht tegen elkaar op de knikspanten bevestigd. Daar na wordt een ronde groef gefreesd en daarin een halfrond massief mahonie lijst gelijmd die daarna vlak geschuurd wordt. Dit is duidelijk te zien in deze foto.

Ik was zo overtuigd, dat Amerika rijp was voor dit concept, dat ik een nieuwe firma vormde om de bouwpakketten in Noord-Amerika te verkopen.

Drie bouwpakketten kwamen een paar maanden later in een veertig-voet container uit Engeland aan. Maar ondanks de tijd en geld dat ik in adverteren en bootshows stak deelde Amerika mijn enthousiasme niet.

De potentiele kopers die zich de prijs konden veroorloven hadden de tijd niet om de boot af te bouwen en de mensen met tijd hadden geen geld. Ik probeerde de zeilkwaliteiten in zeilwedstrijden te demonstreren; maar dat lukte niet. De boot was snel maar ik had weinig ervaring in wedstrijd zeilen.

---

[4] De NAJA, ontwerp van Sylvestre Langevin en door Whisstock Boatyard in Woodbridge aan de Deben Rivier als bouwpakket geleverd

12. Een domper op de droom

Seth, mijn jongste zoon, toen 12, stond te vissen op de steiger waar de "Fleetwood" lag, in Gig Harbor. Ik stond naast hem: "Seth, weet je dat we van hier over ditzelfde water naar Holland kunnen zeilen zonder ooit onder een brug of door een sluis te gaan?"

In 1993 ging de "Fleetwood" de wal op voor een grote opknapbeurt. In dezelfde periode kocht ik een nieuw huis in aanbouw waarvan ik zelf een gedeelte van de afbouw ondernam. Net voor de kerst trouwde ik voor de derde keer. Ik was toen nog miljonair maar in dat daarop volgende jaar had ik een opdracht die helemaal fout ging en me meer dan een kwart miljoen dollar gekost heeft. Ik heb alles geprobeerd om dit verlies weer terug te verdienen. Er was geen tijd meer voor de "Fleetwood" en mijn nieuwe vrouw. Het huwelijk werd na twee en half jaar alweer ontbonden. Ik denk niet graag terug aan die periode. Tegenslag na tegenslag. Ik heb mijn huis verkocht en de opbrengst in de zaak gestopt; ook mijn opgespaarde pensioen geïncasseerd, en hiermee geprobeerd de zaak te redden. Maar dat is niet gelukt en toen het faillissement afgewikkeld was, in 2000, had ik niets meer, behalve mijn persoonlijke spullen en de boot. Ik ben toen op commissie gaan werken. Er waren maanden dat ik de huur van mijn appartement niet op tijd kon betalen.

Maar langzamerhand ontdekte ik dat de mooiste levenservaringen geen cent kosten. Ik herkende het weer voor wat het is: een geschenk van God.

13. Naar zee met AOW

In 2002 ben ik 65 geworden en ontving ik mijn eerste maandelijkse Social Security check, $ 1435. In mijn vette jaren had ik altijd het maximum bijgedragen omdat ik hoge salarissen trok uit de zaak om op die manier de vennootschap belasting te ontwijken. Nu kon ik op zijn minst de huur betalen en mijn aandacht ook weer aan de boot geven. De "Fleetwood" stond al negen jaar op de wal. Ik begon weer te dromen. Maar was het wel realistisch om met deze boot de wereld te omzeilen? Het originele zeilplan voor de boot was ideaal voor zeilen op de Noordzee. Maar hier in de vaak zwakke wind op de Puget Sound was het ondertuigd. De architect van de NAJA, Sylvestre Langevin, ontwierp een nieuw zeilplan. Het toptuig[5] werd in 1985 vervangen door een fractionele tuigage. De mast werd 2 ½ meter langer en het grootzeil 40% groter, de voorzeilen bleven precies hetzelfde. De mast werd smaller en behalve de achterstag kwamen er nu ook bakstagen en checkstagen bij. De staaldraad maststagen werden vervangen door massieve stagen. Ideaal voor wedstrijd zeilen met bemanning maar niet voor solo zeezeilen. De bakstagen moeten bij elke overstag-manoeuvre verwisseld worden, een extra manipulatie die een solozeiler niet nodig heeft. Een boot zonder rolfok en elektrische ankerlier is voor de meeste zeezeilers ondenkbaar. Maar een rolfok was niet in mijn budget en het ankerlichten blijft handwerk.

In 2004 ging de "Fleetwood" weer te water. De "Fleetwood" kreeg ook een zwaai met de wijwaterkwast bij de jaarlijkse zegening van de Gig Harbor vissersvloot.

---

[5] Toptuig: Fok en grootzeil worden beiden tot de masttop gezet. In een Fractioneel tuig wordt het grootzeil tot de masttop gehesen maar de fok staat lager.

Diaken John Riciardi van mijn St. Nicholas parochie in 2004.

Er was nog een lange lijst van klussen en uitrusting. Een nieuw reddingsvlot, EPIRB, windvaan, rubberboot en buiskap. Ik had nog een oude korte golf radio van de 1982 solo race naar Hawaï maar daar moest een Pactor modem bij voor e-mail en weerfaxen, een nieuw achterstag die als antenne dienstdeed, et cetera.

Eind oktober gooide ik de trossen los met bestemming San Francisco en daar zou ik mijn laatste klussen doen die ik in de zomer in Gig Harbor nog niet klaarkreeg. Daar was het klimaat een stuk beter dan de herfst en winter in Gig Harbor.

Ik had mijn appartement nog niet opgezegd en zou dat doen als ik alles klaar had in San Francisco. Maar onderweg ontdekte ik allerlei problemen met de elektronische navigatie, met de korte golf radio en de weer voorspellingen op de Stille Oceaan voor de a.s. dagen waren slecht. Het was te laat in het seizoen geworden.

Ik zeilde terug van Port Townsend naar Gig Harbor. Dat betekende wel dat ik nu tot op zijn minst tot mei/juni moest wachten voor beter weer. Maar omdat het orkaanseizoen boven de evenaar in juli begint, zou dat weer gevaar opleveren. Wat moest ik doen?

Nu had ik de trailer voor de boot verkocht, maar de koper kwam nooit opdagen. De trailer was nu 25 jaar oud en er moest wel het een en ander aan gerepareerd worden voor de 1300 km trip naar de San Francisco baai. Ik heb een oudere Dodge Ram diesel pick-up truck gekocht om de trailer te trekken.

Op de 10e februari 2005 sloot ik de deur van mijn appartement voorgoed en vertrok ik uit Gig Harbor. De boot was volgeladen met reserveonderdelen, gereedschap en boeken. Ik durfde niet de snelweg te nemen, over de Siskiyou bergen omdat je in februari daar nog vaak door een sneeuwstorm kan overvallen worden.

Highway 101 aan de Oregon kust.

Aan de kust van Oregon valt zelden sneeuw maar de weg is er zeer kronkelig en loopt dwars door de Californië Redwood bossen. Hier echter kende ik de weg, jarenlang had ik hier mijn hout leveranciers bezocht.

In Alameda ging de boot te water. Nelson Boat Yard is in het complex dat vroeger de Alameda Naval Air Station was en het was hier dat ik in november 1961 inscheepte op de USS "Core" naar Saigon; met 400 man en helikopters, de allereerste twee complete compagnies die in Vietnam aan land zijn gegaan.

De trailer was snel verkocht maar met de verkoop van de Dodge truck had ik geen geluk.

Van de Nelson Boat Yard ben ik naar de Alameda Marina verhuisd om daar nog drie weken laatste klussen te doen.

Ik had mijn fiets, die ik in 1966 in België had gekocht meegenomen. Alameda was een ideale plek voor de laatste voorbereidingen: zeilmakers, scheepsartikelen, alles was er binnen een kilometer van de ligplaats. Met de BART-Metro was ik snel in San Francisco. Ik was goed bekend met de omgeving; ik had in september 1981 de "Fleetwood" in de "natte" Alameda boatshow geëxposeerd. Daarna heb ik tot de juni 1982 Single Handed Transpac een ligplaats gehad in de baai van San Francisco. Ik vloog toen geregeld weekenden van Tacoma om de boot voor de race klaar te maken en deel te nemen aan de winter series van de Berkeley Y.C. en ik heb toen ook een aantal van de Single Handed Sailing Society races gezeild.

14. Solozeilen

Voordat we te ver van wal raken wil ik U wat meer vertellen wat mij bezielt om alleen te zeilen.

Eén van de vragen die ik geregeld hoor: "Is het niet ontzettend eenzaam om in je eentje zo lang op zee te zijn?"

Wel, solozeilen is niet voor iedereen.

Natuurlijk hebben we allemaal, in meer of mindere mate - en op z'n tijd - er behoefte aan op onszelf te zijn.

Ik was als jongen al veel alleen. In het voorjaar van 1944, werden mijn ouders gearresteerd. Ik was zeven. Mijn tweelingbroer werd ondergebracht bij de oom en tante op het Singel, onze zus bij opa en oma en ik bij een oom en tante op de Westlandsgracht. Vriendjes had ik daar niet en ik vermaakte me door de omgeving, tot in Sloten toe, te verkennen op een blauwe step met smalle wielen en luchtbanden.

Tot het einde van de lagere school had ik altijd het gezelschap van mijn tweelingbroer. We hadden dezelfde vriendjes. We waren moeilijk uit elkaar te houden en we luisterden naar beide namen. Je kreeg dus twee voor de prijs van één. Maar toen we ons in meisjes begonnen te interesseren werd dat lastig en gingen we minder samen op pad.

Vijfde klas 1948. L.R: Jan & Jaap. Jaap werd Jack in Amerika.

Als teenager liep ik op zaterdag en zondagmiddag urenlang alleen; langs de Amstel, naar buiten, de stad uit. Ik was amper vijftien toen ik in de paasvakantie voor het eerst alleen door België liftte. Die zomer werd het Italië en voordat ik op negentienjarige leeftijd naar Amerika emigreerde had ik, in m'n eentje, al dertien Europese landen bezocht.

In mijn werk voor een grote hout ondernemer ging het goed als ik alleen gelaten werd maar vergaderingen bijwonen en rapporten schrijven beschouwde ik als totaal nutteloos. Later, als eigen baas, had ik het geduld niet om aan mijn personeel uitleg te geven. Ik deed het, dacht ik, zelf beter.

En als schipper, met meevarende aanboord, heb ik daar ook nog altijd moeite mee.

Mijn eerste experimenten met solozeilen waren noodgedwongen. Mijn dochters hadden al afgemonsterd en waar de boot lag, 165 km van huis, kende ik niemand. Nog weer eens 140 km verder naar het noorden, in Vancouver, Canada woonde mijn vriendin, maar zij had geen auto. Openbaar vervoer kennen wij daar niet.

Na een paar keer deze tocht te zeilen, voor het grootste deel over open water, speelde ik het klaar om alleen onder spinaker te zeilen, zonder zelfstuurinrichting.

Ik nam ook geregeld deel aan zeilraces vanuit Seattle en Tacoma, dan moest de boot de vrijdag voor de zaterdagmorgen start van La Conner gebracht worden. Omdat ik eigen baas was hoefde ik niet voor een weekdag vrij te vragen en ontmoette ik mijn bemanning voor de zaterdagmorgenstart aan de ontbijttafel.

In 1982 nam ik deel aan de Single Handed Transpac race, van San Francisco naar Hawaï. Dit was het eerste jaar van de El Niño en er was weinig wind tussen San Francisco en de Passaatwind. Er was nog geen GPS en Loran[6], was niet toegestaan dus moesten we Hawaï met sextant en radiopeiler zien te vinden. De finish lag in Hanalei Bay op Kauai. In het donker en slecht weer raakte ik in verwarring en na nog weer een radiopeiling concludeerde ik dat ik het eiland voorbijgevaren was. Tegen de passaatwind in terug gezeild en 's morgens kwam de kust in zicht. Maar toen bleek het Oahu te zijn, wat direct ten oosten van Kauai ligt. Dus in plaats van Hanalei voorbijgezeild te zijn was ik er nog niet. Een radiopeiler kan van de twee tegenovergestelde richtingen gelezen worden.

Tot op deze dag, als ik met vrienden zeil, word ik er nog wel eens aan herinnerd, en de kombuis aangewezen, waar ik geen kwaad kan doen.

Op zijn minst wist ik nu dat de boot uitstekend zeilt in de open oceaan en dat ik de smaak te pakken had van solo zeezeilen.

Solozeilers vallen in drie categorieën:

De eerste, waar ik bij hoor, bereidt zich voor om vrijwel uitsluitend in z'n uppie te zeilen.

De tweede categorie zeilt weg met de boot uitgerust voor solozeilen maar met een jachtinstinct voor een avontuurlijke opstapster.

De laatste solozeiler is door de nood gedwongen doordat ze hun partner kwijtgeraakt zijn. Vaak blijkt het achteraf dat zij toch niet hetzelfde enthousiasme delen voor deze levensstijl; of omdat ze in de nieuwe ruimte, of gebrek er aan, eigenschappen ontdekken in de partner en vaak ook in zichzelf waar ze niet blij mee zijn. De boot is dan niet altijd ingericht om zonder een tweede bemanningslid verder te zeilen. Je komt deze zeilers, en de tweede categorie, tegen in internetcafés, op speurtocht naar een vervanger. Als dat niet lukt, hebben ze geen andere keus dan solo te zeilen.

Voor mij is het een bewuste keus en ik accepteer de nadelen. Ik zou heel graag een bijzondere mooie zonsondergang delen met een vriend of een geliefde. Maar toch, het grootste voordeel is de onafhankelijkheid. Ik kan gaan en komen naar wil.

Trouwens er doen vreselijke verhalen de ronde van zeilers met bemanning; in één geval in de Caraïben moest de opstapper van boord gesleept worden door de politie.

Zelf heb ik goede en slechte ervaringen met bemanning.

---

[6] Loran-C, de voorganger van GPS

In de zomer van 2008 ontmoette ik een jonge vrouw bij de Chesapeake Bay die zeilervaring had. Ze stapte bij mij aan boord en we werkten meteen als een team alsof we al jaren samen waren. Wat een genot! Van de Azoren naar Bretagne had ik een man aan boord die ik in Florida ontmoet had en in de smaak viel. Maar dat ging helemaal fout; het had ook te doen met mijn eerdergenoemde tekortkomingen. Hij was klungelig en altijd in de weg.

Ik beleef altijd mijn gelukkigste moment als ik eenmaal uit zicht van land ben; als de routine weer terugkomt. De boot wordt gestuurd door de windvaan, de zeilen staan goed. Alles is onder controle. Ik ben buiten het kustverkeer. Ik sta in de cockpit en staar naar hetzelfde beeld, zoals ik al jaren doe en die toch altijd weer nieuw is. Opruimen, heel uitgebreid en zonder haast eten koken. Positie in het logboek noteren en zo nodig de koers aanpassen. De vislijn binnenhalen voor donker. E-mail sturen en ontvangen over de kortegolfzender. Lichten aan. Naar de kortegolfzender luisteren. Donderdagavond is het cryptogram op Radio Nederland. De kooi in. En 's morgens meteen de gasfles opendraaien, koffiezetten in mijn roestvrijstalen espressopotje. En met het kopje koffie maak ik een praatje met God en lees een stuk uit mijn Bijbel.

Solozeilen maar nooit alleen.........

Een vraag die ik ook vaak hoor en die hierbij hoort is: "Wat doe je 's nachts?" Dan blijkt het dat sommigen denken dat ik dan de zeilen strijk.

Voor het grootste gedeelte zeil ik de lange afstanden in de tropische zone dicht bij de evenaar waar een stadige passaatwind waait die zelden van richting verandert. Als ik eenmaal uit zicht van de kust en buiten de bekende vaarroutes ben dan slaap ik vrijwel net als thuis. Ik kom er een enkele keer uit om te zien of alles in orde is en om te plassen. Als er een tropische bui losbreekt dan merk ik wel aan de verandering in de bewegingen van de boot of het nodig is om zeil in te nemen. Wanneer ik 's nachts dicht bij land zeil dan houd ik wacht en zet een alarm voor korte rustpauzes en slaap dan ook overdag korte stukjes. Maar na een of twee van zulke nachten zoek ik een haven of ankerplaats voor een volledige nachtrust.

Voor radar is er geen ruimte op een kleine boot en dat vraagt bovendien extra stroom. In de laatste jaren is AIS een uitstekend alternatief geworden. Hiermee kan ik via de Marifoon signalen en gps-aansluiting op een scherm zien waar zich schepen bevinden en welke richting en snelheid ze varen. Een alarm waarschuwt als je binnen een te korte afstand komt.

Ik kan dan ook via de Marifoon contact maken indien ik zekerheid wil hebben hoe elkaar te kunnen ontwijken.

In de 44.000 solo zeemijlen heb ik twee keer door slordigheid en oververmoeidheid een ongeluk veroorzaakt. De eerste keer was aan de kust van Vietnam in 2006, dat wordt verder uitvoerig beschreven in het Vietnamverhaal. De boot kwam er met een paar schrammen van af maar het had toen al het einde van de droom kunnen zijn. En de laatste keer, in november 2013, heeft het mij mijn boot gekost en ik ben er, door een wonder, heelhuids van afgekomen.

Overdag en 's nachts raak ik het roer zelden aan. Ik zet de zeilen voor de windrichting en de koers en dan de windvaan voor de windrichting.
De windvaan corrigeert het roer terug naar de ideale combinatie van de zeilpriem en de wind richting.
Als de wind van richting verandert dan verandert de koers van de boot. Er bestaat apparatuur dat als de koers verandert een alarm de stuurman waarschuwt. Ik heb ook een mechanische autopiloot die op de accu werkt en een kompaskoers volgt. Ik gebruik dit zelden onder zeil, omdat dit stroom vergt en omdat, als de windrichting verandert, de zeilen aangepast moeten worden. Daar is ook weer een apparaatje beschikbaar voor dat de stuurman waarschuwt als de wind verandert. In een volgend hoofdstuk beschrijf ik de twee verschillende windvanen die ik gebruikt heb.

"Ben je wel eens bang?" wordt me ook geregeld gevraagd.

En mijn antwoord is: "Ja, zeker."

Ik vermoed dat dit bij de meeste zeilers het geval is maar dat daar niet graag over gesproken wordt. Iedere keer dat ik op het punt sta om de zee op te gaan heb ik de kriebels in mijn buik. Ik houd een angstig oog op de weersverwachtingen via het internet en een oor op de radio. En ik verzin allerlei excuses om niet uit te varen, zoals: moet nog wat boodschappen doen.

Dit is minder het geval in de lagere breedtegraden waar de winterpassaat voor weinig verrassingen zorgt maar vooral aan de Noord Atlantische kust, de Zwarte en Middellandse Zee. Eenmaal buitengaats komt alles in mij weer tot rust zelfs in stormachtig weer. De nacht brengt voor sommigen extra vrees, maar daar heb ik geen probleem mee. Er is altijd wel wat licht van de sterren, de maan, fosfor in het kielzog.

In een storm, ten westen van Kaap de Goede Hoop, was ik bang dat het verkeerd zou gaan. De mast en tuigage stonden voor mijn gevoel op breken. De vibratie en het huilen van de wind brachten me tot serieus bidden voor mijn leven. Na een dag en nacht kwam de storm tot rust en van toen af aan heb ik ook wat meer vertrouwen gekregen in wat de boot en ikzelf kunnen verduren.

Vertrek van San Francisco onder de Golden Gate brug, Alcatraz eiland en de Navik windvaan.

15. Door de Golden Gate

Woensdag de 16ᵉ maart neem ik afscheid van mijn buren die ik heb leren kennen in de drie weken in Alameda. De truck is nog niet verkocht en is gestald in Alameda. Mijn plan is om zo'n 50 mijl buiten de kust, om de scheepsroute te vermijden, naar Santa Barbara te zeilen. Dit is onder redelijke condities drie dagen zeilen.

De voorspelling is voor 10 tot 25 knopen Z.W.-wind. De wind waait hier voor het meest uit het noordwesten.

Mijn windvaan is een tweedehands Navik. Ik heb er nog weinig ervaring mee. Hij doet het goed. Vrijdagmorgen ben ik op de hoogte van Morro Bay. De wind is nu meer naar het zuiden gedraaid en krachtiger geworden tegen de 35 knopen. Dit wordt te veel voor drie riffen in het grootzeil en mijn kleinste fok. En alleen op de fok zeilen kan ik niet hoog genoeg zeilen om Santa Barbara te halen. Het weerbericht waarschuwt voor ruwe zee bij Santa Barbara. Ik besluit om Morro Bay te proberen. Maar dat lukt ook niet. Tussen Morro Bay en Monterey Bay, ongeveer 100 mijlen terug naar het noorden, zijn geen havens. Ik besluit voor de wind terug te zeilen naar Monterey. De wind wordt nog sterker, rond 40 knopen, de snelheid loopt op tot 8 knopen en af en toe surft de boot. De Navik kan dit niet aan, dus de fok naar beneden en onder top en takel verder. Tegen de avond gijp ik weg van Point Sur, 15 mijl ten zuiden van Monterey Bay.

Pas later hoorde ik dat deze kaap berucht is voor harde wind en wilde golfslag in een storm. Het tandrad van de windvaan valt geregeld uit en ik moet het er aldoor weer in terug duwen. Het is nu donker geworden, en het regent nog altijd. Het is onmogelijk in deze condities en in het duister de windvaan te repareren. Ik ben nu aangewezen om met de hand te sturen en kan dan geen moment weg van het roer. Ik ben doodmoe geworden en de accu's worden door de donkere dag niet genoeg bijgeladen door het zonnepaneel. Te laag om de motor te starten. De oude Renault Coach diesel heeft een trekkoord om de motor aan de gang te krijgen maar in deze zeegang zal dat niet lukken. Ik vrees dat ik dit niet aankan.

Ik roep de kustwacht op via de marifoon voor hulp. Drie uur later vinden ze mij. Ik hoorde later dat van de 12-koppige bemanning op deze 30 meter cutter alleen de schipper en één matroos niet zeeziek waren toen ze mij vonden.

Een troslijn wordt door mijn verstaging geschoten en met mijn laatste krachten breng ik de sleeptros en een zeeanker aan boord. De golven zijn zo hoog dat ik de top van de mast van mijn redder geregeld uit het zicht verlies tussen de golven. Ik moet aan de helmstok blijven staan in regen en wind. Het zoeklicht van de reddingsboot flitst door de regen en ik begin te hallucineren, ik word door de grachten van Amsterdam getrokken onder bruggen door.

Dit is mijn Slechte Vrijdag een week voor Goede Vrijdag. Het is al daglicht als we de Monterey Bay indraaien. Het is tijd voor bezinning na deze slechte start.

Monterey is een goed plekje om mijn wonden te likken van mijn gekwetste zeemanschap. Ik ken de plaats van mijn eerste paar maanden in dienst in Fort Ord in het voorjaar van 1961.

Het brengt herinneringen terug aan mijn maat, Jack Benson. Hij was, net zoals ik, een van de weinige dienstplichtigen. Jack had knalrood haar en kwam uit Philadelphia. Bij het marcheren in formatie liep Jack Benson altijd pal achter mij, hij was dus ietsje korter. Op het commando: "Count Cadance!" moesten wij dan de maat schreeuwen: "One, Two, Three".

Maar dan kreeg ik na de derde maat altijd een por in mijn rug van Jack met: "One, Two, WHAT?" En ik weer terug met: "One, Two, Shree!" Hij wist me te pesten. Ik was nog maar vier jaar in Amerika en had nog altijd moeite met de "th". De wraak van mijn ex om mijn jongste zoon Seth te noemen...

Op de Westkust, volgens Jack, bestond geen goed bier. Hij trok zijn neus op voor bier zoals Lucky Lager. De eerste keer dat we na vier weken de poort uit mochten van Fort Ord nam ik Jack Benson mee naar Monterey. In het restaurant bestelde ik Heineken, wat toen nog een zeldzame luxe was in Amerika. Ik was vol verwachting op zijn reactie.

En wat krijg ik te horen? "It tastes like Lucky Lager".

Intussen blijkt dat de Navik trimtab van het roerblad afgebroken is. De importeur van de Navik, ScanMar in San Francisco, raadt me aan de windvaan met een sterkere Monitor te vervangen. Dit is een kostbare uitgave waar ik niet op gerekend heb. De knoop toch maar doorgehakt. Eerst de Dodge truck in Alameda opgehaald. De installatie van de Monitor windvaan en het pasklaar maken van het frame nemen een paar dagen in beslag.

De Monitor windvaan.

16. Santa Barbara

Op Palm zondag ga ik naar de Franciscaner Missie in Monterey.

Op mijn advertenties voor de truck reageert een mogelijke koper in Santa Barbara. Ik rij de truck van Monterey naar Santa Barbara en logeer het paasweekend bij mijn vriendin, Brenda. Wij leerden elkaar in Seattle kennen net voordat zij in 1998 naar Santa Barbara verhuisde.

Pasen vier ik in de prachtige oude Missiekerk van Santa Barbara. Deze missie werd ingewijd in 1786. Onze oudste dochter, Lisa, is in de Missie gedoopt in april 1964, toen wij daar een jaar woonden. Ik laat de truck achter bij de aspirant-koper. Hij zal me iets laten weten als hij de truck heeft uitgeprobeerd. Ik neem de Amtrak trein terug naar Monterey.

Na enkele dagen wachten voor een gunstigere windrichting vertrek ik van Monterey op zondag de 10e april, na de mis. Er is weer een harde wind maar uit de goede richting. Met mijn kleinste fok, 60 %, zonder grootzeil surft de boot af en toe op de rand van een golf met de snelheidsmeter even op de hoogste stand. De Monitor windvaan doet het uitstekend, maar ik moet er nog wel wat mee vertrouwd raken. Op maandagmorgen zie ik een spectaculaire lancering van een meertrapsraket op de Vandenberg Air Force basis.

Woensdag morgen de 13^e kom ik in Santa Barbara aan. Brenda is twee uur eerder op de trein gestapt voor een familiebezoek in Louisiana.

De aspirant-koper voor de pick-up truck laat het afweten. Dus eerst de truck weer opgehaald. Het wordt nu spannend want ik kan dit ding moeilijk mee aan boord meenemen, en ik heb het geld hard nodig. Weer geadverteerd in de Santa Barbara News-Press en op Craigslist en de truck geparkeerd waar hopelijk de "For Sale" plakbordjes op de truck zullen opvallen. De jachthaven van Santa Barbara ligt pal voor het centrum van de stad, naast de lange pier. De stad ligt prachtig tegen de hoge heuvels die de baai omringen. Er is een strikte architecturale bouwcode om de Spaanse traditie van de stad te behouden. Rode klei dakpannen en stucco in lichte pastelkleuren. Industriële activiteiten zijn niet toegestaan binnen de stadsgrenzen.

Toen mijn vrouw en ik terugkwamen van Vietnam in het voorjaar van 1963 had mijn baas zijn kantoor in de tussentijd van Los Angeles naar Santa Barbara verhuisd. In 1963 werd ik als Amerikaan ingezworen in het imposante Santa Barbara County Court House.

Ik heb nog steeds geen koper voor de truck. Maar.... naast mijn boot ligt een abalone (zeeoor) vissersboot. Ik vertel de buurman dat mijn truck te koop is, en waarachtig, de volgende morgen is hij de nieuwe eigenaar. Met het geld kan ik nu mijn laatste rekeningen betalen en mijn proviand voor de lange overtocht inslaan. Santa Barbara heeft een geweldige keuze voor provianderen. Er zijn twee Trader Joe's en speciaalzaken met bulk Durum, Polenta, et cetera. Maar voor mijn Aziatische koken had ik wat meer in San Francisco moeten inslaan. In Saigon hadden we een Chineze hulp die het middagmaal kookte. Zij was gewend om voor Europeanen te koken. Daarna at ze haar eigen potje. Dat zag er veel beter uit. Van toen af aan aten wij ook met stokjes en dat doe ik nog altijd. Op een boot is het veel gemakkelijker rijst of pasta en een wok maal te bereiden dan een westerse pot.

Een van mijn laatste taken is om langs de bank te fietsen voor contant geld en dat brengt mijn banksaldo op $150. Maar op de 4^e woensdag van de maand wordt mijn $1.450 Social Security uitkering weer op mijn rekening gestort.

Toen vriendin Brenda naar Santa Barbara verhuisde werkte mijn dochter voor Alaska Airlines en ik kon op haar pasjes geregeld naar Californië vliegen om Brenda te bezoeken.
 In die periode ontmoette ik een Nederlander die bij haar in de buurt woont. Onze moeders leerden elkaar kennen in de oorlog, als politieke gevangenen in kamp Vught, en hebben beiden Ravensbrück en Dachau overleefd. Sjoerd Koppert brengt mij een afdruk van een foto die in 1947 genomen is van een reünie van een groep van de overlevenden, waar onze moeders op staan. Sjoerd is ook een verwoede zeiler. Hij komt naar de haven op 23 april om me uit te zwaaien.

Vertrek van Santa Barbara met mijn Belgische fiets uit 1966 aan het hek

17. De Stille Oceaan

Eindelijk ben ik nu echt onderweg. Dit moet goed gaan onder het oog van Santa Barbara, de beschermheilige van de zeevarenden. Ik moet dwars door de Channel Islands, tussen de Santa Rosa en Santa Cruz eilanden. Een paar grijze walvissen kruisen mijn koers op weg van Mexico naar hun zomerverblijf aan de kust van Alaska. De gang komt erin. De windvaan werkt uitstekend. Mijn koers ligt op 265 graden, Zuidwest. Als ik eenmaal buiten de Channel Islands ben hoef ik me geen zorgen meer te maken over de noord-zuid route van de vrachtvaart maar ik zal pas de volgende dag de oostwest route van schepen die tussen Los Angeles en Azië varen achter me laten. De wind richting is hier overheersend uit het noordwesten, ideaal voor deze koers. Maar voor mij wordt een uitzondering gemaakt, het is meer west en zelfs zuidwest. De eerste nacht kan ik nog goed de gloed van de lichten van Los Angeles tegen de nachtlucht zien. De FM-stations houden me gezelschap. Ik houd wacht tot diep in de morgen, en doe dan af en toe een dutje. Overdag kan ik dan wel weer wat slapen. Er staat behoorlijk wat wind, ik schat het tussen de 15 en 20 knopen. Met twee riffen in het grootzeil en de zware 140 % Genua fok loopt het lekker. Na de tweede rif kan ik beide bakstagen vastzetten. Met één of geen rif moet de lei bakstag altijd los om het grootzeil te kunnen vieren. Dit maakt het gijpen of overstag gaan gemakkelijker en veiliger met het gereefde grootzeil.

Met het groeien van de afstand van de kust komt de routine terug. Dit is wat ik al die jaren sinds de 1982 single handed Transpac naar heb verlangd. Ik heb hier alles binnen armslengte, mijn natje en mijn droogje. Het avontuur en de hele wereld liggen voor me. Ik ben dolgelukkig.

Omdat het toch nog wel eens mis kon lopen met mijn boot, die hier toch eigenlijk niet thuishoort, had ik van mijn vertrek weinig fanfare gemaakt en hield ik Mexico als een uitwijkmogelijkheid of misschien zelfs als de eindbestemming. Maar met de groeiende afstand slinkt deze slag om de arm over de horizon weg.

Na de tweede nacht ben ik de breedtegraad van de V.S.-Mexico grens gepasseerd. Nu kan ik rustig de nacht in mijn kooi slapen. Af en toe kom ik er wel even uit om een snel kijkje te nemen naar de zeilen en de koers.

Na een paar dagen begint het warmer te worden. Tijd voor de korte broek. Mijn zeilvriend, Roger Rue van Tacoma, gaf me bij het afscheid een vislijn en inktvis nep-aas van plastic. Ik trek de ongeveer 150 meter lange lijn achter de boot aan; bevestigd aan het hek met een kort stuk rekband waarop een wasknijper die losslaat als ik beetheb. De 11^e dag, 4 mei, vang ik mijn eerste Dorado (of Mahi-Mahi). Ik moet nog wel wennen aan het slachtproces: een klap met een lierhendel op de neus. De prachtige groenblauw rode fluorescente kleuren vervagen na enkele minuten.

Dorado/Mahi Mahi/Goudmakreel

De rode lijn op de evenaar is duidelijk te zien.

Meteen, als mijn lunch, eet ik het rauw als Sashimi, met wat sojasaus. Voor het avondeten een paar lekkere stukken in de pan. Maar dan is er nog heel wat van over en ik heb geen ijskast. Gekookt of gebakken kan ik het nog bewaren tot de volgende dag.

De strook van windstiltes aan beide kanten van de evenaar ligt normaal aan de noord kant tussen de 20^e en 25^e breedtegraad. Maar het hogedrukgebied ligt dit jaar veel zuidelijker, op twee achtereenvolgende middagen moet de motor aan en daarna krijg ik langzaam maar zeker de Zuid-Oostpassaat wind te pakken.

De 15^e mei steek ik de Evenaar over.

Neptunus komt ook aan boord, ik schenk een oorlam uit de fles rum die Gino Cruciano me gaf in Gig Harbor voor deze gelegenheid.

Mijn metgezellen zijn de Blauwvoetgenten die vlak over de golven scheren maar ik heb ze nog nooit met een prooi gezien. De dolfijnen komen me ook geregeld vermaken. Als ik in mijn kooi lig herken ik al gauw weer het geplas en gehijg van die grappenmakers. Het mooiste plekje is dan voor op de preekstoel om ze binnen tien centimeters van de plecht te zien kruisen. De fregatvogels kondigen de nabijheid van land aan. Ze zweven hoog in de lucht en ze lijken op een zwaluw tienmaal vergroot, met de gespleten staart.

Laat in de middag op 20 mei doemt een eilandje op aan de stuurboord horizon, dat later de achtergrond vormt voor een prachtige zonsondergang. De volgende morgen komt Hiva Oa in zicht. Het is twee dagen voor volle maan en ik vind mijn weg in Verradersbaai bij Atuona, de hoofdplaats van Hiva Oa.

18. De Markiezen

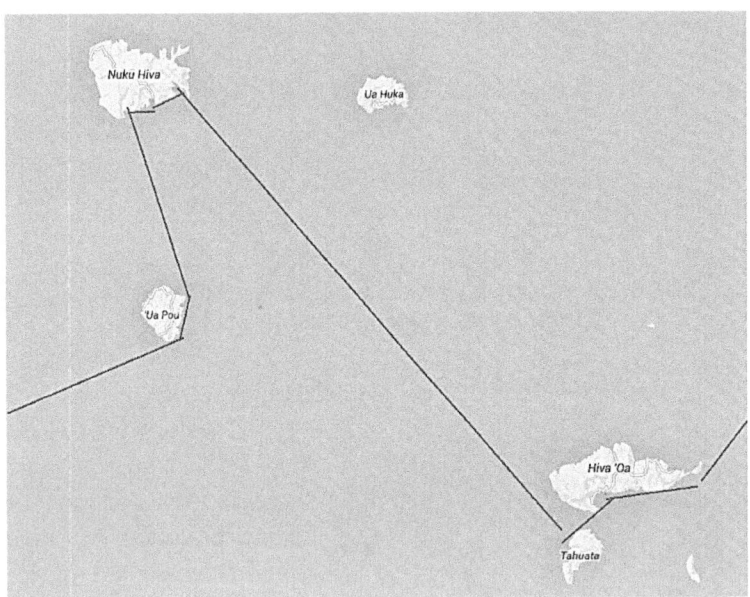

Net voor middernacht gaat het anker voor het eerst in de Stille Oceaan in de grond. Ik begrijp niet goed waarom alle boten met de boeg naar het westen liggen in een Z.O.-passaatwind. Het is te laat en ben te moe om me daar nu druk over te maken. Ik val in een diepe slaap. Maar door de routine word ik toch een paar keer wakker en dan hoor ik de stemmen en het lachen van een jonge bevolking die zich vermaakt aan de waterkant. Bij het eerste daglicht mengen de kraaiende hanen zich in deze vrolijke, vriendelijke geluiden samen met de geur van frangipane die me maeva/bienvenue welkom heten.

Ik voel me hier thuis.

De Markiezen eilandengroep ligt in de Noordwestelijke hoek van Frans-Polynesië. In tegenstelling tot de Gemeenschapseilanden, waaronder Tahiti behoort, hebben de Markiezen geen lagunen en riffen.

De eilanden zijn jonge vulkanische bergachtige formaties die stijl uit het water rijzen bekleed met weelderig tropisch groen.

In vergelijking met, bijvoorbeeld, de Caraïben wordt het landschap niet overheerst door hotels en villa's. Omdat de afstand van het Panamakanaal buiten het kruisbereik van de doorsnee motorjachten is en er hier ook geen infrastructuur voor is blijft dit paradijs tot nu bespaard voor zeilers.

De "Fleetwood" rechts in Taahuku baai (Verradersbaai) op Hiva Oa.

Twee jonge Françaises, Stephanie en Hélène komen al vroeg langszij in hun "annexe" rubberbootje om warme crêpes aan te bieden. Ik blaas mijn "annexe" op om een hekanker te zetten, gedwongen door de rest van de boten om me heen die op een boeg- en hekanker liggen. Ik kan niet de enige zijn die gaat draaien als de windrichting verandert. Klaarblijkelijk hebben de buren het voorbeeld gevolgd van de eerste boten die hier ankerden. Die zijn waarschijnlijk in de late middag aangekomen toen er een landbries stond. Maar voor het grootste gedeelte van de dag ben ik nu de enige boot die met de boeg tegen de heersende passaatwind in ligt. Het is nu te laat geworden om een kerkdienst bij te wonen. Omdat het zo steil op en af gaat heb ik hier niets aan mijn fiets. De bewoners zijn gewend om de zeilers een lift aan te bieden naar Atuona zo'n drie kilometer de heuvel op. Kleine Japanse pick-up trucks met houten bankjes in de bak zijn de meest gebruikte vervoermiddelen hier.

Nu eerst op zoek naar een koud biertje, maar alles is gesloten op zondag.

Ik voel me weer eens op een plek waar ik me zo onopvallend mogelijk wil maken en op mijn tenen lopen om de harmonie en rust niet te verstoren. De liefelijke huisjes liggen verscholen achter vuurrode hibiscus en bougainvilles, zonder schuttingen of hekken.

Ik heb een ontzettende dorst en vraag een stel jongens waar ik iets te drinken kan vinden. Nee, morgen zijn de winkels pas open. Vijf minuten later vinden ze me terug en geven mij een fles water. Terug aan de rand van de baai is een Luau aan de gang. Ze vieren het eind van het lagere school jaar. De feestvierders schuiven op en nodigen me uit plaats te nemen. Halve kalven braden aan een spit, vis wordt geroosterd op een barbecue gemaakt uit een halve oliedrum.

Vrouwen en meisjes met de rode Hibiscus bloem achter een oor. Uitlegger kano's zigzaggen tussen de geankerde boten door. Ik roei weer terug naar de boot.

Rond het cocktailuur is er een drukte van bijbootjes die heen en weer varen van boot naar boot. Maar niemand schijnt de Amerikaanse boot die "verkeerd" geankerd ligt gemerkt te hebben. Ja, nu weet je wat je als solozeiler te wachten staat. Ik had dit kunnen verwachten. Maandagmorgen moet ik eerst inklaren bij de Gendarmerie in het dorp.

Ze vragen me niet naar de beruchte securité die de zeilers uit landen buiten de Schengen afspraak moeten storten voor de waarde van een retour vliegbiljet.
Gelukkig waait er een zeebries als ik de lange steile weg opklim naar het kerkhof. Ik bezoek de graven van Paul Gauguin en Jacques Brel.

Op het graf heeft een Brel volgeling[7] een koperen plaatje geplaatst met daarin geëtst:

---

[7] Dit blijkt Miche(lle) Brel te zijn, de vrouw van Jacques Brel, ondertussen is het plaatje verdwenen.

"Soleil, éclaire et réchauffe la tombe de celui qui a éclairé et réchauffé tant de coeurs que le vent, à jamais, emporte et sème ses chansons et ses idées à travers le monde. Tout serait plus beau. »M.B. Belgique 1997.

("Zon, verlicht en verwarm het graf van hem die zoveel harten heeft verwarmd en dat de wind, eindeloos, zijn liedjes en zijn ideeën zal dragen en ze zaait over de hele wereld. Dan zal alles mooier zijn".)

Brel heeft zijn stempel op mij achtergelaten. Ik woonde in België tussen 1965 en 1970 dit was rond het hoogtepunt van Brels populariteit.

Hij zingt in de twee talen die ik het beste ken, na mijn Engels, en over onderwerpen en plaatsen die me geliefd zijn. Twee van mijn dochters zijn in België geboren, Rose Marie houdt steevast haar Belgische nationaliteit aan.

Jacques Brel landde op Hiva Oa na een zeiltocht op zijn kits de "Askoy" vanuit België in 1975. Op de tussenstop in de Canarische eilanden werd hij ziek en is naar België teruggevlogen; in Ukkel in kliniek Edith Cavell[8] onderging hij zijn eerste longkanker operatie.

Hij besloot zijn laatste dagen op Hiva Oa door te brengen. Brel kocht een twee motoren Bonanza vliegtuig waarmee hij regelmatig van dit afgelegen eiland naar Papeete vloog voor zijn kankerbehandeling. Hij heeft zijn vliegtuig vaak gebruikt als vliegende ambulance om de lokale bevolking voor spoedgevallen te dienen. Brel bracht cinema projectors naar Hiva Oa om zijn geadopteerde eilandfamilie van eersterangs filmen te laten genieten. Er is een heel mooi museum in Atuona over de levensloop van deze geliefde Belgische chansonnier.

Daar hangt zelfs zijn vliegtuig "Jo-Jo" boven de tentoongestelde foto's en memorabilia. Als Jacques Brel ter sprake komt in gesprekken met de eilanders dan weten ze me altijd te citeren de woorden in zijn laatste album "Les Marquises": "Veux tu que je te dise que gémir n'est pas de mise aux Marquises?" (Moet ik je vertellen dat gejammer niet thuishoort in de Markiezen.)

Brel de meester in woordspeling.
De directrice van Collège de Sainte Anne, het schoolinternaat in het dorp, heeft Brel hier meegemaakt, en haar protegés hebben ook veel van Brels gulle hand geprofiteerd. Sœur Geneviève kwam hieraan in 1946 als een jonge non in de orde van de zusters van de heilige Jozef van Cluny in Bourgondië. Misschien was het een ongepaste vraag. Ik vroeg haar of Brel gelovig was. Haar wijze antwoord was dat ze zich niet herinnerde Brel ooit in de mis te zien maar dat zij hem heeft gekend als iemand die leefde als wat men van een Christen zou verwachten.

Nu is het enige terrasje in het dorp open en ik krijg eindelijk mijn eerste koude biertje sinds ik van Californië vertrok. Aan een tafeltje naast me zit de bemanning van een Australische boot, drie van hen zijn Italianen, klaarblijkelijk zakenrelaties die van Papeete ingevlogen zijn. Ze eten en gesticuleren met hun vork in de rechterhand en hun mobieltje aan het oor met de linkerhand. Hebben ze enig benul dat ze hier in Paradijs zijn?

Ik ontmoet hier een groepje van de bemanning en betalende gasten van de Nieuw-Zeelandse driemast schoenerbrik "Søren Larsen" die hier ook voor anker ligt. Terug aan boord vertellen zij, Astrid, de stuurvrouw van de driemaster, dat er op dat kleine houten Amerikaanse bootje, dat gisteravond binnenkwam, een Nederlandse Amerikaan woont. Zij komt me later in de middag afhalen met de Avon.

---

[8] Onze dochter Rose Marie kwam in deze zelfde kliniek zes jaar eerder ter wereld.

De jonge stuurvrouw is Duitse, ze heeft haar strepen verdiend op de zeevaartschool in Enkhuizen. Astrid Lurweg[9] werkte op de bruine vloot voordat ze achter de mast van de "Søren Larsen" kwam te staan. Ze waren nu net van Pitcairn gekomen waar de ongeveer zestienkoppige bemanning en een soortgelijk aantal betalende gasten waren ingekwartierd voor enkele dagen op het eiland bij de afstammelingen van de "Bounty" muiters.

De 27e mei voordat ik de twee ankers ophaal, klaar ik uit bij de politie. De baas gendarme merkt op dat hij weet dat ik maandag een jongen aan boord bracht. "Moet je niet meer doen!" Eerst snap ik niet wat hij bedoelt. Maar opeens begrijp ik het. Ik voel me beledigd en vernederd, maar begrijp het nu wel en ik zal het, jammer genoeg, nooit meer doen. Een van de drie jongens die me zondag een fles water bracht was aan de kade toen ik op punt stond naar de boot te roeien. Ik dacht, ik doe hem een plezier mijn boot te laten zien. Een kans die hij waarschijnlijk nog nooit heeft gehad.

Het is een twee uur zeilen naar het nabijgelegen eiland Tahuata. Dit is een piep klein eilandje, De "Fleetwood" is het enige zeiljacht die bij de kleine nederzetting voor anker gaat in Vaitahu baai. De deuren van het kerkje staan open, ik sta verbaasd van de prachtige glas in lood ramen en al het houtsnijwerk. Het blijkt dat snijwerk in hout, zwaardvishoorn en hoornschelp een specialiteit op dit eilandje is. Een snijwerker neemt mij mee naar zijn huis om meer van zijn werk te laten zien.

Dit huis zou miljoenen waard zijn in onze westerse wereld. Een prachtig uitzicht over de oceaan. Het is simpel maar in perfecte harmonie met de omgeving, het straalt rust en vrede.

Ik koop een amulet gesneden uit hoornschelp. De afbeelding is het Polynesische symbool voor de Bijbel. Winkels zijn er niet maar ik koop sla, aubergine, paprika's en een tros groene bananen bij een van zijn buren, vers uit de tuin.

Top center is het symbool voor de Bijbel. Polynesische Maria en Jezus in glas en lood in het kerkje op Tahuata.

---

[9] Astrid bakt nu brood en gebak in Enkhuizen in haar www.Spelthuys.nl

Kerkhof en kerk op Tahuata

Vertrek van Tahuata

19. Nuka Hiva

Het is een halve dag stukje zeilen naar Nuka Hiva. Dit is het grootste eiland in de Markiezen en Taiohae is de belangrijkste havenstad. Ik laat mijn anker zakken in de Baie du Comptroleur. Dit is waar Herman Melville van de walvisvaarder "Acushnet" gedrost is in 1842. Hij woonde hier enkele jaren onder de eiland bevolking. Zijn boeken "Typee" en "Omoo" zijn geïnspireerd op zijn verblijf hier in het dorpje Taipivai. Ik lees dat er een pad leidt naar een stel goed bewaarde Tiki's en ga op stap, maar ik verdwaal en besluit om te draaien want dit is geen uitstapje op mijn sandalen. Ik hoor en zie de sporen van varkens en kippen en hanen die voor een vrijer leven in het bos gekozen hebben.

Bij het zwemmen in het ondiepe water van de rivier verlies ik mijn evenwicht en grijp een rots en snijd mijn hand aan een vlijmscherpe oesterschelp. Het ziet er griezelig uit en ik bloed als een fontein. Ik klauter de wal op en bind mijn t-shirt om de hand. In het dichtstbijzijnde huis vraag ik waar ik een dokter kan vinden. Ik ben drijfnat in niets anders dan mijn zwembroek, zij rijden mij naar een publieke kliniek. Het is zaterdagavond maar de Franse dokter woont ernaast en heeft de diepe wond in een paar minuten schoon en gehecht. Voor de zekerheid geeft hij mij ook een Tetanusinjectie.

Hij wijst naar de stapels medicamenten en verband op zijn kastplanken en vraagt mij of ik nog wat mee wil nemen voor de rest van de reis. "Oui, bien Sûr!"

Zondagmorgen zeil ik naar de bewoonde wereld van Taiohae. Ik kom aan op half negen maar de mis was al om acht uur. Dus weer mis met de mis.

Ik moet me weer melden bij de Gendarmerie en daar vertellen ze me dat ik een waarborgsom moet storten voor mijn vliegbiljet terug naar Amerika. Op Hiva Oa, bij het inklaren is er niet naar gevraagd.

Ik heb daar helemaal geen zin in en na wat heen en weer lukt het me hen te overtuigen dat ik dat met de douane in Papeete zal regelen.

Ik wist dat de gendarmes er eigenlijk geen belang in hebben maar dat de douane de gendarmes daarvoor op laten draaien. Al de Amerikaanse boten die Nuka Hiva als eerste haven aanlopen ontkomen daar niet aan.

De Franse dokter heeft mij een adres gegeven om mijn verband te laten vernieuwen in een kliniek hier in deze stad. Het was ook aanbevolen dat ik niet verder zeilde totdat de hechtingen er uitgehaald zijn.

Ik breng mijn fiets aan wal en verken de omgeving. Ik herken een stel van de voor anker liggende jachten die eerder ook op Hiva Oa waren. De "Søren Larsen" ligt hier ook weer.

Het bordje met de diensten aan de kerk in Taiohae kondigt aan dat er een mis is op woensdagavond. Mijn hechtingen worden vrijdag in het ziekenhuis verwijderd. 's Avonds zijn alle aanwezige zeilers uitgenodigd voor de wekelijkse Happy Hour bij Rose Corner rond het zwembad van de Pearl Lodge. Rose en haar echtgenoot zijn hier blijven hangen sinds zij hier 25 jaar geleden voet aan wal zetten vanuit Californië. Ik leer weer nieuwe zeilers kennen die ik later weer zal tegenkomen langs de "Coconut Run".

Voor het eerst weer naar een zondagmorgen kerkdienst. De meeste mannen zitten aan de linker kant. Ik kom aan de rechterkant terecht; de vrouw naast mij wijst me de weg in de zangbundel als zij merkt dat ik probeer mee te zingen. De woorden van het Polynesisch zijn gemakkelijk te lezen, fonetisch vrijwel hetzelfde als Hawaiiaans.
Maar ik heb geen idee waar het over gaat. De dames zingen de melodie en de mannen de harmonie meerstemmig. Prachtige stemmen en melodieën.

De bisschop van de Markiezen, een krasse Fransman van over de tachtig, preekt in het Frans.

De dienst in Taiohae.

Maandag de 6ᵉ juni meld ik me bij de Gendarmerie in Taiohae om mijn vertrek te melden. Er wordt, gelukkig, geen woord gerept over de waarborg. Daniel's baai is een paar uur zeilen van Taiohae.

Ik anker hier tegen een adembenemende tropische achtergrond van groene steile berghellingen, hier en daar een waterval. Op een van de stranden is het Amerikaanse tv-programma "Survivors" gefilmd.

Daniels Baai

Hier woonde, de man waar de baai naar genoemd is, Daniel, met zijn vrouw Antoinette. Hij moest met zijn hele hebben houden van zijn strand verhuisd worden om plaats te maken voor de "Survivors".

Nu wonen ze aan de mond van de rivier die in de baai vloeit. Antoinette schuifelt rond op haar knieën op de vloer van hun huisje, het gevolg van Polio. Het poliovaccin kwam pas jaren later naar deze eilanden. Daniel laat me stapels van gastboeken zien die hij bijhoudt sinds 1975. Ik kom ook aan de beurt.

Een jonge Nederlandse familie, Arjen en Marry van der Leeuwen, met hun 2 ½ jarig zoontje Chris, vinden hun boot de "Bouskoura" terug in Daniels gastregister. Twaalf jaren eerder, toen de vorige eigenaars van de "Bouskoura" hier op bezoek waren. Met ons vieren gaan we op pad naar de waterval. De hond van Daniel begeleidt ons en wijst de weg, anders zouden we gemakkelijk verdwalen in deze tropische wildernis. Na twee dagen in deze mooie rustige baai zeil ik verder naar het volgende dicht bijgelegen eiland Ua Pou met haar typerende vulkanische spitse rotsformaties.

De drie van der Leeuwens

Noordkust van Ua Pou

20. Ua Pou

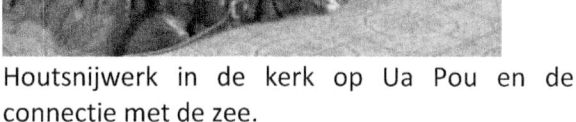

Houtsnijwerk in de kerk op Ua Pou en de connectie met de zee.

In de haven ontmoet ik de eerste andere solozeiler, Richard, een gepensioneerde Britse Special Forces militair. Hier is ook weer een heel mooi kerkje in dezelfde constructie als de kerk op Taoata. Gebouwd in de lokale roodbruine natuursteen en met een houten dak. De deuren, altaar en preekstoel zijn ook weer prachtig gedecoreerd met Polynesisch houtsnijwerk.
De 11^e juni vertrek ik van mijn laatste pleisterplaats in de Markiezen.
"Na-Na!" (Tot Ziens.)

21. Pape'ete

Ik zet mijn route naar Papeete uit, die loopt vlak langs het kleine eilandje Mahini, in de Tuamoto groep. Al de eilandjes in deze groep zijn verzakte vulkanen waarvan de kraterrand nog amper boven het water uitsteekt. Ze komen pas in zicht als je er maar een paar mijlen vandaan bent. Opeens zie ik de toppen van een paar palmbomen uit het water steken. Meestal hebben ze slechts een of twee ingangen om door de kraterrand naar binnen in de kraterkom te varen. Maar het is wel de moeite waard. Binnen is het water kalm en ideaal voor snorkelen, het is één groot aquarium. Het lukt me niet om Mahini binnen te lopen. De wind is de hele dag al wisselvallig en verandert van richting. Motor aan motor af, vol zeil en dan weer reven. Het begint donker te worden en de wind is nu ook flink aangewakkerd. Ik ben al een wrak gepasseerd op de ondiepe kust. Dus verander ik mijn koers naar Papeete en zeil de nacht door.

Vrijdag de 15^e juni, vroeg in de morgen, word ik door de Vesuvius vuurtoren naar mijn bestemming geloodst. Ik heb een uitstekende gids in Alameda gekocht met gedetailleerde kaarten voor de havens en ankerplaatsen in Frans-Polynesië. Ik volg de aanwijzingen zorgvuldig door de riffen en de lagunen naar de Tahiti Jachtclub in Arue. Een 5 km ten oosten van Papeete. De meest gebruikte route is via Papeete en dan weer de 5 km terug naar het Oosten door de lagune. Maar het lukt. Het blijkt dat de jachtclub eigenlijk niet ingesteld is voor passanten. De club haven is gebouwd voor boten die hier tussen de eilanden varen en kleiner zijn dan de meeste oceaanzeilers. Maar met mijn beste Frans en vanwege het feit dat mijn boot klein is, weet ik toch een prachtig plekje te krijgen, vlak voor het clubhuis in een box van een lid dat een paar weken op vakantie is. Het liggeld kost me 1100 Franc (Polynesische) ± € 9 per dag. De "Fleetwood" is de enige Amerikaanse boot hier.

Het is lunchtijd als ik aan wal ga. Het clubrestaurant en bar loopt goed vol met clubleden en zakenmensen uit Papeete. Ik heb het hier goed getroffen.

Ligplaats voor het clubhuis in Arue

Na vier dagen non-stop zeilen ben ik aan een douche toe. Het water wordt verwarmd in de tanken op het dak. Een jong tweetal aan de dameskant zingt: "Oh Happy Day" met hun Frans accent, ik zing het refrein van harte mee; gegiechel door de opening tussen het dak dat de zeebries binnenlaat.

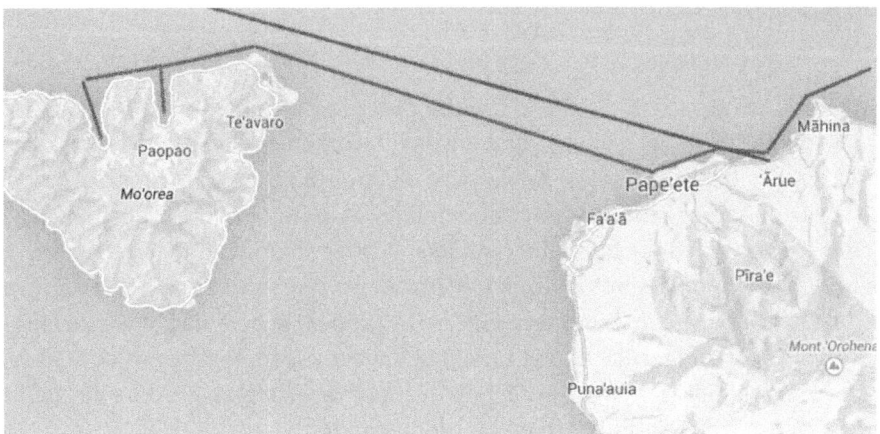

Ik pak de fiets naar Papeete. De woonwijken in de stad zijn niet bepaald aantrekkelijk, ze doen me denken aan de oudere buitenwijken van Los Angeles, rommelige architectuur, veel asfalt. Tegen de heuvels zie ik mooie villa's. Ik heb mijn laptop meegenomen en vind een internetcafé. Dat blijkt een van de nadelen te zijn in Arue waar nog nergens een internet connectie te vinden is.

Iets verderop zit een man die klaarblijkelijk bijziende is. Hij vergroot de tekst op het scherm zozeer dat ik het van tien meter afstand lezen kan. Naast de computer raadpleegt hij een West Marine catalogus met een loep.

Is hij een zeiler?

Iets later hoor ik van een andere Amerikaanse zeiler dat dit Scott Duncan is. Hij en zijn partner Pamela Habek zijn blind. Zij zijn in oktober 2004 van San Francisco vertrokken, met een winterstop in Mexico, op de "Tournesol", een Valiant 32, iets onder 10 meter.[10]

Een brede park strook scheidt de waterkant tot de rand van stad met de toeristenwinkels en restaurants. Een mooi aangelegd park met bankjes waar druk van gebruikt wordt gemaakt in de avond om van de zonsondergang over Moorea te genieten. Er staat een ouderwetse muziektent waar een band de instrumenten begint uit te pakken. Het is etenstijd en ik kies voor Vietnamees uit de grote keus van de "roulottes"die hun specialiteiten voor je ogen klaar maken. Het ruikt allemaal geweldig en ik hoef voor de prijs niet op de boot te koken.

De volgende morgen fiets ik al vroeg naar Papeete en neem een kijkje bij de zeiljachten die aan de malecon voor anker liggen. Met een boeganker en twee lijnen van de achtersteven naar de kade. Alleen de grote jachten lukt het met een loopplank aan de hoge wal te komen, de kleinere moeten hun bijbootje hiervoor gebruiken.

Op de "Tournesol" is de blinde Pamela de was aan het ophangen. Ik "Ahoy" haar en leg uit wie ik ben. Zij beweegt zich op haar gevoel naar achteren. Pamela is een bijzonder mooie jonge vrouw, ze draagt een Tiara bloem achter een oor. Ik kan mijn ogen niet geloven hoe deze twee dit voor elkaar spelen.

Zelfs met de hulpmiddelen van radar en GPS en het beeld te kunnen vergroten op een laptop scherm heb ik genoeg moeite in mijn navigatie. Op hun website leggen ze ook uit dat bij het binnenlopen van havens of door de smalle ingangen van een koraalrif doen ze beroep op loodsdienst van ziende zeilers. Ik meld me bij de Gendarmerie en de Douane.

Ze vragen me naar mijn borgsom maar het lukt me weer om het uit te stellen tot mijn vertrek. Ze doen zelfs de suggestie pas in te checken als ik vertrek. De Søren Larsen is donderdag in Papeete aangekomen en ligt langs de kade. De kapiteins wisselen hier elkaar af en een gedeelte van de passagiers komen en gaan. Tony, de nieuwe gezagvoerder vliegt in vanuit Auckland.

De bemanning is aan het verven, splitsen en poetsen om het in 1949 in Nykobing gebouwde schip in "shipshape" te houden. Ze heeft tot 1972 als een van de laatste traditionele zeilende vrachtschepen dienstgedaan. De S.L. speelde in verschillende films onder andere in de "Count of Monte Cristo".

---

[10] www.BlindSailing.com de twee presteerden het om verder via New Zeeland naar Noord Australia te zeilen, een afstand van 17.000 zeemijlen.

Lucinda, de kok en kapper, en Tony de schipper van de Søren Larsen in Papeete.

Het is zaterdag. De kathedraal in Papeete krijgt een grote beurt en is morgen nog gesloten. Vanavond is er een mis in de Missie kerk. Het accent van de Frans-Chinese pater komt me bekend voor. Wat nu blijkt, dat hij de Redemptorist pater Dung te zijn, een etnische Chinees uit Vietnam. Hij woonde en gaf les in Saigon in dezelfde periode als toen ik in Saigon woonde. We hebben samen heel wat herinneringen op te diepen.

Zondagmorgen fiets ik weer naar Papeete. In de markthallen in het centrum is er al vroeg zondagmorgen een bloemenmarkt. Een kleurrijk tafereel.

Daarna wandel ik door het er naast gelegen park. In de bomen vliegen ontvluchtte hanen rond. Ik neem aan dat de eieren hier uit Frankrijk geïmporteerd worden want ik moet nog de eerste kip tegenkomen die niet met een stel kuikens achter haar aan scharrelt.

Ik heb al besloten dat als ik een keus krijg in mijn reïncarnatie, wil ik een haan zijn in Polynesië, de kippen:hanen verhouding is in mijn schatting ergens in de 100 tot 1. Een haan heeft het hier goed.

En op dit onderwerp van verhoudingen: je ziet hier af en toe mannen die klaarblijkelijk rijkelijk bedeeld zijn met vrouwelijke eigenschappen.

Het is al eeuwenlang een gewoonte dat in een Polynesisch gezin, met alleen maar jongens, een zoon wordt "opgeleid" om de moeder te helpen met typische vrouwelijke taken in de huishouding en wordt ook als een meisje gekleed en behandeld. De Polynesische naam voor deze jongens is "Mahu.

In deze samenleving is er geen enkel stigma aan de Mahu verbonden. James Morrison, een van de "Bounty" muiters noteerde al in 1793 in zijn journaal[11] over wat hij hier toen waarnam over dit verschijnsel. Wat wij als een homo of travestiet in de Westerse maatschappij kennen draagt hier de Polynesische benaming "Rae Rae".

Het is de grote winter schoolvakantie. De club heeft een actief jeugdprogramma.

---

[11] Lees meer in: http://www.tahiti-pacifique.com/archivesTPM/09812.html

Iedere morgen en middag wordt een sliert van Optimist jolletjes, Hobies en Lasers de haven uitgetrokken voor oefenen en wedstrijden. Ze hebben een geweldige coach in Thierry Bride en zijn broer. Dit tweetal won in 2000 het wereldkampioenschap in de Hobie klasse in Guadeloupe. Thierry is de onderdirecteur van de club.

Ik heb een nieuwe vriend hier in de marina, Tran Trong Long, een Vietnamees-Fransman die met zijn dochter op een acht meter zeiljacht woont, op dezelfde pier in de jachthaven.

Hij werkt in Papeete in de informatica en in zijn vrije tijd om de boot voor een lange zeereis klaar te maken. Hij wil naar Vietnam zeilen. Dus hebben we een aanknopingspunt. Zijn dochter maakt heerlijke Chả Giò, de Vietnamese loempia's.

Een bedrijf in Papeete kan mijn diesel injectors reviseren. De oude Renault Couach-R16 wordt al sinds 30 jaar niet meer gemaakt en het is moeilijk en prijzig om onderdelen te vinden. Maar hier zijn er nog wel wat in gebruik, in kleine vissersboten. Zout water is door de uitlaat de motor binnengedrongen in hoge zeeën in de derde week van de overtocht naar Hiva Oa. Dit gebeurde toen ik de motor liet lopen om de accu's te laden.

Ik heb toen meteen de olie vervangen en daarna nog weer een keer in Hiva Oa. Om dit te voorkomen heb ik een uitlaatklep besteld en met een langere slang een zwanenhals aangebracht in de afvoer van de uitlaat.

Naast de jachtclub ligt een groot sportcomplex, voetbalvelden, tennisbanen, een skateboard ramp, et cetera. De 24^e wordt het nieuwe stadion ingehuldigd, net op tijd klaar voor de jaarlijkse Heiva festiviteiten. Ik krijg hier een voorproefje van de dans competitie.

De Arue dansers wonnen verleden jaar de 1^e prijs in de competitie waar dansgroepen van alle eilanden komen uit het hele Stille Oceaangebied, inclusief Hawaï. De hele week wordt er elke avond gerepeteerd op het gras van het sportcomplex. Wat een precisie en charme. En wat kunnen die mannen en vrouwen prachtig zingen!

Generale repetitie van de Arue dansgroep.

Zaterdagavond ga ik naar de Franstalige mis in de nu weer geopende kathedraal.
Zondagmorgen nog een keer naar de mis naar het mooie kerkje de Sacré-Cœur tegenover het sportcomplex. Hier wordt de mis in het Polynesisch en Frans gevierd en gezongen in beide talen. Het lukt me al wat beter mee te zingen, het is aanstekelijk.

De Sacré-Cœur, Arue

De Jesus "look alike" pater. In de N.D. de Papeete.

Op de fiets maak ik een dag uitstapje naar het noorden, voor bij de vuurtoren op kaap Venus.

De volgende dag de tegenovergestelde richting, door Papeete, naar de Taina jachthaven waar het merendeel van de bezoeker jachten liggen. In vergelijking heb ik het een stuk beter getroffen waar ik lig.

In plaats van Moorea aan te doen op weg naar Bora Bora besluit ik de wachttijd te benutten en een retourtje naar Moorea te zeilen. De eerste twee dagen anker ik in Cook's Baai. Elke woensdag avond is er een Polynesische dansuitvoering in het Bali Hai hotel. De derde dag zeil ik naar Opunohu Baai. Ik anker achter in de baai en roei naar de wal. Ik heb mijn fiets in Arue laten staan en loop naar de mond van de baai naar het dorpje Papetoai. Hier staat het oudste Christelijke kerkgebouw van Polynesië dat door Engelse missionarissen gesticht werd in 1822.

Aan het eind van de lange wandeling terug naar de boot zinkt mijn hart in mijn schoenen: de boot is weg. Dan ontdek ik mijn boot een paar honderd meter terug naar de mond van de baai. Gelukkig hebben een paar andere zeilers het onheil al ontdekt en duwen mijn boot weer terug met hun rubberbootjes. Ik roei als een gek en klim aan boord om de motor aan de gang te krijgen. Ik was zeker dat de boot goed geankerd was maar er steekt een dikke tak door de ankerbladen van mijn Danforth anker, dus het anker heeft zich niet goed vast kunnen zetten.

De 9^e juli zeil ik weer terug naar Papeete. Er is veel wind en een ruwe zee. Ik wil zeker zijn dat ik het probleem van de uitlaat opgelost heb en voor alle zekerheid neem ik de oliepeilstok eruit. Er zitten weer waterdruppeltjes op de peilstok. Ik durf nu de motor niet te laten draaien want dat kan mij een nieuwe motor kosten. Arue is zo goed als onmogelijk te bereiken vanuit zee zonder de motor te gebruiken omdat ik dan door een paar nauwe kanaaltjes tussen de koraalriffen moet kruisen. Ik besluit de open baai voor Papeete in te zeilen en daar voor anker te gaan. Maar je kan daar niet op anker blijven liggen het is er te diep en er is te veel verkeer. Ik moet dus een lijn naar de wal kunnen brengen.

De schipper op een Amerikaans zeiljacht echter, dat net voor mij de haven binnen vaart onder motor, realiseert zich dat ik geen motor heb en hij komt me te hulp en loodst mij naar de wal. Nadat ik vastlig loop ik naar de behulpzame kapitein om nog eens te bedanken. De zeiler is de legendarische Commodore Tompkins. Hij kwam net aan van een 21 dagen snelle overtocht non-stop van San Diego. Tompkins groeide op aan boord van zijn vaders voormalige Duitse loodsschoener de "Wanderbird" en was vier jaar oud toen hij voor het eerst rond Kaap Hoorn zeilde. Warwick Tompkins is vijf jaar ouder dan ik ben; er zijn weinig zeilers die in hun leven de ervaring van deze man zullen hebben gehad. Zijn zelfgebouwde houten boot is een kunstwerk. Ik herken zijn voldoening in de beschrijving van de snelle overtocht in zijn nieuwe boot met Nancy zijn nieuwe bruid.

Nu ik rustig aan de kade lig kan ik een monster van mijn carter olie laten testen of er inderdaad wel water in zit. Gelukkig blijkt dat toch niet het geval te zijn.

Ik kan nu gerust weer naar mijn mooie plekje in Arue varen. Zout water heeft mijn digitale Canon Power Shot onbruikbaar gemaakt. Ondertussen neem ik wat foto's met mijn oude Pentax filmcamera.

Maar die is ook klaar voor de vuilnisbak. Bij de start van de uitlegger kano race rond Moorea trekt een camera die een jonge vrouw gebruikt mijn aandacht. Haar naam is Joanie, zij blijkt bevriend te zijn met de McKeowns die ik op Nuka Hiva ontmoette op het Happy Hour van Rose Corner. Zij waren buren in Santa Cruz en hebben hun boot afgebouwd in Joanie's achtertuin. Joanie was overgekomen van Moorea met de veerboot. We spreken af om elkaar op zaterdag weer te ontmoeten en dan naar de finale te gaan van de Heiva danscompetitie in Papeete.

De onderdelen zijn geïnstalleerd, ook heb ik mijn propaan tank kunnen vullen.

Op de 2^e augustus is het "Ioranaa-Tot Ziens Tahiti!"

De Rond Moorea kano race

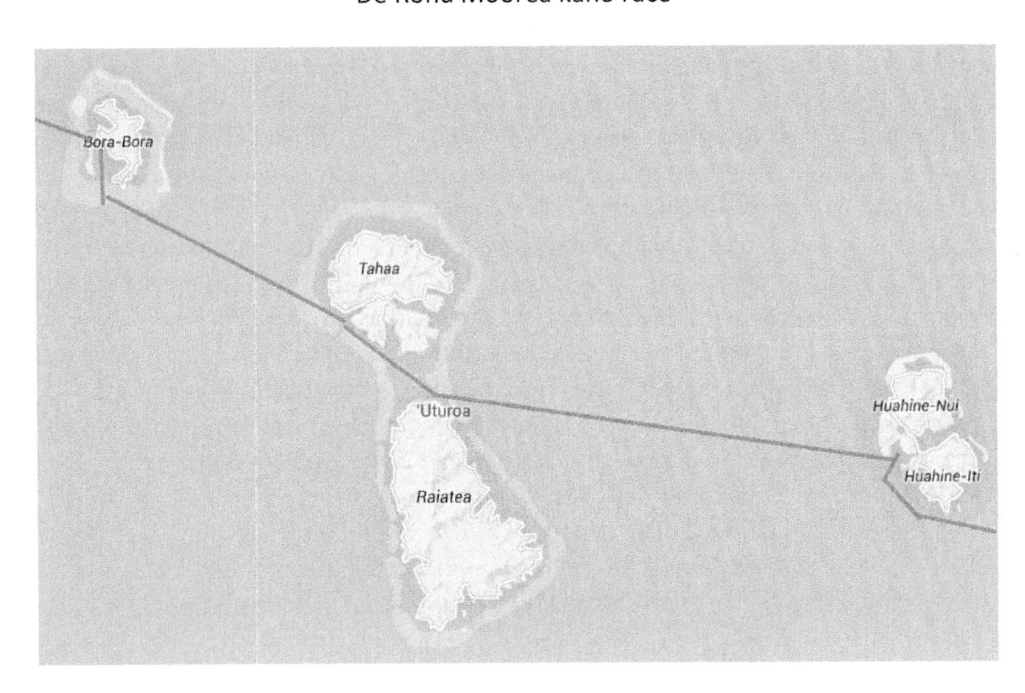

22. De Benedenwindse Eilanden

Er is weinig wind. De avond van de 3^e augustus echter word ik vlak voor Huahine door ruw weer overvallen. Het is te gevaarlijk om in het donker door de pas in het koraalrif te varen dus ben ik genoodzaakt een paar uren in die ruwe condities tussen Huaine en Raiatea te kruisen. Nu ben ik moe van het gebrek aan slaap en het kruiswerk en begin te twijfelen aan de GPS-posities als ik het vergelijk met wat ik opmaak uit de contouren van Huahine. Uiteindelijk blijkt het toch weer dat de GPS beter te vertrouwen is dan het zicht. Op zijn minst hebben de blinde zeilers deze handicap niet. Kort na mij komen zij binnen, met hulp van buddy zeilers. Zij hebben dezelfde stormachtige condities gehad. De "Tournesol" was ook langer in Papeete dan gepland omdat zij op een nieuwe waterpomp uit Amerika moesten wachten.

Nu lig ik voor anker op de rede voor Fare, de havenplaats van Huahine, met een twaalftal boten. Het water in de lagune is kristalhelder, glad en kalm. Vakantiegangers komen van Papeete met de veerboot naar Fare. In en rond het stadje heerst een levendige typische toeristische atmosfeer. De volgende dag zeil ik in zuidelijke richting in de lagune. Dit is schuitjevaren op zijn best. In plaats van "Theetje drinken" is het een koud Hinano biertje. Jim Marco en zijn opstapster Karla op "Intention" hebben hetzelfde idee en zeilen in dezelfde richting. "Intention" komt van San Francisco. Wij maken kennis in Avea baai, een sprookjesachtig mooi plekje.

Hier ligt de "Wanderlust" ook al. Klaus komt van Bremen en Florence zijn vrouw is Française. Zij hebben elkaar in Frans-Guyana leren kennen toen Klaus daar bij het Europese ruimtevaartagentschap werkte. Zij kennen Noord-Amerika beter dan ik. Ze kochten de boot op de Amerikaanse Oostkust en hebben daar de kust verkend. Via het Panamakanaal zeilden ze langs de Westkust tot hoog in Alaska. Zij nodigen mij uit om de volgende avond bij hun aan boord mee te eten. Dit werd een van de vele vriendschappen die nog altijd intact is. Hoe kon ik toen weten dat ik precies vier jaar later op dezelfde dag Klaus en Flo weer aan boord van de "Fleetwood" zou weerzien in Guilvinec, Bretagne?

Zondag de 7^e augustus fiets ik naar Parea om een Protestantse kerkdienst bij te wonen. Op de terugweg de overblijfselen van een marea bezocht. Dit waren de tempels waar de Polynesiërs hun goden vereerden en menselijke offers werden gebracht.

Ik blijf nog een paar dagen in Fare. De zeilers vergaderen tijdens het Happy Hour in het bijgenaamde Jimmy Buffet café om van de zonsondergang te genieten. Jimmy Buffet bezocht dit plekje op een van zijn reizen. Ik ontmoet daar ook weer de blinde zeilers Pam en Scott van de "Tournesol".

Huahine-Jimmy Buffet café

De volgende halte is een paar uurtjes zeilen naar Raiatea. De "Intention" is hier ook. Karla is weer afgestapt en naar San Francisco teruggevlogen, John is Jim's nieuwe opstapper.
In de haven van Puturoa mogen we 24 uur aan de kade liggen. De tweede dag zeilen we naar Faaro Baai. Met ons drieën varen we in Jim's buitenboordmotor bijbootje de Faaro rivier stroomopwaarts. Daar hebben we lekker geravot in het zoete water en een bad genomen. Van Faaro baai ben ik naar de Marea's van Taputapuatea gefietst. Dit is een van de grootste en best bewaarde tempelgronden. Van hieruit hebben de Polynesiërs de omringende eilanden beheerst. Terug in de haven van Puturoa ontmoet ik de Hollandse boot "Yosoy" met Stefan en Maria Boonzaaijer. Ik had hen al eerder kort ontmoet in Papeete. Dit is ook een blijvende vriendschap geworden. Maria groeide, net als ik, op in de Rivierenbuurt in Amsterdam Zuid. Zij ging naar de Rooms Katholieke Thomas van Aquino kerk en ik naar de Gereformeerde Waalkerk.

Stephen is Hervormde predikant en Maria bidt geen Weesgegroetjes meer. Ik ben op 22-jarige leeftijd overgestapt naar de Rooms Katholieke kerk dus zo houden wij de oude buurt in evenwicht. Raiatea en het eiland Tahaa zijn beiden omringd door hetzelfde koraalrif. In Hurepiti baai van Tahaa ben ik de enige boot de nacht voor dat ik verder zeil naar Bora Bora. Als laatste eiland in Frans-Polynesië valt me Bora Bora wat tegen. Ik klaar hier uit net op het nippertje van de afloop van mijn 90 dagen visum. Weer geen probleem met het niet storten van de borgsom.

Het weerbericht voorspelt een "Muramu", een harde zuid wind. Waar ik geankerd ben kan dat problemen geven. Ik doe snel nog wat nodige boodschappen. Maar de baai is al ruw geworden en bij het aan boord brengen van de fiets, vanuit mijn opblaasbootje, verlies ik mijn evenwicht en de fiets verdwijnt naar de bodem van de baai in Bora Bora. Dat is een wrang afscheid. Ik had deze fiets in 1966 in België gekocht. Voor tweederde van mijn leven heb ik er plezier van gehad.

23. Amerikaans-Samoa

Vlak voor het weekend van Labor day kom ik Pago Pago binnen. Omdat het Amerikaans gebied is, is dit een goede plek om post en pakjes te ontvangen. Mijn nieuwe fototoestel komt hier aan en het kost een dag om het in te klaren. Havenmeester, immigratie, douane, politie en ze zitten ver van elkaar verwijderd. En bij alle vier moet betaald worden.

Ik ben op heel wat achterlijke en vuile plekjes geweest in mijn leven, Napels in de vijftiger jaren, Vietnam in de zestiger jaren, et cetera, maar Amerikaans-Samoa wint het. Ze gooien het afval maar overal neer, en dan spoelen de moesson buien het 's middags van de omringende heuvels en straten naar beneden de al smerige baai in. De baai wordt vervuild door de visverwerkende industrie, die ook een oorverdovend lawaai maakt. De hoogste top van de omringende bergen heet "Rainmaker" en daar kan je de klok op gelijk zetten.

De bussen, jitneys, zijn klaarblijkelijk ontworpen door iemand die niet op de hoogte was met de omvang van de Samoaanse mamma's. Ik werd door zo'n mamma bijna door de zijkant van de bus naar buiten gedrukt, ik kon amper ademhalen.

De Amerikaans-Samoaan leeft goed van wat Amerika daar subsidieert. Ze lopen niet, fietsen niet. Ik heb er nog nooit een kano op het water gezien, alleen een paar die op het strand liggen te rotten.

Maar het enige positieve dat ik kan schrijven over Amerikaans-Samoa is dat de mensen vriendelijk en behulpzaam zijn.

Terwijl ik op mijn post wacht trek ik de bergen in. Ik zie een paar Flying Foxes, grote vleermuizen die boven de bergruggen in de lucht hangen om hun prooi te zoeken.

Er zijn hier verschillende boten op doorreis. Maar de paar die hier zijn blijven steken, daarvoor hadden ze een betere plek kunnen zoeken. "Leprechaun" is een grote Amerikaanse boot, die ik al kende van Papeete. Met aan boord de familie Rooney uit Ardsley, Pennsylvania. Joe en Beth leerden elkaar kennen op het vliegdek van de U.S.S. "Constellation". Zij als een Marine testpiloot en Joe[12] als een Marinier gevechtsvlieger in F-4 en F-18's. Die zondag tijdens de mis in Pago Pago nam de familie Rooney met hun vijf kinderen van zes tot zestien jaar een hele kerkbank in beslag.

---

[12] Joseph Rooney stelde zich kandidaat voor het U.S. Huis van Afgevaardigden in 2012 voor het 13e congressional district van Pennsylvania

24. (West) Samoa

Samoa ligt vlak naast Amerikaans-Samoa en de families op beide eilandgroepen zijn vaak aan elkaar verwant, ze spreken dezelfde taal. Maar het verschil is als dag en nacht. Samoa was jarenlang een Duitse kolonie voordat het onafhankelijk werd.

Het eerste wat ik zie als ik anker in de baai voor Apia is een stel uitlegger kano's aan het oefenen. Het inklaren is zo gebeurd, in een kantoortje in plaats van de poppenkast bij de Amerikaanse buren. Veel zeilers blijven hier voor een langere periode. We ontmoeten elkaar in de bar/café van de roeiclub en we douchen aan de steiger waar de bijbootjes aanleggen. Er zijn een paar stamkroegen en -restaurants voor de yachties.

Het Aggie Grey hotel resort ligt ook aan de waterkant waar de jachten voor anker gaan. Aggie Grey was een Amerikaanse die een hamburgertentje begon in de Tweede Wereldoorlog. Dit viel in de smaak bij de soldaten en matrozen. Haar dochter leidt nu het bekende resort. Woensdag avond wordt een buffet diner geserveerd en een uitstekende dansvoorstelling gegeven.

Het blijkt dat hier in de supermarkten minstens zoveel keus is als in Pago Pago. De prijzen zijn wel wat hoger maar de havenkosten veel lager.

Ik maak een praatje met een viertal zeilende Françaises die ook in de kerkdienst waren. Ze vragen mij wat mijn volgende bestemming is. "Fiji". Eén van de dames vraagt of ik er al eerder geweest ben. "Oui, bien sûr" op mijn huwelijksreis. "Mais, Fiji a beaucoup changé entretemps!" ze had er eigenlijk aan willen toevoegen "mon vieux".

Wat zij niet wist is dat het mijn 2e huwelijk was, in 1980.

Personeel van Aggie Grey resort, 11 Sept 2005

Bij Aggie Grey. Op de voorgrond een "Mahu", gekleed als de vrouwen.

Een Nederlands-Canadees echtpaar, Jim den Hartog en Hellen de Dekker, uit de buurt van Toronto, zijn hier op "Gaia" in een heel mooie zelfgebouwde, als jonk getuigde schoener. "Joly Celeste" is een houten schoener naar Hereshoff ontwerp, gebouwd door Thede Doerscher uit Niendorf in Sleeswijk-Holstein, Duitsland. Ik had de bemanning al leren kennen in Pago Pago.

Nukuatea eiland- Wallis

25. Wallis

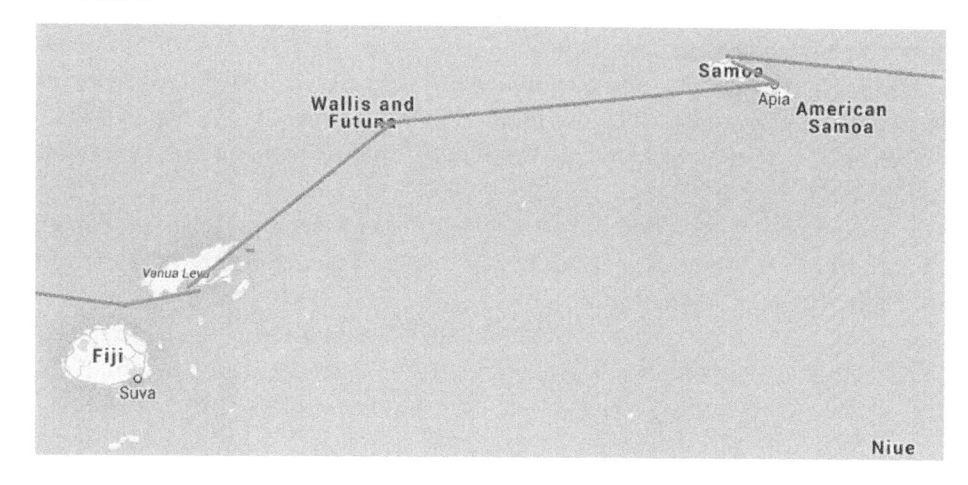

De tocht vanaf Apia is een afwisseling van te weinig en te veel wind. Wallis is een piepklein eilandje dat samen met het verder gelegen eilandje Futuna de Franse nederzetting Wallis-Futuna vormt. Ik kies ervoor om mijn anker te laten vallen in de windschaduw van Nukuatea, een klein eilandje in de lagune van Wallis, in plaats van voor het stadje Gahi te gaan liggen waar geen bescherming is tegen de passaatwind.

Er ligt een kano op het strand. Een man met een grote machete is kokosnoten aan het verzamelen. Omdat het zondag is en "kort-Jack-je" naar de kerk wil vraag ik hem of er die middag nog een dienst is in Gahi. "Non, monsieur" alleen op zondag. "Maar het is toch zondag?"

Nu blijkt dat het al maandag is. Wallis ligt nog net aan de oostkant van de 180ste lengtegraad, maar de datumlijn maakt een boogje om Wallis heen. Nou ja, ik heb mijn best gedaan. De kokosnootman peddelt weg. Ik heb het hele eilandje voor me zelf.

De volgende morgen toch maar de bewoonde wereld opgezocht en geankerd voor Gahi. Een verbaasde blik aan boord van de Hollandse boot "Aquila", die hier ligt, als ik de schipper "goedemorgen" wens. Frans en Lèneke Nooij zijn al vijf jaar onderweg nadat Frans op zijn 55e met vervroegd pensioen ging.

De enige andere boot is de "Centennial 2000" een Amel-Mango met Ken en Jean Powell uit Toronto aan boord. Ik lift naar Mata Utu, de hoofdstad van Wallis, om in te klaren. Het is een mooi eiland en relatief vlak, ideaal voor landbouw.
In plaats van huisjes met muren van gevlochten palmblad, zie ik hier huizen die doen denken aan de Griekse eilanden, met witgepleisterde stenen muren en daken van dikke lagen palmtakken.

De "Perle des Îles", een grote DuFour catamaran, ligt hier voor de stad op de rede. Ik had de boot in Raiatea gezien met een "Á Vendre" bordje en later in Apia heb ik de eigenaar Pascal leren kennen. Hij heeft de boot in Papeete van een chartervloot gekocht maar had nog nooit eerder gezeild. Pascal heeft in Papeete een echtpaar, Richard en Francine, als betaalde bemanning aangenomen om de boot naar Nouméa te zeilen. Een derde opstapper is Anthony, en in de stad kom ik een jonge Française tegen, Bénédicte, een nieuw bemanningslid. Zij vertelt me dat ze al over me gehoord heeft. Nu ben ik toch nieuwsgierig. "Goed of slecht?" "On m'a dit que vous êtes l'Americain qui parle vachement bien français!" (Nou, nou, juffrouw de Boer, is er toch iets van mijn Frans terecht gekomen…..)

Later kom ik Odile tegen die ik al in Raiatea ontmoette. Nu hoor ik dat de vrouw van Pascal ontstemd is over alle vertragingen van haar man. Ze heeft twee zeilers van Nouméa naar Wallis gevlogen om het gezag op de boot over te nemen en dreigt Pascal met echtscheiding als hij niet meewerkt om de boot zo snel mogelijk naar Nieuw Caledonië te brengen.

De twee "hired guns" nemen een kijkje aan boord en bellen de vrouw terug om te vertellen dat zij, met de uitrusting van deze boot, de catamaran geen dag sneller naar Nouméa kunnen zeilen dan de vijfkoppige bemanning. Dan probeert de vrouw de gendarmes in Mata Utu in te schakelen. Na een twee uur durend telefoongesprek lukt het de gendarmes haar te overtuigen het aan haar man over te laten. De twee Nieuw Caledonieërs keren met Pascal terug naar het vliegveld. Richard legt uit dat het motto van de Franse gendarmes is: "En service de la population".

De "hired guns" en Pascal moeten twee dagen op het vliegveld wachten tot de lucht weer geklaard is. Wallis beleeft dit weekend namelijk een politieke storm in een glas water. De twee politieke fracties raken slaags. Beide fracties hebben een koning als hun leider. De Franse prefect gooit zijn gewicht in de strijd en gaat achter een van de twee staan. De Guillotine komt er niet aan te pas maar wel zorgen een paar barricades ervoor dat de Franse regering een troepje soldaten van Nouméa naar het eiland stuurt om de orde te herstellen.

Op 22 september vertrek ik met bestemming Fiji. Kort na mij zie ik de "Perle des Îles" mij volgen. In de middag komen er een paar buien over de boot. De nacht is rustiger en er is een volle maan. Maar de volgende dag komen regen en wind weer in volle kracht terug en dat blijft zo totdat ik de vierde dag op zondag bij Savu Savu binnen loop.

Wallis

26. Fiji

Dit is geen ruime passaatwind maar hard aan de wind tussen de 25 en 35 knopen. Ik probeer met de hand te sturen om niet zo hard van de hoge golven af te vallen maar er tussendoor te sturen. Maar dat wordt te vermoeiend dus ik draag het weer over aan de windvaan. Dat betekent dat je met een harde klap in het golfdal landt. Het is moeilijk om zo te slapen. Ik ben doodmoe als ik bij Savu Savu aankom.

Er ligt een twaalftal boten voor anker bij Point Cousteau, waaronder de "Perle des Îles". Ik ben van plan om de haven van Savu Savu in te gaan en daar in te klaren. Omdat het zondag is betekent dit dat ik dan overtime betalen moet. De bemanning van de "Perle" beduidt me langszij te komen. Zij raden me aan hier te ankeren en dan maandagmorgen in te klaren. Ja, lijkt me een goed idee. Het anker naar beneden en nu eindelijk rustig kunnen uitslapen van de vermoeiende tocht.

De volgende morgen komt de douane/immigratie aan boord in Savu Savu. Dan, als alles in orde schijnt te zijn, vertellen ze me dat ik een boete van 75 Fijian dollars moet betalen (± €40) omdat ik niet direct de haven ben ingevaren op zondagmiddag. Ik vertel hen dat ik doodmoe was en voor mijn veiligheid op Point Cousteau ankerde in plaats van nog verder door te varen.

Een dag later kom ik de immigratieambtenaar tegen op de kade. Hij raadt me aan een brief te schrijven aan de baas in Suva om uit te leggen waarom ik daar was geankerd. Nou, toch aardig, hij wil me helpen die 75 dollar terug te krijgen. Ik heb meteen de brief geschreven en naar hem toe gebracht.

Savu Savu heeft een semipermanente bevolking van zeilers die hier maanden blijven hangen en uitstapjes maken naar de vele baaien en ankerplaatsen binnen het koraalrif. Er is in de ochtend een "net" over de marifoon waar je het laatste nieuws van de yachties hoort.

Het "Rag of the Air" is een kortegolf programma op 8173.0 MHZ. Beide worden door de Australiër "Curly" verzorgd vanuit zijn "Bosun's Locker". De meest bezochte pleisterplaats van de zeilers is de "Copra Shed", een gerenoveerd oud pakhuis met jachtclub, internetcafé, slijterij en winkel voor scheepsbenodigdheden. Ik schaf een zwaarder ploeganker aan, want er wordt wel eens gegiecheld als ik mijn 8 kilo Danforth ophaal. Ik schat dat er een dertigtal boten hier in Savu Savu ligt.

De "Fleetwood" met een "No come back" vlot.

Het loopt tegen het eind van het winterseizoen en de meesten zullen van hier vertrekken naar Nieuw- Zeeland of Australië, sommigen via Vanuatu en Nouméa, om daar de zomer door te brengen.

Een Zwitserse solozeiler heeft een hoogst originele bootnaam bedacht. "James Mc Dust". Zijn naam: Jacob Staubeli (Jacob=James, Staub=Dust).

Ik ontmoet hier ook Sjef en Ermi Keijzers-Jansen van de "Vierde Dimensie". Sjef en Ermi zijn altijd vrienden gebleven; in Europa heb ik ze verschillende keren ontmoet.

De eerste woensdag wordt er een bustour georganiseerd naar de dichtstbijzijnde stad in de bewoonde wereld, Labasa, op de noordwesthoek van dit eiland Vanua Levu. Dit is het centrum van de suikerrietplantages. De markt is de moeite waard. Drie Hindi marktlui hebben mij uitgenodigd om met hen Kava te drinken. Dit is een licht stimulerende drug en wordt gebruikt door de Fijiers bij traditionele ceremoniële plechtigheden. Kava wordt gekookt uit de wortel van de Peperboom. Het ziet eruit als donker afwaswater. Je moet wel aan de smaak wennen.

De klosjes op de achtergrond zijn dunne bastschillen die worden gebruikt om tabak in te rollen.

Ik loop weer tegen de havenambtenaar aan en vraag hem of hij al iets heeft gehoord over mijn brief aan zijn bazen in Suva. "Nee, nog niets".
Het is toch wel veel beter uitgepakt dan wat ik de eerste avond in Hiva Oa vreesde toen ik de bijbootjes tijdens het cocktailuur heen en weer zag varen. Ik trok toen de conclusie dat ik, als solozeiler, een paria bestaan voor de boeg had.

Donderdagavond zat ik met drie Duitse echtparen en nog een Duitse solozeiler aan tafel in een restaurant. Vrijdag dronk ik bier met tien Franse zeilers in de Copra Shed.
Zondagmorgen neem ik een taxi naar de R.K. Kerk, samen met Cindy van de boot "Simplicity", zij en haar man komen van "upstate" New York. Het is een mooi kerkje dat in 1897 gebouwd is. Het plafond is van 1 x 6 duim kwastvrije schroten van Oregon Pine. In de mis van 7 uur zijn de meeste bezoekers leerlingen van het internaat. Jongens rechts, meisjes links op de betegelde vloer.

Bénédicte, de jonge Française van de catamaran "Perle des Îles" die ik op Wallis leerde kennen en Wolfgang uit Würzburg, bemanningslid op de "Joly Celeste" zijn smoorverliefd geworden hier in Savusavu. Zij zal op de schoener meezeilen naar Tonga en vandaar de "Perle des Îles" in Nieuw Caledonië weer ontmoeten.

Ik wil verder varen naar Vanuatu en het is eindelijk wat opgeklaard. We zitten in een tropische overgangszone en ik heb hier weinig van de zon gezien deze week. Maar vandaag, 3 oktober, speelt de radio: "It's gonna be a bright, bright, sunshiny day..."

In het kantoor van de havenmeester krijg ik te horen dat er nu eindelijk een antwoord uit Suva is op mijn brief. Dus dan hebben ze het toch weer goed gemaakt, dacht ik opgelucht. Maar nee, ze gooien er nog eens een boete van 60 US dollar bovenop..... Ik kan het niet geloven en vraag de beambte om mij met zijn baas in Suva te laten telefoneren. Ik vraag de baas in Suva waarom ze mij uit al de boten hadden gepikt die ook die zondag nacht bij Point Cousteau geankerd waren. "Kunt U mij de namen geven van die andere boten?" "Nee, mijnheer, dat moet u uw mensen hier maar vragen".

De telefoon ging weer terug naar de Savusavu-ondergeschikte.
"Nee, die boten waren allemaal al eerder ingeklaard..." Ik weet wel beter maar dat heeft geen zin. Toen heb ik de man verteld dat ik al mijn Fiji geld opgemaakt heb omdat ik op het punt sta het land te verlaten en dat ik naar de bank moet om het geld voor die boete uit de muur te halen. Maar ik begin me echt kwaad te maken en ik heb helemaal geen zin om die 60 dollar nog eens bovenop de 75 aan deze makkers weg te geven. Maar zonder dit te betalen kan ik geen uitklaring tonen bij het inklaren in de volgende haven. .

Ik ritsel door mijn papieren, en ik zie dat ik de uitklaring van uit Papeete nog nooit ergens gebruikt heb. En ik vind geen inklaringsstempel van Fiji in mijn paspoort. Dus ik ben stout. Ik ga niet naar de bank

In het donker, om vier uur zonder lichten, licht ik het anker. Van hier naar het westen is het nog 24 uur varen voordat ik buiten de territoriale wateren van Fiji ben. De kortste afstand is door de lagune aan de zuidkant van Viti Levu en dan recht door de Bligh Water en door de Round the Island Passage. Maar er zijn ook twee ongemarkeerde passen op deze route in en uit de lagune. Ik moet de coördinaten blind vertrouwen die ik heb gekregen van "Curly" de Australiër, van de Bosun's Locker. Bij de ingang van de pas kan ik de branding zien op de ondiepe kanten, aan beide zijden van de pas, maar bij de uitgang is er nergens een branding te zien, de ondieptes zijn onder water.

Mijn hart bonst in mijn keel, de dieptemeter gaat van zeven meter naar anderhalve meter, onder de kiel, en ik heb nergens zichtbaar houvast aan, alleen blind vertrouwen op mijn GPS coördinaten. Eindelijk loopt de diepgang weer op.

Ik blijf een blik over mijn schouder werpen. Want ze zullen in Savu-Savu niet op me gaan zitten wachten met mijn zestig dollar en mijn boot, die een week voor hun neus lag, hebben zeker al gemist. Er is een patrouilleboot in Latoka die geregeld de ankerplaatsen bezoekt om boten te betrappen en te bekeuren die al uitgeklaard zijn en de lange weg uit de Fiji territoriale wateren onderbreken door nog een nacht in een lagune van Fiji voor anker gaan. Er staat een sterke wind en het is een donkere nacht, net voor zonsopgang laat ik de Round the Island Passage achter me. Ik kan nu wat lichter ademhalen. Maar ik vraag me af of Savu Savu de havenadministraties in Vanuatu zal waarschuwen. Zij weten dat Vanuatu mijn bestemming is.[13]

27. Vanuatu

Ik neem mijn paspoort er nog eens bij. En ik schrik, want er staat wel een inklaringsstempel van de Fiji immigratie in. Het is een snelle overtocht naar Luganville, met 110/130 mijl etmalen(?). In het havenkantoor van Luganville probeer ik zo nonchalant mogelijk mijn scheepspapieren te overhandigen. Het is maar goed dat ze nauwelijks kijken naar mijn Papeete uitklaring van juli en de inklaringen van daarna in mijn paspoort. Ik ben zo langzamerhand een geharde crimineel geworden.

Het begon in 2002 toen ik in Sao Paulo landde en een auto wilde huren bleek dat mijn rijbewijs in 2001 was verlopen. Na een dag rijden met een bus kwam ik op mijn bestemming Curitiba aan. Maar hoe kon ik ooit met de bus al mijn houtleveranciers in het zuiden van Brazilië bezoeken? Met een balpuntpen heb ik de "1" in een "4" veranderd. Ik ging ik met een bonzend hart naar Hertz met mijn vervalste rijbewijs. Het ging goed. Tudo Bem! Zodra ik terug was in Amerika ging ik naar het department of motor vehicles om mijn rijbewijs te vernieuwen. De man achter het loket haalde zijn wenkbrauwen op en vroeg me waarom ik mijn rijbewijs wilde verlengen. Hij keerde het om en op de achterkant was het al verlengd tot 2005.
Het landschap is veranderd. Zowel de Fijiërs als de Vanuatuanen zijn Melanesiërs, maar de bevolking hier is donkerder en met krullig haar. De vrouwen dragen lange wijde soepjurken met pofmouwtjes. Tot de onafhankelijkheid in 1979 werd het land geregeerd door een combinatie van Franse en Engelse kolonisten.
Er zijn dorpen waar bijna uitsluitend Frans en andere dorpen waar Engels gesproken wordt.

---

[13] In juni 2006 kreeg ik een e-mail van Frans en Lène Nooij dat de "Fleetwood" op de "most wanted poster" staat in Suva met een FJ$1000 boete en dat ze "Aquila" ook afgeperst hebben. Ze waren inderdaad achter me aangegaan en hadden de meest voor de hand liggende ankerplaatsen naar het westen uitgekamd.

De officiële taal is Bislama, een soort Pidgin Engels met lokale woorden.

Bislama is gemakkelijk te leren, met 149 woorden spreek je vloeiend Bislama. Er is alleen een tegenwoordige tijd. Tot Ziens! = Looky Mew sometime. Kinderen = Pikinini.

De mis at Ste. Thérèse is hoofdzakelijk in Bislama, met uitzondering van enkele Franse gezangen. De Franse pater houdt ook de preek in het Frans.

Ik ga naar een kliniek in Luganville want ik heb de laatste week een vreemde zwarte vlek die door mijn zicht zweeft. Maar als ze in de kliniek horen dat ik Amerikaan ben willen ze niets met me te maken hebben. Achteraf blijkt het dat het komt door de reputatie van onze "ambulance chasing" advocaten.

Gelukkig gaat de zwarte vlek vanzelf weer weg. Misschien had het iets te maken met mijn slechte geweten.

De "Søren Larsen" is hier en dat zal de laatste keer zijn dat we elkaar zien. Ik neem afscheid van Astrid en Lucinda. Een Duits echtpaar, Günther en Uschi Schertel op "Schoggelgau" geeft mij heel goede tips en routes voor mijn verdere reis. Van hier tot in Indonesië, via Nieuw-Guinea en de Filipijnen, sla ik een zijweg in, ver van de traditionele "Coconut Run". Er is weinig over gepubliceerd.

Op 19 oktober neem ik afscheid van Luganville en zeil over "Million Dollar Point" waar de Amerikanen aan het eind van de Tweede Wereldoorlog hun militaire surplus gedumpt hebben. Ik ga een paar rustige dagen op Oyster eiland in de Peterson Bay doorbrengen. Gelukkig heb ik de hulp van een cd met uitstekende coördinaten en satellietfoto's, die gemaakt is door een Port Villa zeiler, complimenten van "Tusker het nationale bier; want de passen door de koraalriffen zijn niet gemarkeerd.

De eerste avond eet ik in het enige bewoonde gedeelte van Oyster eiland, in het restaurant van een Frans echtpaar, Jean-Pierre en Anna. Kreeft met kokosnootsaus en frites van maniok. Ik deel de tafel met de broers Dan en Mark die ik bij het binnenlopen in de baai al had ontmoet.

Zij zijn de allereerste die ik tegenkom, die de Coconut Run vanaf de Amerikaanse westkust in een motorjacht doen; een "Nordhavn 52". De thuishaven van "Bacchus" is Las Vegas, Nevada.

Het "Blauwe Gat" Peterson Bay, op Espiritu Santo, Vanuatu.

De volgende dag roei ik naar het "Blauwe Gat". Dit is een diep gat waarvan de bodem nog nooit bereikt is. De blauwe kleur van het water wordt veroorzaakt door calciumcarbonaat. Nog altijd op het eiland Espiritu Santo, anker ik de volgende avond in Lonnock Bay, voor het Lonnock Beach resort. Ik ben de enige boot. En in het resort zijn een Australisch koppel, Steve en Jennie uit Adelaide, de enige gasten.

Met zijn drieën klimmen we de volgende morgen de steile heuvelrug op, achter Alec, een gids van het hotel. Hij blijkt een bron van interessante lokale kennis te zijn. Hij wijst ons de planten en bomen waarvan de vruchten, bast of bladeren gebruikt worden voor voedsel en medicijnen. Boven op de heuvelrug zien we vliegende honden (grote vleermuizen) cirkelen. Ik neem wat foto's van de "Fleetwood" die als een klein schrijvertje in een vijvertje lijkt te drijven, vanaf deze hoogte.

Fleetwood" in Lonnock Baai.

Later loop ik op een smal voetpad naar de dichtbijgelegen nederzetting, Hog Harbor. Langs het pad liggen kleine stukjes grond bebouwd met sagopalmen, bananen palmen, taro, yams, pompoenen, papajaboompjes, et cetera. Het doet denken aan volkstuintjes. Ik voel me weer een ongewenste indringer in de harmonie en rust van het dorpje. De met gevlochten bamboe bematte huisjes staan keurig in rijen, de zandgrond rond de huisjes is netjes aangeveegd.

Geen auto's, geen elektriciteit, geen radiomuziek; alleen een paar kippen die in het zand pikken en hier en daar een varken onder de fruitbomen in de schaduw van de enorme Baobab. Winkels heeft niemand nodig. Er is wel een broodbakkerij. Het houtskool voor de oven wordt buiten in een oude oliedrum gebrand.

Dorpskinderen met bruine glimmende lijfjes vermaken zich zorgeloos op het strand en in het water. Je wilt er niet aan denken, maar hoogstwaarschijnlijk zullen hun kinderen dit strand afstaan aan westerse vakantiegangers en elektriciteit, en zelf in cementblokken flatjes gaan wonen.

Hog Harbour

Voor de kerkdienst in Port Orly

Mijn vertrek wordt later dan waar ik op had gerekend. Alec de gids was die morgen bezig een paar gaten in zijn uitgeholde boomstam kano dicht te maken. Ik heb het wondermiddel Epoxy aan boord en nu hoeft hij niet weer iedere paar maanden de steeds groter wordende gaten te dichten.

Daardoor kom ik in het donker voor Port Orly aan. 's Morgens ontdek ik hoe mooi het hier is, ik lig voor een zandbank. En ik ben weer een Espiritu Solo op Espiritu Santo.
Het is zondag 23 oktober. Dit is een Franssprekend dorp van ongeveer drieduizend zielen. De mis is in het Bislama met Franse gezangen, en de preek is in het Frans. We zingen a capella. Ik ben de enige blanke
Dit was mijn laatste pleisterplaats op dit mooie eiland. Het eiland Gaua in de Banks groep is mijn volgende bestemming.

Om in daglicht aan te komen, in een vrij moeilijk uitziende ankerplaats, besluit ik die avond te vertrekken. De "Tusker" gids kwam weer heel goed van pas om de riffen van de Lusalava-baai te doorkruisen.
Door puur geluk maakte ik een groot feest mee in het dorp. Het had iets te maken met de Anglicaanse kerkgemeente van Saint Andrew. De kerk staat op een hoogte boven het gemeenschappelijke grasveld waar het feest plaatsvindt.

Jonge mannen met kronen van gevlochten bougainvillea's stampen met lange stokken op een plaat multiplex die over een kuil ligt. Dit dient als een grote trom die het orkestje van een paar gitaren en handgemaakte instrumenten begeleidt.
De dorpelingen dansen arm in arm, kinderen en volwassenen, ze hebben reusachtig plezier.
Een paar mannen staan in de rijst te roeren die in grote potten boven een houtvuur wordt gekookt. Het is zou best kunnen dat de eerste missionarissen die hier voet aan land zetten in deze potten terecht zijn gekomen.

Ik word voorgesteld aan het stamhoofd en daarna ook aan Dan, het hoofd van een nabijgelegen nederzetting. Ze hebben hier wel eens een jacht gezien maar ik ben klaarblijkelijk toch een bezienswaardigheid. Ik heb een paar zakken lolly's uitgedeeld, de kinderen lopen in een optocht met me mee.   Als ik weer terug bij de boot ben breekt een zware tropische storm los met harde regen. Ik zet een aantal emmers en pannen buiten en de volgende dag kan ik weer 35 liter drinkwater in de watertank gieten.

28. Banks Eilanden

Het is 28 oktober. Het was een ruwe overtocht van Gaua naar het eilend Vanua Lava. Ik ben helemaal solo in Sola, de hoofdplaats van dit eiland. Ook hier ben ik weer een bezienswaardigheid, ze hebben hier nog nooit een jacht van blank gelakt hout gezien, alleen maar van kunststof of metaal.

De bewoners komen op me af en stellen zich voor en hebben een hoop vragen aan mij. Onder hen ook de Anglicaanse pastoor Luke Dini en zijn vrouw Rona. Hij stelt me ook voor aan zijn schoonzoon Robert en zijn dochter Sarah. Het blijkt dat het echtpaar een pension heeft met de naam "Leumerus Guest House". Het is de onofficiële jachtclub voor bezoekers zoals ik. Geweldige vriendelijke en gastvrije mensen. Zaterdagavond bereidt Rona een bijzondere maaltijd, kokoskrab.

Ik ken de verhalen al over de sterke klauwen waarmee ze kokosnoten breken, en hoe moeilijk en gevaarlijk het is om ze uit hun schuilplaatsen te krijgen. Je vindt wel vaak de restanten van hun nachtelijke maaltijden onder de palmbomen. Maar ik heb er nog nooit een gezien en nu krijg ik zelfs de smaak ervan te pakken.

Rhona en Sarah met de Kokoskrab

Ik word gewaarschuwd dat er nog een paar krokodillen rondzwemmen. Een cycloon, een paar jaar geleden, heeft het grootste gedeelte van de krokodillen hier uitgeroeid. De volgende zondagmorgen zit ik met de parochianen van Luke in zijn kerkdienst.
Een jong Frans stel, Roulieau en Christelle, zijn hier zaterdag ook voor anker gegaan.

Zondagavond gaan we met het Franse tweetal en de Dini's naar het Kava Café. Een bandje speelt en we dansen allemaal individueel op de muziek. De nieuwe diaken die 's morgens is ingewijd danst ook lustig mee.

De oversteek naar het eerste eiland Santa Cruz in de Salomonseilandengroep duurt twee dagen. Onderweg vang ik eindelijk weer eens een behoorlijke Dorado.

Mijn papieren kaarten en de C-Map met elektronische kaarten geven een vuurtoren aan bij West Pass, de pas waar ik doorheen moet om binnen de grote beschutte Graciosa-baai te komen. Het is al donker en ik besluit toch maar op de motor door te pas te gaan in plaats van 's nachts buiten de baai op open zee te ankeren. Maar ik loop aan een zandstrand vast voordat ik in de pas ben. Voorzichtig gooi ik de motor in zijn achteruit en ik realiseer me dat de coördinaten voor de pas niet kloppen op de kaart en de C-Map. Ik laat het anker toch maar neer en achteraf valt het mee, want de wind is uit het oosten en land afwaarts.

De volgende morgen stel ik vast dat de coördinaten voor de pas een paar honderd meter noordelijker liggen, en als ik eenmaal in de pas ben dank ik God dat mij door deze onderbreking een veel groter gevaar bespaard bleef.

Ik zou met zekerheid lelijk vastgelopen zijn in het donker. Bij daglicht kan ik de ondiepten zien, en die staan niet goed op de kaarten aangegeven.

Ik zie nu ook de vuurtoren maar daar moet waarschijnlijk een nieuwe lamp in geschroefd worden want die brandde gisteren niet. Ik heb nu weinig vertrouwen meer in de kaarten voor mijn bestemming, de zuidoever van de baai. Er zijn verschillende dorpjes. Ik kies voor Luepe Village.

Zodra ik geankerd ben, wordt de boot omsingeld door kano's van uitgeholde boomstammen; meest jongetjes, die brutaal door de ruitjes al mijn bewegingen volgen. Dit is echt het einde van de wereld, en ver van de meer bewoonde wereld van de Salamoeilanden waarvan Honiara de hoofdstad is. Mijn komst brengt hier een hele opschudding van de dagelijkse routine.

Ben Banie neemt mij onder zijn hoede. Hij laat me het een en ander zien van de traditionele attributen die gebruikt worden in deze samenleving. Bijvoorbeeld een neusmasker dat de mannen dragen in de eeuwenoude traditionele dansen. Dit masker is gemaakt van schildpad of oesterschelp en het wordt door het neusbeen en de neusvlegels gestoken. Ben laat mij de gaten in zijn neus zien. Er is ook een kleine vlieger die gebruikt wordt om vis mee te vangen; aan het eind van de lange lijn die door de vlieger boven het water blijft zweven is een web. De naaldvis hapt in het web en komt er met zijn vlijmscherpe tanden in vast te zitten. Ben heeft ook een collectie van veren-geld dat hier vroeger het betaalmiddel was.

Een petje geruild voor slangenbonen in Graciosa baai, Santa Cruz eiland.

Mijn 'zelfbenoemde' gids begeleidt me op de lange hete wandeling naar de autoriteiten in Lata. Er is hier geen douane- of immigratiekantoor, daarvoor moet ik in de hoofdstad Honiara zijn. Ik heb hier alleen te maken met de politie en de quarantaine-officier. Deze laatste heeft zijn deur op slot zitten, en een politiemannetje moet door zijn raam klimmen om hem uit zijn roes te schudden. Ik heb geen Salamo-geld en pinautomaten hebben ze hier niet, dat moet dus ook wachten tot Honiara.

Het is vandaag 2 november en ik heb op 21 oktober van mijn laatste koude biertje kunnen genieten. Met T-shirts, potloden en een zakrekenmachine doe ik wat ruilhandel voor groenten en fruit. Hier kom ik voor het eerst in aanraking met slangenbonen, wel een halve meter lang. Die smaken goed.

Zaterdag 5 november zet ik koers voor Honiara langs het eiland San Cristobal. De dag begon goed maar er hangt nu weer een donkere lucht en er vallen geregeld zware regenbuien. Ik heb weer een Dorado gevangen, deze keer een kleintje van dertig centimeter. Er blijft niets voor de pan over, het gaat er rauw in met een beetje sojasaus.

Later in de middag word ik overvallen door een windvlaag van een sterkte die ik nog nooit meegemaakt heb. Ik worstel het grootzeil en de fok naar beneden. De mast en de verstaging schudden verontrustend, ik vrees voor het ergste. Maar na vijftien minuten is het alweer over.

Ik schat de windkracht tussen de zestig en vijftig knopen.

Ik had verwacht maandagavond in Kira Kira te zijn. Dat is niet gelukt en ik anker in de Kahua baai. Bij het aan land gaan breek ik beide roeiriemen op de rotsen.

Het is een heel mooi dorpje en ik schud veel kleine handjes van lieve schoolkinderen.

Ik loop terug naar mijn opblaasbootje met een tros bananen. Iets verder vind ik een beter beschutte ankerplaats, in de Wanione baai. Ik anker voor de Rooms-Katholieke missie.

Pater Julio is net weer een beetje op de been na een malaria-aanval. Ik blijf er niet overnachten en zeil door naar Kira Kira waar ik op dinsdag de 8^e voor anker ga.

Er is hier een bedrijvigheid die ik sinds Vanuatu niet meer heb meegemaakt: veerdiensten naar de omliggende eilanden, vissersboten. Er heerst een prettige atmosfeer met veel groen en grote schaduwbomen met orchideeën.

De "Fleetwood" is de zesde buitenlandse boot die dit jaar hier bij de politie in Kira Kira geregistreerd is. Al die boten die in de zomer in Nieuw-Zeeland en Australië rondhangen weten niet wat ze missen.

Ik had gehoord dat er hier een Amerikaanse priester is. Marcel, een leerling van de priester, wijst me de weg naar pater David, een Marist missionaris. Pater David is een jaar ouder dan ik. Een ympathieke man, hij is hier al sinds 1969 maar heeft zijn Boston accent nog niet verloren.

Het Betelnoot winkeltje in Kira Kira.

Later in de avond ontmoet ik pater Josef (Joop) Kluwen, een Brabantse Marist, hij is van hetzelfde bouwjaar als zijn Amerikaanse collega. Hij is op bezoek vanuit de hoofdstad Honiara. We spreken af elkaar in Honiara te ontmoeten.

Ik vind een handelaar die wat lokale munt kan wisselen voor vijftig Fiji dollars; daarvan koop ik 12 liter diesel, fruit en groente. Maar nog steeds geen koud bier... Na al mijn royale bijdragen aan de lokale welvaart zeil ik uit.

Ik stop voor de nacht in de Selwyn baai op een klein eiland ten noorden van het eiland Cristobal. En dat blijkt een goede beslissing te zijn want de hele nacht is er geen zuchtje wind.

De volgende ochtend hoor ik op de kortegolfzender dat Scott en Pam van de "Tournesol" zich melden op het "Sailors Rag" van Savu Savu. Ze verwachten morgen Nieuw-Zeeland te bereiken. Geweldig, dit is een ongelooflijke prestatie van deze blinde zeilers die ik in Papeete voor het eerst ontmoette.

Vanmorgen heb ik tien knopen de wind mee en de zee is mooi vlak. Ik zet de lichte spinaker. Dit wordt de mooiste zeildag sinds ik uit Amerika vertrokken ben.

Om half zes heb ik de spinaker nog altijd op maar ik zie zwarte onweerswolken naderen. Het lukt me niet om Honiara voor donker te bereiken en ik anker er 25 mijl vandaan, in de Taivu baai.

Het amulet gesneden uit hoornschelp van Taoata. En mijn van 1980 opgelapte spinaker.

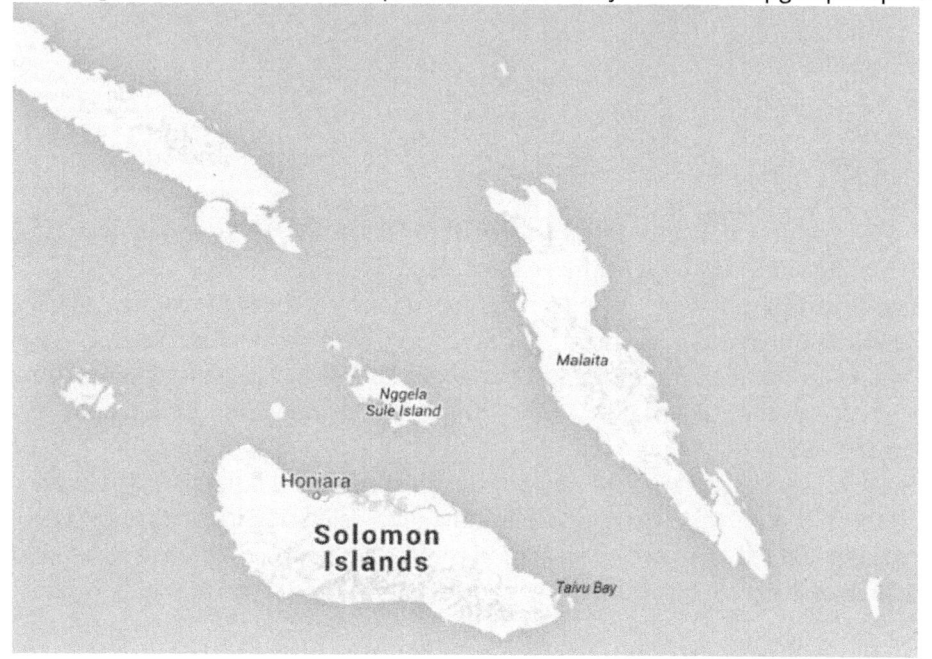

Er komen weer een paar kano's op me af. Ik heb geen geld van de Salomonseilanden en de meest voor de hand liggende ruilwaren heb ik verpatst. Maar ze halen hun schouders op en zeggen dat ik mag nemen van groenten en fruit wat ik kan gebruiken.

De volgende morgen ontdek ik dat een rivier de baai in stroomt. Ik moet nodig wat was doen, al draag ik onderweg niet veel, soms helemaal niets. Ik kook een pan zout water, doe de was en breng het dan in mijn rubberbootje naar de monding van de rivier, waar ik het in het zoete water uitspoel.

Als ik wat verder de ondiepe rivier oploop komt een jonge vrouw me tegemoet met een mand op haar hoofd. Zij doet waarschijnlijk ook haar was. Als we elkaar tegenkomen neemt zij de mand van haar hoofd, haalt een doek weg van een pan en doet de pan open. Ze biedt mij een warme maaltijd aan.

Ik sta versteld en weet niet precies wat te zeggen. Het ziet er lekker uit met groenten, yams, taro en stukjes verschillende noten. Ik vraag haar naam, ze heet May.
Intussen is haar man er ook bij gekomen. Ik nodig ze allebei uit om aan boord te komen. Ik eet de maaltijd en bied ze wat te drinken aan. Ik vraag waar ze wonen en ze nemen me mee stroomopwaarts, waar een kleine nederzetting aan het water ligt. De huisjes staan allemaal leeg. Ze vertellen me dat het dorp in 1996 tijdens een cycloon overstroomd is geweest. De inwoners zijn toen naar hogere grond verhuisd.

Maar voor dit jonge echtpaar was dit een, op zijn minst tijdelijke, uitkomst. Hij vist en verbouwt wat groente en fruit op een stukje grond. Ik stap het huisje binnen en het enige wat ik zie zijn een paar kookpannen en twee opgerolde slaapmatten. May en Endrel dragen de enige kleren die ze hebben. Ik zal nooit vergeten hoe deze lieve mensen mij zo'n groot plezier hebben gedaan met zo weinig.

May en Endrel op de "Fleetwood"

Point Cruz Yacht Club, Honiara

29. Honiara, het eiland Guadalcanal

Het is weer een dag zoals gisteren en de spinaker is weer gehesen. En omdat het maar 25 mijl is naar Honiara en het water relatief vlak is, neem ik het rubberbootje niet aan boord maar sleep het achter de boot aan.

Dit is dus een unieke gelegenheid om een foto van de boot onder spinaker te nemen vanuit het bijbootje. Ik hang mijn fototoestel om mijn nek, trek het rubberbootje tot dicht tegen de spiegel en stap via de windvaan-standaard op het bootje. Maar het bootje houdt hier niet van. Het slaat om, op zijn kop. Ik hang met beide handen aan de railing, mijn benen bengelen in de lucht. U kent de rest van het verhaal wel want het is toch weer goed afgelopen.

Ik was niet ver van land en had naar de wal kunnen zwemmen maar het zou wel een vreemde indruk op de Honiaranen hebben gemaakt als de boot voor mij uit binnen zou komen zeilen.

Ik vind een prima ankerplaats, pal voor de "Point Cruz Yacht Club". Er liggen drie Franse boten, ook de boot van Roulieau en Cristelle waarmee ik in Sola in het Kava Café danste. De "Fleetwood" is de 26e boot dit jaar in het gastboek van de jachtclub.

De jachtclub hier is waar alle expats en de notabelen van Honiara, de hoofdstad van de Salomonseilanden, elkaar ontmoeten. De stad heeft verder weinig te bieden. Hier is een goed restaurant en een gezellige bar. Op vrijdag is er dansavond met een live band.

Ik heb eindelijk weer wat contant geld op zak en mijn eerste koude biertje te pakken en, aan een lichte hoofdpijn de volgende ochtend te merken, er een paar te veel gedronken. In gezelschap van vier Aussies feest gevierd en gekareoked in een Chinees restaurant. Het wemelt hier van Australiërs.

Tijdens de burgeroorlog, rond de eeuwwisseling, is de RAMSI[14] hier de orde komen herstellen. Het meeste politie- en gevangenispersoneel hier komt uit Australië.

Eén van de Aussies legt me uit dat er hier drie categorieën buitenlanders zijn, de zogenaamde 3 M's: Missionaries, Mercenaries en Misfits. Dat klopt wel.
Missionaries: Zondag kom ik pater Joop Kluwen weer tegen bij de mis in de Holy Rosary kathedraal.

Mercenaries: Ik ontmoet hier Herbert, een Oostenrijkse Aussie, die voor de CIA werkte in de Vietnamoorlog. Don, een andere Australier, vertelde mij zijn ervaringen in dezelfde oorlog. Hij werd door de Amerikanen met zeven andere Australiërs in Laos gedropt om Pol Pot uit te schakelen.

Maar de missie ging helemaal fout. Eén van zijn kameraden kwam in een boom vast te zitten en werd door de Pathet Lao doodgeschoten. Na 17 dagen door de jungle sjouwen kwamen de andere zeven mannen onverrichterzake weer in Vietnam terug.

Misfits: Een Duitse Australiër hier had een zeer lucratief goudhandeltje tussen India en Vietnam tijdens onafhankelijkheidsoorlog in Frans Indochina. De Fransen pakten hem in Hanoi op, omdat zijn papieren niet in orde waren. Hij kreeg de keus tussen het Franse vreemdelingenlegioen of het cachot. Zo maakte hij de nederlaag van Dienbienphu mee als legionair.

In de drie weken die ik hier doorbracht ontmoete ik ook een paar avontuurlijke dames. Pia, een jonge vrouw uit Berlijn, boekte in een impuls voor 65 euro een enkele reis naar Bangkok en kwam hier terecht via Sarawak, waar ze in Dajak-langhuizen overnachtte. En Erika die met haar ouders na de Hongaarse opstand in 1956 naar Argentinië ontsnapte. Zij is over de zestig en woont in Key West, Florida.

Beide dames lukt het om weer als opstappers op de jachten die hier binnenkomen voor onbepaalde tijd door te zeilen naar een onbekende bestemming. Net zoals in Arue, Tahiti, heeft de jachtclub ook hier een actief Optimist jolletjes zeilprogramma voor de jeugd. In de eerste week kwam ik ten val en schaafde mijn linkerbeen aan een stenen muurtje. Het werd meteen een lelijke infectie.

Ik ga nu om de paar dagen naar een kliniek hier om het verband te laten verversen. De behandeling en de antibiotica zijn kosteloos. Het personeel van de kliniek is zeer behulpzaam en vriendelijk. De behandeling houdt me hier langer vast dan ik van plan was.

Buiten de jachtclub is er niet veel te doen. Ik ben nog altijd zonder fiets. Boven de stad is een indrukwekkend monument ter herdenking van de grootste zeeslag in de Tweede Wereldoorlog, de slag van Guadalcanal. Precies 63 jaar geleden deze week. Amerika heeft hier nog een grote reserve van goodwill onder de bevolking.

Mijn pas nieuwe Canon Powershot fototoestel is alweer kapot. Ik stuur het naar Amerika voor reparatie onder garantie en ben nu aangewezen op mijn oude analoge Pentax camera.

---

[14] Regional Assistance Mission to the Solomon Islands..

En daar lekt ook licht in door. Bij het Papua Nieuw-Guinea consulaat laat ik een visa in mijn paspoort stempelen.
Ik hoor hier dat Ghizo de moeite van een bezoek waard is. De drie Franse boten zijn van plan daar Kerst te vieren en verwachten nog twee Franse boten die onderweg zijn van Nieuw-Caledonië. Op twee december neem ik afscheid van Honiara. Goede herinneringen neem ik hiervan met me mee.

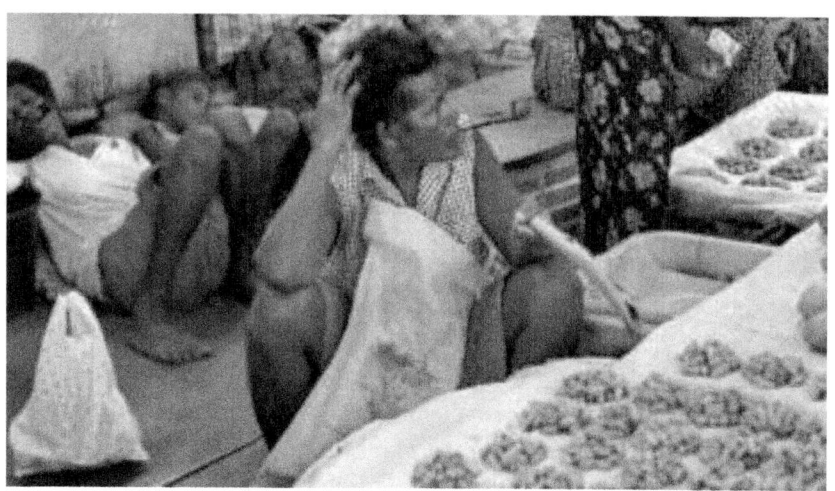

Pijp rokende marktvrouwen met pinda's in Honiara

30. Ghizo

Ik kom op Sinterklaasdag 's morgens op Ghizo aan, met een tussenstop in Raro Bay op Tetepare Island, weer aan de monding van een rivier. Dit zijn vaak de enige redelijke ankerplaatsen op de Salomonseilanden en in Papoea Nieuw-Guinea, verder is de kust vaak te steil en de bodem te diep voor een ankerplaats.

De "Elektra" ligt er al voor anker, zij vaart onder Nederlandse en Friese vlag en heeft Amsterdam op de spiegel staan. Beter kan het niet voor een Amerikaan met een Friese moeder die in Amsterdam opgegroeid is. Ik krijg weer verbaasde reacties als ik ze "Goede Morgen" wens bij het langs zeilen.

Later roei ik naar de "Elektra" met de speculaas die mijn dochter Rose Marie me gestuurd heeft voor deze dag. Zij zeilen al een paar jaar in de zuidelijke Stille Oceaan. Gerrit is in Franeker geboren en had, onder andere, een bruin café in Groningen. Ans heeft films gemaakt voor de Nederlandse televisie.

Er is ook een groot Italiaans jacht dat hier tijdens het cycloonseizoen overzomert. De bootsman is een jonge Italiaan, Lucio Oman. Hij blijkt de zoon te zijn van een klant, uit mijn vorige leven, in Modena waar ik jarenlang Amerikaans hout aan heb verkocht...... "Piccolo Mondo....".
Bij de "Blaatur", een Noors zeiljacht, hoort ook een verhaal. De letterlijke vertaling uit het Noors is Blauwe Trip maar het is ook de naam voor het blauwe flitslicht op een politieauto. De bemanning van de "Blaatur" bestaat uit drie politiemannen en een vrouwelijke agent uit Oslo. Zij zeilen de boot rond de wereld en de bemanning wisselt geregeld op hun vakanties.

Eén van de drie Franse boten, de "Archibald", die ik in Honiara had leren kennen was hier al. De buitenboordmotor voor de "annexe", bootonderdelen en kleren zijn hier uit de boot gestolen.

Het is een klein plaatsje en iedereen kent iedereen, de jonge daders worden snel gevonden en de buit weer bij de "Archibald" terugbezorgd.

Ik ben al gewaarschuwd dat daar waar ik geankerd lig, aan het eind van de baai, de dieven wonen. Het is de best beschutte plek. Een bewoner van de op palen staande hutten, niet ver van mijn boot, komt langs en wil een praatje maken. Ik breng het onderwerp op de diefstallen.

Het blijkt dat hij de vader is van de jonge dieven. Hij verontschuldigt zich dat hij zijn zonen niet beter heeft opgevoed en geeft als excuus dat de moeder Gilbertese is. De Gilbertezen (of Kiribati) worden hier met de nek aangekeken. De oudste zoon zit in de gevangenis. Ik heb met de man te doen. Als vader heb ik ook wel eens iets dergelijks meegemaakt.

De "Blaatur" is dichtbij geankerd. De Noren nodigen me uit voor een aquavit en we gaan daarna de "stad" in. Als buschauffeurs op een uitje doen de Noorse agenten wat je zou verwachten, ze zetten een booby trap voordat ze de boot verlaten. Een vissnoer door de cockpit dat aan een alarm verbonden is.

Ghizo is een rijtje huizen en winkels langs de waterkant met het Ghizo Hotel als het enige vertier. Daar eten en drinken we en ontmoeten we de zeilers die hier voor anker liggen. Op de terugweg, als we "Blaatur" naderen horen we het al. Het alarm is afgegaan.

Maar wie het ook waren, ze zijn er weer snel vandoor gegaan. Ik had verwacht dat ze mijn boot, zonder alarm, mogelijk ook bezocht hadden, maar dat bleek niet het geval te zijn.

Dat is het voordeel van een kleine boot waar weinig te halen valt.

Dit is de laatste gelegenheid om van de Salomonseilanden uit te klaren.

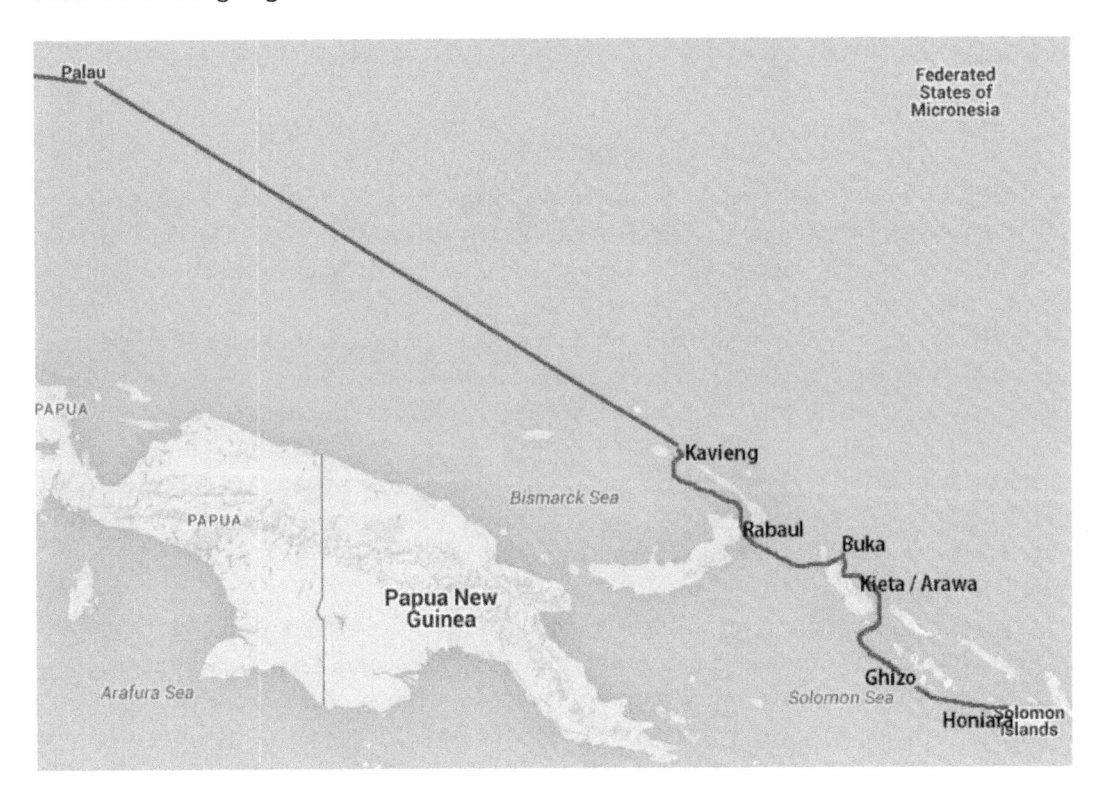

31. Papoea Nieuw-Guinea

Mijn eerste inklaringsmogelijkheid voor Papoea Nieuw-Guinea is Kieta op het eiland Bougainville.

Bougainville is rijk aan goud en bossen. In 1992 verloor het zijn onafhankelijkheid in de oorlog met PNG. De verwoesting is nog overal te zien. Ik anker recht voor de overblijfselen van de Rooms-Katholieke kathedraal in Kieta. Een groep jongeren houdt hier een kampeerbijeenkomst. Ik heb met hen samen aan een kerkdienst deelgenomen.

De twee verschillende gidsen die ik aan boord heb voor PNG zitten er helemaal naast dat Kieta een inklaringshaven is. Ik word van Kieta naar Arawa gestuurd, hier moet een douanekantoor zijn. Ik lift de 15 km naar Arawa. Nee, ook hier geen douanekantoor. "Probeer het in Buka".

De volgende morgen komen de jongelui van het kerkkamp me papaja's en groenten brengen. Ik heb nog geen PNG-geld kunnen wisselen. Om Buka te bereiken moet ik door een nauwe pas met een sterke tegenstroom. Als de gidsen Buka in plaats van Kieta voor de inklaring hadden aangegeven, had ik me deze pas kunnen besparen en de zuidkust van Bougainville kunnen volgen.

Het is vrijdagmiddag en er is geen mens in het douanekantoor van Buka. De bank kan mijn geld niet wisselen, er zijn geen pinautomaten. Ik mag in het restaurant een hoger bedrag dan mijn rekening met mijn VISA-card betalen en krijg het verschil in PNG-geld terug.

Van vrijdag tot zondag geankerd bij het eilandje Sohana tegenover Buka. Daar stond nog altijd een sterke stroming en een paar keer moest ik herankeren. Na de mis op de laatste zondag van de advent op 18 december op Sohana ben ik doorgezeild naar Rabaul.
Een paar dagen later, als ik me bij de autoriteiten in de hoofdstad Rabaul meld, krijg ik de wind van voren, omdat ik niet in Buka ben ingeklaard.

Volgens hen was de douane in Buka er wel geweest, maar was alleen even weg. Van de buren van de douane in Buka had ik toch iets anders begrepen.

Rabaul is een deprimerende stad. Het ligt nog altijd onder een laag as van de recente vulkaanuitbarsting, puimsteen drijft overal op het water. Ik lig geankerd voor de Rabaul Yacht Club, het gebouw is ook beschadigd. Er is niet veel te doen in de Y.C. De openbare diensten en veel bedrijven zijn van Rabaul naar Kokobo, 15 km. verder, verhuisd. Overal zie je zwaarbewapende bewakers bij publieke gebouwen en supermarkten. Kokobo is wat aantrekkelijker.

"Contessa" zie ik hier weer, ik had naast haar gelegen in Amerikaans-Samoa, ze heeft weer een heel nieuwe bemanning en ook weer mechanische problemen. Ze hopen de boot in Thailand voor de eigenaar af te leveren.

Kerstavond vier ik het feest van Christus' geboorte in de Kathedraal. Wat jammer dat ik geen goed fototoestel heb.

Papoea's met grasgordels en ornamenten om voeten en armen dansen onder trommelklanken de kerk binnen bij de intrede, bij de offerande en tot slot tijdens de recessie. Het is een prachtige dienst in mijn eerste Kerstviering op deze rondreis.

Ik vertrek op Tweede Kerstdag. Nu zie ik de lavastroom die van de vulkaan naar beneden is gekomen, het was donker toen ik hier aankwam. Wat een geweld moet dat zijn geweest. Mijn weg naar Kavieng gaat door het Albatroskanaal, een smalle passage tussen de mangrove oevers van de eilanden Nieuw Hannover en Nieuw Ierland.

Kavieng ligt op de noordwestelijke hoek van Nieuw Ierland. Ik anker voor het Malanga Beach Resort, een prachtig plekje met grote schaduwbomen op het witte strand. Het heeft een uitstekend restaurant en bar. Er is tamelijk veel keus voor het provianderen voor de lange oversteek.

Omdat het redelijk vlak is op dit punt van het eiland krijg ik hier niet de opeenstapeling van onweerswolken en plensbuien in de avond die ik gewend was van Rabaul en Honiara, die tegen hoge bergen aan liggen.

Voor het eerst ben ik goed ziek geworden, ik heb koorts en geen eetlust. Ik ben een paar dagen bijna niet uit mijn kooi geweest. Het begon met keelpijn. Via de marifoon sprak ik met de bemanning van een boot bij het eilandje hier tegenover. Zij hebben mij een paar flessen vruchtensap gebracht.

Gelukkig dat dit me niet tijdens de op handen zijnde lange overtocht overkwam want ik denk dat ik dan serieuze problemen had gehad. Ziek worden is een risico voor solozeilers.

In tegenstelling tot Rabaul en Buka tref ik hier een heel behulpzame douane/immigratiebeambte. Zij komt speciaal voor me op zaterdag, oudejaarsdag, naar het havenkantoor en ik mag dan de volgende zondag vertrekken.

De bisschop ging voor in de mis in de kathedraal. Ook hier weer, net zoals in Honiara en Rabaul, een volgepakte kerk met jonge gezinnen en een stoet van misdienaars. Hartverwarmend.

32. Terug in het Noordelijke Halfrond

De 4e januari steek ik de evenaar weer over. Deze keer ben ik al een paar dagen in de windstilte. Af en toe komt er een zuchtje wind en stop ik de motor, hijs de spinaker om het een half uur later weer te moeten strijken. Gisteren ging mijn lichte spinaker aan flarden in een plotselinge windvlaag en ik gebruik nu de zwaardere spinaker.

Ik lees in mijn Bijbel in Prediker 1:14 "het najagen van wind". Ik voel me als Don Quichot met mijn spinakerboom als lans. Om wat wind te vinden en een betere richting te zeilen. Om de spinaker vol te houden ben ik een aardig eind oostelijker van mijn koers naar Palau terecht gekomen. Achteraf gezien was het toch misschien beter geweest direct van de Salomonseilanden via Micronesië naar Palau te zeilen, omdat de Micronesische eilanden zoals Truk en de Carolinaeilanden meer noordoostelijk liggen en op die manier Papoea Nieuw-Guinea te missen, wat toch geen denderend succes bleek te zijn.

Ik kom de 17^e januari in Koror op Palau aan. De directe afstand van Kavieng is ongeveer 7.500 mijlen dat betekend dat ik een gemiddelde van 50 mijlen per dag afgelegd heb; zonder de omweg, om de wind te vinden, zal het gemiddelde iets hoger liggen. Dat is minder dan de helft van de eerste lange oversteek van het Noordelijk halfrond naar Frans-Polynesië waar het gemiddelde boven de 100 mijl per dag lag en daar veel minder tijd verloor in de windstiltes bij de evenaar.

Palau is een United Nations Trust territory onder V.S. administratie. Ik kan hier dollars op mijn Amerikaanse bankpas uit de muur trekken. Het is even wennen want mij wordt verschillende keren gevraagd of ik rijden wil als ik aan de rechter kant wil instappen. Al hoewel het verkeer rechts rijdt zitten de sturen aan de rechter kant. Zo goed als alle auto's en pick-ups zijn tweedehands uit Japan geïmporteerd. Japan rijdt links met het stuurwiel aan de rechter kant. Japan heeft hoge inspectie kosten voor oudere auto's en daardoor lagere inruilwaarde.

Ik lig voor anker voor de Palau Yacht Club in de baai achter de handelshaven. De Y.C. is een privéonderneming van Sam Scott die in Olympia, Washington is opgegroeid, een 40 kilometer van waar ik vandaan kom. Er zijn warm en koud water douches, was machines en een uitstekend restaurant en bar. Sam heeft ook een goed bezochte diepzee duik service. Palau staat bekend voor een spectaculaire duik ervaring.

"Contessa" is al een paar dagen eerder aangekomen, ik had dit zeiljacht al eerder ontmoet in Amerikaans-Samoa en drie weken geleden in Rabaul. Het is een lange en moeizame tocht sinds de 17 meter "Contessa" vertrok van Hawaii en de eigenaar, die de boot in Thailand verwacht, heeft al verschillende keren nieuwe bemanning moeten vinden.

Er mankeert nogal wat aan de boot.

Gisteravond zat ik op het terras van Sam's Bar en bewonderde de manoeuvres van de schipper van "Athei" een klassiek 8 meter jacht. Hij pikte de ankerboei keurig op onder zeil. Ik maak een praatje met de schipper Gary Pione en zijn Japanse vriendin Chico. Het blijkt dat Gary "Contessa" kent van zijn verblijf in Hawaii. Gary is hier naartoe gezeild van Hawaii, via Australië en Guam, "Athei" heeft geen motor. Hij is scheepstimmerman op Guam. Gary kan de nieuwe bemanning van de "Contessa[15]" wat tips geven om te proberen de mankementen aan de boot te repareren.[16]

Mijn buren zijn de lesbiennes Joyce en Leslie op "Banshee" van Zuid Californië. De boot is op de Hermit eilanden op een rif gelopen en lekgeslagen. Joyce werd door de eilandbewoners uit de zinkende boot getrokken. Met de hulp van de eilanders hebben ze de schade kunnen repareren. Joyce heeft een boek geschreven over de schipbreuk getiteld "Marooned". Ik vind ze aardige buren maar ze worden aan de wal gemeden als de pest omdat ze klaarblijkelijk spullen van andere boten hebben gejat.

Ik voel me hier ook "marooned" want het blijft stortregenen. Er is weinig anders te doen dan binnen te zitten en te lezen. "The Poison Wood Bible" heb ik uit. Nogal depressief en repetitief maar wel heel mooi geschreven. Ben nu bezig met "Der Vorleser" dat me diep raakt. De hoofdpersoon is een Aufseherin, bewaakster van een 2e wereldoorlog concentratiekamp, een van de weinige woorden die wel eens uit de mond van moeder kwamen over haar gevangenschap.

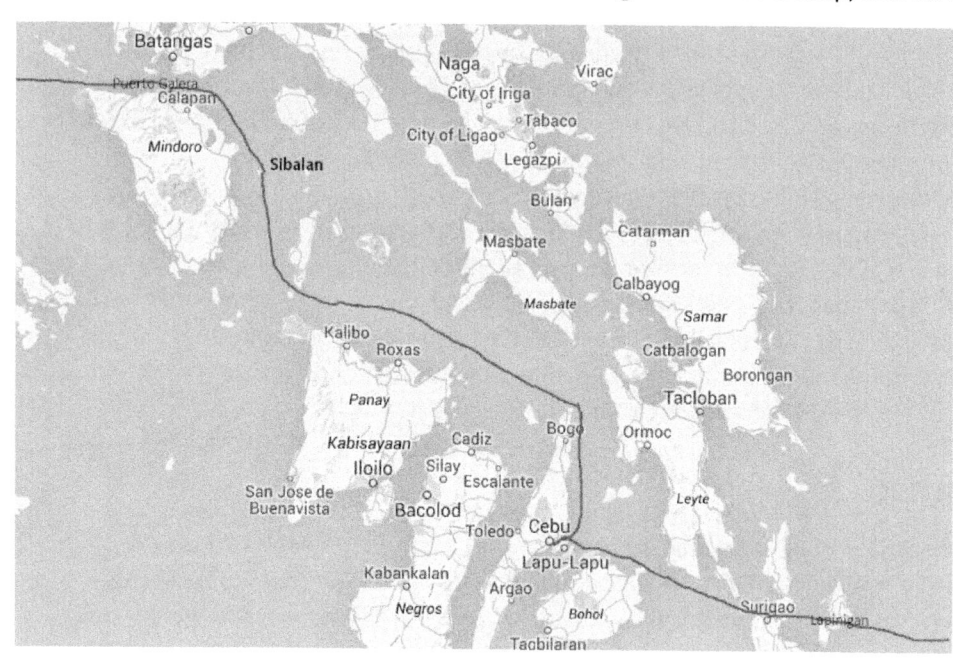

De 22[e] januari zeil ik verder naar de Filipijnen. De directe afstand is 525 zeemijlen.

---

[15] Uiteindelijk in Thailand aangekomen. Ligt al enige jaren te koop.

[16] Toen ik net voor zonsondergang op 10 mei 2017 aanlegde in Jacksonville, Florida, kwam een zeiler naast mij me te hulp. Stomverbaasd hoorde ik: "I know you, we met in Palau!!!!" Het was Gary Pione (zie http://www.cometosea.us/?p=6310)

33. Filipijnen

Het is een snelle overtocht vanaf Palau. Ik vang een paar geelvin tonijnen.

Voordat ik Palau bereikte was het grootzeil tussen de giek en het eerste rif gescheurd en nu kan ik alleen maar met een of meer riffen zeilen. Via mijn SailMail, over de kortegolf zender, ben ik in contact met Guus Bierman. Wij kennen elkaar sinds 1950. Guus zeilde voor Nederland in de Flying Dutchman klasse tijdens de Olympische spelen in Rome in 1960. Hij produceert zeildoek onder zijn merk "Contender". Guus volgt mijn reis en nu hij hoorde van mijn grootzeil problemen raadt hij mij aan contact op te nemen met zijn klant "Hyde Sails" in Cebu. Dat ligt op mijn route naar Vietnam.

Gisternacht werd ik wakker door een harde bons tegen de romp. Ik sprong op en kon nog net een grote boomstam weg zien drijven. De Filipijnen waren belangrijke leveranciers van hardhout naar Amerika. Maar van die bossen is weinig overgebleven en ik weet dat ik rustig weer in mijn kooi kan kruipen.

Vanmorgen word ik wakker van een lawaai dat steeds dichterbij komt. Dat moet een sportvliegtuigje zijn met een luchtgekoelde motor. Maar ik zie niets in de lucht. Het blijkt een lange vissersprauw te zijn. De motor zit ergens hoog in het midden en de schroef wordt langszij aangedreven door een as van op zijn minst 10 meter. Het lijkt een beetje op de hulpmotoren die de oude vrachtzeilschepen hadden vóór de tweede helft van de 20^e eeuw.

Het loopt al tegen donker als ik de pas bereik tussen Mindanao en Leyte, de Hinuatan pas. De stroming kan hier een sterkte van vijf knopen bereiken. Ik heb de stroom tegen. In de pas kom ik een schouwspel tegen dat ik nog nooit eerder heb gezien. Overal flitsen lichtjes boven en op het water. Het is moeilijk uit te maken wat het is. Is het fosfor in het water dat door de stroming wordt opgeroerd of zijn het scholen vis? Terzelfder tijd vliegen vuurvliegen kriskras door de lucht. In het donker vind ik een anker plek aan een klein eiland, Lapinigan. De volgende morgen hoor ik weer hetzelfde soort geluid als gisteren op de open zee. Een visserman in een banka met een tweetakt grasmaaier motor. Hij komt een praatje maken. Het regent en ik heb mijn oliegoed aan, zijn regenkleding bestaat uit een plastic vuilniszak waar gaten voor het hoofd en armen in zijn geknipt. Volgens mijn kaarten was de kortste weg, naar de beschutting van het eiland, via de zuidkant. Maar bij het uitvaren van mijn ankerplaats zie ik dat er een hoogspanningskabel laag over het water hangt tussen het eiland en Mindanao. Dit is niet aangegeven op mijn elektronische C-Map kaart en het staat ook niet vermeld in de gids "Cruising Guide to South East Asia" die ik gebruik.

Ik heb puur geluk (?) gehad dat ik de langere weg nam. In het donker had dat voor een spetterende verrassing kunnen zorgen, een dag voor Chinees Nieuwjaar.

Mindanao

In Surigao op de noordkust van Mindanao zette ik voor het eerst weer voet aan wal in zuidoost Azië sinds ik in 1963 terugvloog naar Amerika van Saigon via Subic Bay in de Filipijnen. De huisjes met golfijzer daken gebouwd op stelten over het water, de vochtige hitte, de geur van houtskoolvuurtjes en Doerian; peddicabs en motocyclo's brengen me weer terug naar een van mijn mooiste levenservaringen. Ik voel me weer thuis!

Maar mijn gids heeft het weer mis. Surigao is geen inklaringshaven voor jachten, alleen voor de internationale vrachtvaart. Maar de ambtenaren zijn behulpzaam zij geven me een brief voor de autoriteiten in Cebu dat ik uitgeweken ben voor een storm. Ik mag hier een paar dagen op adem komen.

Op Mindanao en ook op Cebu spreekt men Visayan. De officiële taal in de Filipijnen is Tagalog. Voor getallen gebruikt men nog altijd Spaans in Tagalog maar in Visayan meest Engels. Tot Ziens in Tagalog is Pa-alam. In Visayan hangt het af van of je blijft: A tu Nako, of weggaat: A tu Nakoa. Hier herken ik de Portugese invloed: Até logo = Tot ziens. De enige andere taal die ik ken waar ze ook deze twee vormen hebben is het Koreaans en in Bahasa Indonesia.

De eerste avond, op een wandeltocht door de stad, komt een jongetje op me af en probeert me wat te vertellen, ik begrijp er niets van. Dan dringt het tot me door dat ik met een kind prostitué te doen heb. Zoiets zou je in Bangkok of Manila kunnen verwachten, maar hier?

Ik bezwijk voor de parelvisser die al een paar keer langs gekomen is. Zwarte parels zijn hier een specialiteit en ze zijn inderdaad spotgoedkoop.

Rose parels voor mijn dochter Rose, die de volgende week jarig is.

Bij het uitklaren komt er wel een prijs te staan op de behulpzaamheid van de ambtenaren. Ik word verzocht aan het potje bij te dragen voor "the office girls…"

Cebu

Het is een perfecte zeildag. De zee tussen Leyte en Mindanao is vlak als of ik op een groot meer zeil. De wind is ruim tussen de 10 en 15 knopen en zelfs met de noodzaak van een rif in het gescheurde grootzeil loopt de boot zes knopen. Ik heb de stroom mee. Een dreigende bui en donkere wolken veranderen van richting en ik blijf in de zon. Limasawa een eiland net ten zuiden van Leyte heeft een interessante zwarte rots formatie op haar noordkaap. Daarachter aan stuurboord de diepgroene berghellingen van Leyte. De kust van Leyte is omringd door riffen. Ik kies een ankerplaats in een baai bij Point Aquinin op Lapinin eiland.

Het is al donker als ik aankom maar er zijn geen hindernissen. 's Morgens roei ik naar de wal. De vissersmannen zijn de vis die ze in de nacht vingen aan het schoon maken en hangen de vangst te drogen op grote rekken. Het is een schilderachtig plekje, keurig geveegde zand erven voor de huisjes en tuintjes vol bloemen en Bougainvillea's.

Van hier gaat het verder door de Straat van Basiao. Er hangen hier ook weer hoogspanningskabels over het water en ik vertrouw de hoogte niet.

Ik loef op naar de oever, waar ze hoger hangen, maar waar ik ook een angstig oog op de dieptemeter moet houden. Ik slaak een zucht van verlichting als ik dit obstakel gepasseerd ben. Ik moet bij het roer blijven, de straat slingert door ondieptes, visvallen en kleine eilandjes.

Het is donker als ik het diepere water van de Straat van Cebu bereik. Hier is het een drukte met beroepsvaart, veerboten en de vissersbanka's. De bankas gebruiken een glazen fles gevuld met kerosine en een lap als kous voor een navigatie licht. Met het tegenlicht van de grote stad Cebu heb ik al mijn concentratie nodig.

De Cebu jachtclub is op Mactan eiland dat verbonden is door twee bruggen met Cebu. De gids toont de jachtclub aan de oostkant van Mactan in plaats van op de Westoever. Gelukkig heb ik de juiste coördinaten van Tony Mc Donald op de Australische boot "Stylopora", die me volgt van Palau. De ankerplaats is slecht beschut tegen de heersende windrichting. Er zijn maar een paar plekken om aan de wal te liggen, "Mediterranian Style". Het liggeld tarief is gebaseerd om alleen maar voor een korte periode gebruik maken van de wal. In de derde week loopt het op naar US$50 per dag. Er is een gezellige bar en je kunt hier lekker eten. Een Engelsman, Steve, is de eigenaar van de "Marlin" jachtclub bar en restaurant. Zijn onofficiële assistent is een Amerikaanse neger uit New Jersey, Vance; een intelligente aardige vent. Hij is hier al enkele jaren en had eerder al in Hawaï en Californië gewoond. Ik heb geen idee waar hij van leeft.

Er ligt een 20 meter kitsjacht. De eigenaar heeft goed geboerd in de Sacramento vallei en goed verdiend aan de rijzende grondprijzen. Hij heeft, als Special Operations marinier, gediend in Laos en Cambodja van 1959 tot 1961.

Een jongen die hij in de Salomonseilanden aan boord nam is zijn enige bemanning. Er zijn wilde feestjes aan boord met jonge Filippina hoertjes. De matroos heeft het toekijken en beklaagt bij mij zijn afkeer en frustraties.

Ik kom hier voor het eerst op deze reis de sekstoeristen tegen. In de "Heidelberg", een restaurantbar hier in de buurt, zat ik aan een tafel met een stel Duitsers. Een Schwab had niets interessanter te vertellen dan over zijn hoerenvakantie hier. Daar komt hij elk jaar voor terug. Bij het inchecken in Cebu kwam ik ook verschillende "paartjes" tegen om hun reisdocumenten te regelen. Oudere Amerikanen met een of andere jonge Filippina op sleeptouw.

En dan vraag ik me af wie nu het slachtoffer is. Zij, omdat zij denkt dat ze in het paradijs terecht komt of hij, omdat hij straks zijn prijs kwijtraakt nadat zij haar groene kaart heeft bemachtigd.

Cebu is een van de grootste steden in de Filipijnen en het heeft alle faciliteiten en winkels van een wereldstad. Met al de scooters, tri-cycle cabs en Jeepneys is het hier beslist fiets onvriendelijk maar de Jeepneys brengen me overal naartoe voor een paar dubbeltjes. De nabije omgeving op dit eiland is een middenstand buitenwijk van Cebu en het heeft daardoor ook de cafés en winkels die je in een typische westerse stad, zoals bijvoorbeeld Los Angeles, vindt. Het is vijf minuten lopen naar een supermarkt. Wi-Fi bestaat hier nog niet en ik moet mijn laptop meeslepen naar een internet toko. De klanten zijn voor het grootste deel kinderen tussen de tien en vijftien die spelletjes spelen, een hoop lawaai maken en om me heen rennen.

Ik heb een afspraak gemaakt met Hyde Sails en het blijkt nu dat Guus Bierman van "Contender" me het grootzeil cadeau doet. Daar ben ik erg blij mee.

Martin komt deze week om alles te meten en neemt dan ook mijn gescheurde spinaker mee voor reparatie. De zeilmakers hebben aardig wat werk en het kan nog wel een week of langer duren.

Ik ga op zoek naar een werf die me op de wal kan zetten om mijn onderwaterschip schoon te maken en nieuwe anti-fouling aan te brengen. Ik hobbel in een motocyclo naar een werf aan de Cebu kant. Travellifts kennen ze hier niet, het moet over rails de helling op.

Er komt een duiker aan te pas om de boot juist op de kar te plaatsen. Al mijn elektrische gereedschappen zijn Amerikaans en dus 110 Volt. Ik koop een transformator. Het weer werkt tegen met doorlopende regenbuien, ik kan vijf dagen niet schuren of schilderen en dan word ik goed ziek met de wraak van Moctezuma. Ik lig een paar dagen voor Pampus terwijl de klok de tijd wegtikt.

Ik betaal €120 per dag op de helling. Dat is het nadeel van niet op de grond gezet te worden door een Travellift.

De eigenaar een "Peninsulares"[17], had mij een lager bedrag berekend maar toen ik eenmaal op de helling stond kwam zijn zoon dat betwisten en verhoogde het daggeld tot de €120. Ik had toen gerekend dat ik met een 3 tot 4 dagen het onderwaterdeel weer in de antifouling had en de blank gelakte romp geschuurd boven de waterlijn om dan de rest aan de kade te schuren en lakken. Het is negen dagen geworden en €1900 in totaal. Dit is de duurste "knippen en scheren" beurt die de "Fleetwood" ooit gehad heeft, in het land waar je voor €6 een dagloner huurt. Ik had wat meer vertrouwen moeten hebben in de mannen die stonden te smachten om mijn werk te doen terwijl ik in de lappenmand lag.

De oude baas vertelt me een droevig verhaal hoe hij zijn kleinzoon heeft verloren in een autoongeluk veroorzaakt door een dronken vrachtwagenchauffeur. Het jongetje kwam iedere dag naar de werf en dan leerde hij hem verschillende klussen te doen. De man staat voor me met gebalde vuist, hij wijst naar de hemel: "Fuck you God!". Ik heb met de man te doen en weet niet wat te zeggen. Maar dan vraag ik hem: "Hoe kwam je dochter aan je kleinzoon, heeft ze hem ergens gekocht?" Zijn gezicht en houding veranderen. En wat verder in het gesprek begint hij zich te realiseren dat hij toch wel blij is voor de jaren dat hij het genot heeft gehad van zijn kleinzoon.

Ik sta verbaasd van hoe snel deze mannen het schuren onder de knie hebben, nu ik terug aan de kade ben bij de jachtclub. Met mijn schuurmachines is het oppassen dat je niet door de dunne bovenste fineerlaag van het mahonie multiplex schuurt.

Het gaat goed, en dat voor €6 per dag.

De Canon Powershot camera die ik van Honiara naar Amerika stuurde voor garantie reparatie is nooit aangekomen. Mijn dochters stuurden me hier eenzelfde nieuwe camera voor mijn verjaardag. Het is een hoop heen en weer naar tientallen verschillende kantoren om het in te klaren. Ze sturen me zelfs van Mactan vlieghaven naar de stad om een notaris te vinden om mijn handtekening te laten legaliseren.

Ik dolblij dat ik eindelijk weer foto's kan nemen maar na twee foto's is dit apparaat ook weer kapot. Ik geef het op. Scheepsrecht: Drie Canon Powershots, drie huwelijken.

Het is een jaar geleden dat ik op 10 februari van Gig Harbor vertrok. Het heeft al mijn wildste verwachtingen overtroffen. 12.500 mijlen, 10 landen, 24 verschillende kerken en veel nieuwe vrienden en mooie ervaringen.

Ik heb een cadeautje aan me zelf gegeven voor mijn 69e verjaardag het eind van februari, een gitaar. In een paar straten hier op Mactan zitten verschillende gitaarbouwers bij elkaar. De Spanjaarden hebben hier goede leerlingen gevonden. En ze hebben hier ook de materialen voor de hardhout delen. Ik heb jaren geleden les gehad maar het helemaal verwaarloosd.

---

[17] Spaans bloed, van het Iberisch schiereiland.

Het lijkt me een goed idee het weer eens op te pakken dan kan ik voor me zelf wat liedjes spelen en zingen onder een volle maan en volle zeilen.
Wie weet word ik nog eens vergeleken met Jimmy Buffet.

Mijn grootzeil is nog niet klaar. Ik neem een dagretourvlucht naar Manila om mijn visum bij het Vietnamese consulaat af te halen. Ook is er geen ruimte voor stempels en visums meer in mijn paspoort. Ik krijg ik op het Amerikaanse consulaat twaalf extra pagina's in mijn paspoort genaaid. De wachtzaal zit vol met gegadigten voor het beloofde land onder wie ook weer de al eerder gesignaleerde combinatie oudere Amerikanen met veel jongere Filipinas. Ik ontdek hier ook een uitstekend adres voor zeekaarten van de kust van Vietnam.

Sta. Catarina kathedraal in Carcar

Het is zondag en ben eerst naar de Engelse mis geweest in Cebu City, in de Santo Rosario kathedraal. De grote kerk was stampvol en ook weer veel kinderen en jonge volwassenen.

In de eerste week dat ik hier was ontmoette ik een jonge non in een internetcafé. Ik dacht die kan me wel vertellen waar en wanneer ik zondag een dienst vind.

Elvi is lid van de orde Dochters van Heilige Teresa van Avila. Zij komt van Olango, een klein eilandje aan de zuidkant van Mactan eiland en werkt als lerares in een lagere school en verzorgt drie oude mensjes. Zij nodigde me uit om haar op te zoeken in Carcar. Na de ochtendmis rijd ik naar Carcar met de bus, voor zestig dollarcenten. Achter me zit een kip in de mand die om de haverklap begint te kakelen.

Verleden week zondag was ik in de Santa Niño basilica in Cebu, oorspronkelijk gebouwd in 1565, rond de tijd van de Beeldenstorm.

En is sindsdien verschillende keren herbouwd. Dit is de oudste doorlopend gebruikte kerk in Oost Azië.
Het is jammer dat dit mooie historische bouwwerk totaal is ingesloten door een slordige woon- en winkelwijk en gewikkeld is in een spinnenweb van stroomkabels.

In scherp contrast met de Santa Catarina kerk in Carcar, iets later gebouwd, dat hoog op een heuvel staat omringd door een park. Als ik 's middags om 5 uur in de Save-More supermarkt ben, dan stopt alles voor vijf minuten, over de luidspreker wordt de rozenkrans gebeden.

Ankerplaats op weg van Cebu naar Mindoro. Voorgrond visvallen.

Naar Mindoro

Zaterdag 11 maart, wordt mijn nieuwe grootzeil gebracht. Op maandag vertrek ik van Cebu met bestemming Puerto Gallera op Mindoro eiland. Mijn nieuw grootzeil is geweldig. Het is een sneller zeil en ik kan hoger aan de wind zeilen dan met mijn twintig jaar oude zeil. De Visayan Zee is tjokvol met FADs, Fish Aggregating Devices. Ze zijn vaak moeilijk te zien, meestal is het niet meer dan een bamboestok, soms zit er een palmtak op. Dit zijn boeien die geankerd liggen om in de schaduw van de boei vis te verzamelen. Het is soms een oude oliedrum of een stuk styrofoam. Via Marbate zet ik koers voor de zuid tip van Tablas eiland.

De wind valt helemaal weg ten zuiden van Maestre di Campo of Sibale eiland. Ik ga onder motor het haventje van Port Concepcion in. Een uitstekende en beschutte ankerplaats. Het is weer een heel rustige, harmonieuze omgeving.

Visserij en kopra zijn de belangrijkste bronnen van inkomsten. In plaats van golfijzer daken en gevlochten bamboe muren zijn de huizen van steen met stucco. Het eiland heeft wat weg van de Markiezen, met de mooiere huisjes en groene hoge heuvels.

In het dorp kom ik Pater German Mehler, SVD (Societas Verbe Divini) tegen, de pastoor van de gemeente hier. Hij is hier naartoe uitgezonden door zijn order Steyler Missionare, hier bekend als Divine World Missionaries. De orde is in 1875 gesticht in Steijl ten zuiden van Venlo, door Arnold Janssen een Duitse geestelijke die in 2003 heiligverklaard is. Het Duitse missiecenter is in Sankt Augustin aan de rand van Bonn.

Pater German Mehler Port Concepcion, Maestro di Campo (Sibale), Provincie Romblón.

Hij laat mij de verbouwing van zijn kerk zien. Prachtig marmer van het eiland Romblon, niet ver hier vandaan. Steenhouwers van het eiland doen wonderen met dit mooie donkerrood met wit marmer, voor de vloeren, grote bloemenvazen, het altaar en muur decoraties. Ik vermoed dat hij hier voor zijn eigen geld gebruikt. Mehler komt uit een boerenfamilie in de buurt van Regensburg. Hij heeft zich ook het lot aangetrokken van kinderen met hazenlippen en gespleten gehemelten. Waar de meeste eilanders nooit de middelen voor hebben gehad. Een operatie die hij laat doen in Manila. Mehler is een jaar ouder dan ik. Hij heeft veel van de wereld gezien in andere missie functies. Ik vind hem een sympathieke man. Iemand die ik graag als vriend of buurman zou willen hebben. Ik koester ook wel een zekere jaloezie.

Hij heeft hier rust en vrede gevonden die ik ook meemaak in mijn ruimte. Maar Mehler, beantwoordt tegelijkertijd de roeping voor de werken van barmhartigheid.

Een bisschop van deze orde, Wilhelm Finnemann, een Westfaler, is in de tweede wereldoorlog door de Japanners op een wrede manier vermoord. Op 26 oktober 1942 werd hij een eind van de kust van Mindoro gebonden en met ijzeren gewichten nog levend overboord gegooid. Als er enige twijfel bestaat dat moed en wreedheid geen grenzen kennen dan is het waard te heinneren dat precies drie maanden eerder zijn geloofsgenoot de Friese pater Titus Brandsma op 26 juli in Dachau werd vermoord door Finnemanns landsgenoten. En in Auschwitz werden op 26 oktober 1942 honderd Nederlandse Joden vergast, onder wie ook de Amsterdamse Opperrabbijn Lodewijk Hartog Sarlouis.

Diezelfde dag is de beslissende "Zeeslag van Santa Cruz" gevochten die uiteindelijk tot de Japanse nederlaag leidde.

Mindoro

Net na middernacht ben ik in Puerto Galera aangekomen. Dit is mijn laatste haven in de Filipijnen voordat ik op Vietnam aanstuur. Mindoro ligt net onder het grote eiland Luzon waarop Manila ligt. Het is gemakkelijk te bereiken voor een weekend of vakantie bezoek vanuit Manila. De nauwe ingang van de diepe baai geeft ook genoeg beschutting tegen het gevaar van de tyfoons die dit land geregeld teisteren. Daardoor ontmoet ik hier ook zeilers die hier blijven hangen. Een Deen zit hier al jaren aan de jachtclub bar van 's morgenvroeg tot 's avonds laat in zijn bier te staren.

Van de Puerto Gallera Y.C.

De Puerto Galera jachtclub is een actieve vereniging met wekelijkse avond rond de boei races, weekend regatta's, jeugdprogramma, barbecues, et cetera. Ik lig aan een club boei voor €2,50 per dag en een pontje vaart rond om me van en naar de wal te brengen. Dit gedeelte van Mindoro doet denken aan een vakantie badplaats in de Middellandse Zee.

Er is geen enkele ATM-machine hier. Om geld op te nemen moet ik aan de overkant zijn in Batangas City op de zuidoever van Luzon. Een uur varen met een veer banka. De straat tussen de twee eilanden is drukbevaren.

De stuurman op een banka kan niet veel zien vlak voor de boot door de hoogoplopende boeg. Hij moet zich dan verlaten op de handsignalen van een uitkijk op de boeg.

De twee maanden in de Filipijnen zijn goed bevallen. Tot nog toe is het land nog weinig bezocht omdat het niet op de bekende routes ligt. Ik had nog graag wat meer gezien van de plekken die me door anderen hier werden aanbevolen zoals Borocay en Palawan. Het zeilen tussen de eilanden in redelijk vlak water, het landschap sprookjesachtig mooi, maar bovenal de bevolking. Ik heb al lang een zwak voor de Filippino's. Ik hoef ze niet zo voorzichtig te behandelen als andere Aziaten die wel eens wat afstandelijk of wantrouwend zijn. Als ik een Filippino per ongeluk voor een andere nationaliteit houd dan kan hem dat gewoonlijk weinig schelen. Maar dat kan wel eens verkeerd uitvallen bij de rest van de Aziaten.

"Pa-alam!"-"Tot Ziens!".

34. Vietnam

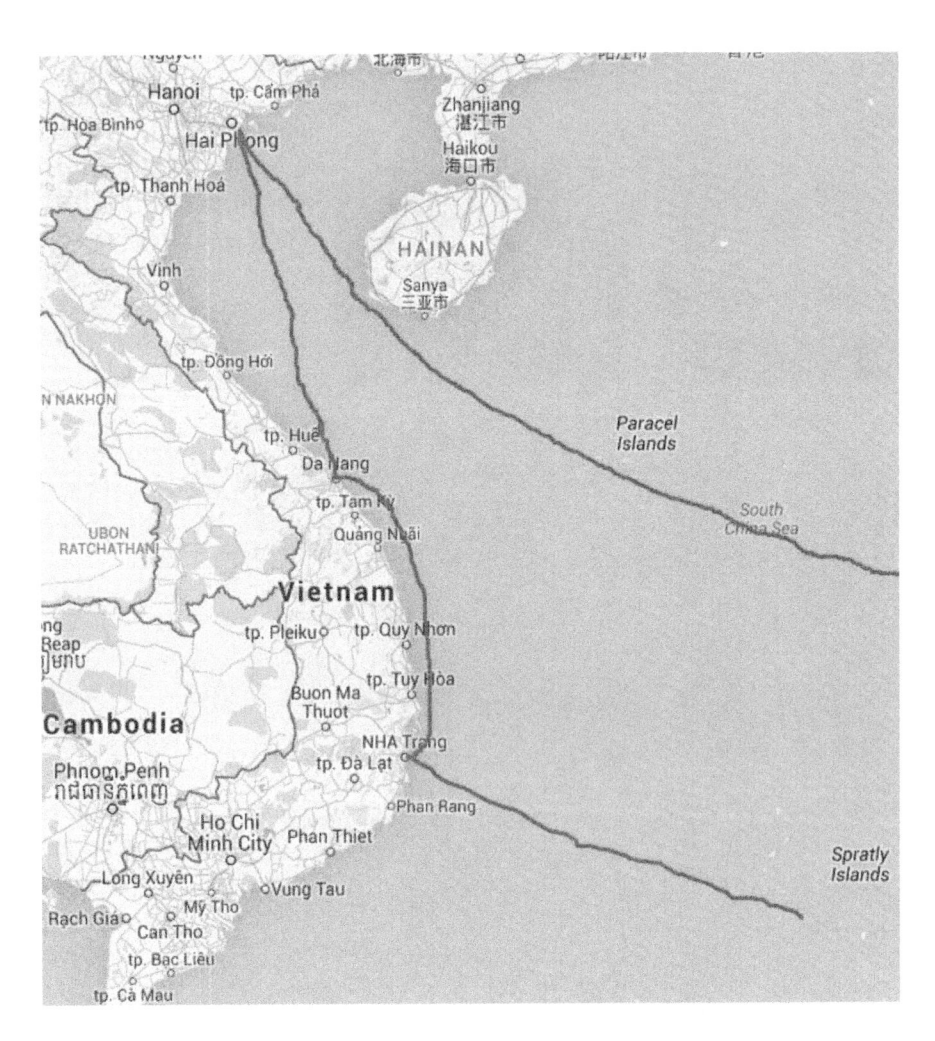

Ik kan van de Filipijnen vrijwel in rechte lijn naar Hai Phong, de havenstad voor Hanoi, varen. Dat is ongeveer 1.000 mijl. Ik heb op zijn minst voor twee weken proviand aan boord. De reis naar Vietnam kan beginnen!

De eerste paar dagen is er weinig wind en ik haal niet meer dan 50 mijl per dag. Het wemelt hier in de Zuid Chinese Zee ook weer van de FADs en afschuwelijk veel plastic afval. Het is bijna onmogelijk een vislijn te trekken want ik vang er alleen maar plastic zakken mee. Maar het lukt me toch een mooie Dorado binnen te slepen. Ik had een eigenaardige ervaring met een school Flesneus Dolfijnen. Terwijl ik ze probeerde te fotograferen was het net of ze allemaal op hetzelfde moment een fluitje hadden gehoord en weg waren ze. Twee nachten had ik twee Jan van Genten op stok zitten op de giek. Het is wel gezellig maar ze laten een troep achter. Ook kwam een Zwaluw een tijdje meevaren op de preekstoel. En een doodgewone huismus vloog de kajuit binnen, een paar honderd mijl van het dichtstbijzijnde land, het Chinese eiland Hainan. Nu zeil ik vlak onder de kust van Hainan. Het is al dagenlang heiig en ik kan de kust niet zien. Maar ik hoor aldoor het lage gebrom van een propellervliegtuig. Misschien denken de Chinezen dat Amerika weer een Golf van Tonkin incident aan het verzinnen is.

Het water is koeler geworden, ik ben nu weer twintig graden van de evenaar af. Wat me opvalt, is dat in de Golf van Tonkin geen enkele vogel te bekennen is.

Vietnamese nachtvisser geankerd in Golf van Tonkin

Ik kom mijn eerste Vietnamese vissersboot tegen. Ze komen een kijkje nemen. De grote rode vlag met een gele ster, daar zal ik nog aan moeten wennen. Ze zwaaien enthousiast en ik schreeuw mijn paar woordjes Vietnamees die ik me nog herinner. Het geeft me een gevoel van opwinding dat ik nu eindelijk een droom werkelijkheid zie worden na mijn afscheid van Vietnam in 1963!

Een week voor mijn verwachte aankomst stuur ik een e-mail naar de havenmeester van Haiphong om hem van mijn komst te verwittigen. Zeilend onder spinaker doemt een vissersboot op. Ze schijnen geen zin te hebben om hun koers te veranderen en dat wordt voor mij een beetje lastig als ik onder spinaker zeil. Als ik pal langs de boot vaar merk ik dat die geankerd ligt. Later kom ik dit soort boten geregeld tegen.

Ik realiseer me dat dit de boten zijn die ik 's nachts zie, verlicht als kerstbomen. 's Nachts zijn ze aan het inktvis vangen en overdag slapen ze aan een drijfanker.

De 2^e april 's morgens kom ik aan voor de mond van de Rode Rivier. Nog een 25 mijl van Haiphong. Ik roep de havenmeester op via kanaal 16 op de marifoon. En zij verwijzen mij naar de loodsdienst. Die vertellen me te wachten op een GPS-coördinaat. Dat is nog altijd 15 mijlen van de haven en midden in de Golf van Tonkin. Er liggen een paar vrachtschepen voor anker. Ik bel weer en nu wordt mij gevraagd wie ik als agent gebruik. "Agent?" Nee, die heb ik niet en waarvoor zou ik die nodig hebben? Na nog eens bellen wordt mij verteld dat de loodsboot een mijl van mij af naar me onderweg is en op kanaal 16 te blijven luisteren. Kanaal 16 is het internationale noodoproep kanaal. Hiermee bereik je de kustwacht. Je bent verplicht het altijd in de gaten te houden voor eventuele noodoproepen. Je mag er ook andere boten mee oproepen maar dan moet je meteen op een ander kanaal overschakelen dat voor specifieke gesprekken gebruikt wordt. Maar dat wordt hier niet erg serieus genomen:

Ik luister naar een vriendinnetje van een zeeman die voor hem een liefdesliedje zingt over dit noodoproep kanaal. Maar ik hoor of zie niets van de loods. Uiteindelijk besluit ik het anker te zetten. Het is er vrij diep maar ik heb lijn genoeg. Gelukkig is er geen harde wind, de zee is wel onrustig.

De volgende morgen begin ik weer met dezelfde oproep routine.

Om 1 uur 's middags vertelt de loodsdienst dat de grenspolitie onderweg is om me naar Haiphong te loodsen. Even later komt de patrouilleboot langszij. Drie zeezieke officieren klauteren aan boord.

Zij hebben een heel stel formulieren voor me om in te vullen.

Maar dat lukt niet goed want ze moeten geregeld weer even naar buiten om over de railing te kotsen. Uiteindelijk wordt er besloten om het maar later in de haven te doen. De oudste, die ook het minst zeeziek is, blijft bij mij aan boord en de twee jongeren gaan weer terug in de patrouilleboot en ik vaar achter hen aan. Mijn nieuwe kameraad, met zijn veel te grote Russische pet met rode ster, begint te zeuren om baksheesh. Ik heb daar helemaal geen zin in en heb weinig contant geld bij me, en zeker geen Vietnamees. Hij blijft zeuren. Ik geef hem US$ 20,00 maar dat vindt hij te weinig. Ik mompel iets onvertaalbaars.

Ik ben zo zat van al dit geharrewar en van het wachten, vooral omdat ik al jarenlang vol verwachting naar deze dag heb uitgezien.

Tegen donker komen we langszij van een 80 meter lang kustwacht patrouilleschip, aan de mond van de rivier aan de kade gemeerd, maar nog niet in de Haiphong haven. Twee beambten van de havencontrole komen aan boord en hebben een stel formulieren voor me bij zich. De grenscontrole officier neemt mijn paspoort en uitklaring van de laatste haven mee. Hij vertelt me dat ik ze morgen terugkrijg als de immigratieafgevaardigde komt. De chef van de grenspolitie, met vijf sterren epauletten op zijn Russische stijl uniform, komt me ook nog even vertellen dat alles in orde is en dat ik alleen nog maar met de immigratie te doen krijg. Hij geeft mij zijn mobiel nummer en vertelt me hem te bellen wanneer ik met de bus naar Hanoi reis. De grenspolitie laat een mannetje achter die vanaf de kustwachtboot op me past. De kustwacht bemanning nodigt me uit aan boord, maar mijn oppas laat dat niet toe. Na wat heen en weer gepraat belt hij zijn baas en dan mag ik toch. Het schip is gebouwd door Damen, de scheepsbouwer in Gorinchem.

Het is spiksplinternieuw en de faciliteiten zoals de kantine, douches en kombuis doen me denken aan een vier sterren hotel.

De bemanning is erg hartelijk en behulpzaam. Ik mag de douche gebruiken.

Mijn bewaker

De volgende morgen komt de oudere grenspolitieman met een immigratie officier. Ze brengen slecht nieuws. Ik moet morgenochtend vertrekken. Waarom? Dat weten ze niet. Orders van hogerop. Dus helemaal voor niets hier naartoe gekomen? Ik probeer ze uit te leggen wat dit voor mij betekent. Is er niet een mouw aan te passen? Ik merk een glimp van voldoening in de ogen van de oudere immigratie officier om mijn teleurstelling.

Zal wel iets te doen hebben met de ravage die wij in zijn land hebben veroorzaakt. Ik vraag of hij voor mij een andere Vietnamese haven kan bellen, bijvoorbeeld Danang, om te zien of zij me wél zouden binnenlaten. Nee, dat zijn hun zaken niet. De Amerikaanse ambassade mag ik ook niet bellen. De Engels sprekendekustwacht officier had het nummer voor me gevonden en wil mij zijn mobiel laten gebruiken.

Ze verbieden mij mijn korte golf en marifoon radio te gebruiken. Ik had erop gerekend hier weer te kunnen provianderen. Ik vertel mijn opperheren dat ik diesel, water en voedsel nodig heb om verder te kunnen varen. Als ik Vietnam voorbij moet varen dan zal ik een paar weken onderweg zijn. Zij stellen voor dat ik een lijst maak en dan zullen zij dat bezorgen. Dat hebben ze gedaan en het heeft me geen cent gekost. Mijn oppas moet nu ook bij mij aan boord blijven. Daar zitten we nu, tegenover elkaar in de kleine kajuit, en waar zullen we het nu eens over hebben?

De Rode Rivier heeft weg van een Hollandse rivier. Zeeschepen en vrachtschepen, die veel lijken op Europese rijnaken, varen in optocht langs. Sampans, meestal door vrouwen geroeid die op de achtersteven staan, met het zicht vooruit, de riemen in diepe slagen duwend; een sensueel schouwspel.

De bemanning van het schip nodigt me uit voor de avond. De Ruou Càn, rijst alcohol, vloeit rijkelijk en ze hebben allerlei van mijn favoriete Vietnamese gerechten bereid. Mijn oppas ligt al te snurken in de stuurboord kooi als ik weer naar beneden klauter.

Na diesel en water getankt te hebben uit het kustwachtschip en de proviand gestuwd te hebben neem ik afscheid van mijn gastheren. Het is wat helderder geworden en ik zie aan bakboord de geheimzinnige kalkstenen groen begroeide rotsspitsen van de Ha Long Baai. Ik had ernaar uitgezien hier tussendoor te kunnen varen net als Katherine Deneuve in de film "Indochine". Maar de man met de vijf sterren geeft me een ongenadig verbod, ik moet rechtuit de zee op en nooit weer terugkomen.

In Vietnam 1961-1963

Om mijn teleurstelling beter te kunnen begrijpen neem ik U terug naar 1955. Ik was 18 en speelde het klaar om voor de Nederlandse militaire dienst afgekeurd te worden: "S-5, Ongeschikt voor moderne oorlogsvoering". Zo kwam het resultaat in mijn brievenbus. Ik was aanvankelijk heel trots dat het mij gelukt was. Mijn generatie had al genoeg oorlog gezien. Mijn kameraden waren onder de indruk. Maar mijn vader geneerde zich ervoor en op mijn werk moeten ze ook gedacht hebben: "Mooi verhaal van Ommen, maar ergens zal er wel iets niet in orde met je zijn" en andere collega's bij de houtimporteur Maatschappij de Fijnhouthandel, begonnen carrière te maken, maar ik niet. Ik moet hier weg. Mijn plan was om in de bossen in Canada te gaan werken. Op het immigratiebureau vertelden ze me dat er een speciaal quota was voor Amerika dat oorspronkelijk bedoeld was voor de in 1953 overstroomde Zeeuwse landbouwers, die er geen gebruik van hebben gemaakt.

11 januari 1957 vloog ik in een KLM Superconstellation naar New York, met vijftig dollars op zak. Ik trouwde in 1959 in Californië en kreeg kort daarna mijn oproep voor de keuring. Ik wist dat dit boven mijn hoofd hing want dat was me ook al verteld toen ik mijn visum voor Amerika aanvroeg. Ik stuurde mijn vertaalde Nederlandse afkeuring naar de Los Angeles draft board. In 1959 werden de meeste dienstplichtigen voor de minste reden afgekeurd omdat er genoeg vrijwilligers waren. Dus ik was totaal verbaasd dat ze toch iets in me zagen. Sinds ik ongeschikt verklaard was voor moderne oorlogsvoering hebben ze misschien een pijl en boog afdeling, dacht ik toen.

De enige manier om dit twee jaar zijspoor te ontkomen was dat mijn vrouw zwanger zou zijn. Mijn baas heeft toen nog zes maanden uitstel voor me kunnen bewerkstelligen, omdat ik "onmisbaar" was bij de levering van een opdracht die we hadden om hout te leveren voor het bouwen van mijnenvegers. Dus wij hard aan de slag. Maar het lukte niet.

In januari 1961 begon mijn boot camp training te Fort Ord, in Monterey Californië. Vandaar naar Fort Lewis ten zuiden van Seattle. Ik kwam daar terecht als een magazijn-klerk in een helikopter compagnie. Mijn vrouw vond weer een goed betaalde baan bij Boeing in Seattle als data processor in hun ruimtevaartprogramma. Zij had in Californië gewerkt voor Jet Propulsion Laboratories in het Mercury project om de maan te bereiken.

In oktober werd ons verteld dat we alles thuis moesten regelen voor een overzeese oefening van meer dan dertig dagen. De bestemming was geheim. De Berlijn-crisis was aan de gang en de 4^e infanteriedivisie van onze kazerne was al naar Duitsland vertrokken. Iedereen vermoedde dat het voor ons ook Duitsland zou worden. Ik had net het nieuws gelezen dat General Taylor, terug uit Vietnam, aan President Kennedy rapport uit had gebracht dat ze in Vietnam communicatieapparatuur en helikopters nodig hadden. Met een speciale trein vertrokken we van Fort Lewis, wij 147 man in de passagiers wagons en de trucks, jeeps, veldkeuken, et cetera op platte wagens.

De twintig twin rotor CH-21 "Vliegende Bananen" helikopers, twee eenmotorige CH-13[E] helikopters en een paar eenmotorige spotter vliegtuigjes en 44 piloten vlogen naar Alameda, tegenover San Francisco.

Toen we daar aankwamen zagen we de kisten op de kade staan met "MAAG" Saigon erop gestencild. Na 24 dagen op de Stille Oceaan op de USNS "Core", met eenzelfde tweede helikopter compagnie uit Fort Brag, North Carolina, legden we aan voor de kade aan het eind van de hoofdstraat van Saigon. De meeste soldaten hadden nog steeds geen idee waar ze waren en wat er hier aan de hand was.

We keken onze ogen uit naar al de bedrijvigheid op de rivier en aan de kade. Er liepen een stel reporters rond en cameramannen.

Wij waren groot nieuws want tot toen waren er nooit meer dan een handjevol Amerikanen uit een vliegtuig gestapt.

Ik ontdekte onder de reporters een oud vriendje uit mijn buurt. Hij liep met een knots van een filmcamera op zijn schouder. Ik herkende hem aan de manier van lopen, of eigenlijk is het meer huppelen. Ik schreeuwde van het vliegdek: "Ed van Kan!!!" Hij keek meteen naar boven maar had geen idee wie van die 500 mannetjes in groene fatigues en dezelfde crewcuts hem riep. Ik schreeuwde terug "Jaap van Ommen" en hij riep terug: "Waar is Jan?" om dat hij zich moeilijk kon voorstellen dat mijn tweelingbroer er niet bij was. Dat ging zo nog even door en nu wist het hele schip en de pers dat ik dit uitstapje voor hen georganiseerd had.

Een uur later ging ik als tweede de valreep af de stad in met Ed van Kan. De rest van mijn lotgenoten moesten in de volgende dagen in kleine groepjes naar de kleermakers toe om burgerkleren aangemeten te worden.

Er was hier geen C&A. Wij hadden strikte instructies om geen civiele kleren in onze duffelzak te pakken. Maar ik en een piloot, die voor mij de valreep afging, waren stout geweest. Toen we in Alameda aan het laden waren, had ik een klusje. Ik probeerde er wat bij te verdienen met zeilen te verkopen voor Molenaar in Grouw. Het is me gelukt wat te verkopen aan Chuck Beery in Berkeley, naast Alameda. Maar daar kon ik niet binnenlopen in mijn US Army uniform.
Ed werkte voor UPI (United Press International) als filmcameraman en maakte t.v. documentaires voor Movietone. Hij kende Saigon en het perscorps al van eerdere bezoeken.

Die eerste avond was alsof een droomwereld voor mij opening; de tropische avond, motocyclo's, peddicabs, winkelstalletjes, eetkarretjes, bars, de slanke vrouwen in hun ao-dai's.

Geuren, die ik al sinds ik in de antiseptische wereld woonde niet meer kende, kwam ik hier weer tegen. Ik had nooit verwacht dat de onmiskenbare geur van wildplassen me prettige herinneringen uit Amsterdam naar boven konden brengen. Kelners in zwarte uniformen schonken "33" bier onder de plafondventilators op het terras van het Continental hotel. Oude bekende vrienden die ik al in jaren niet meer had gezien passeerden de revue met mijn buurtvriend. Door Ed leerde ik ook, onder anderen, zijn chef hier kennen, Merton Perry die later de Times Magazine bureauchef was in Saigon. Ed heeft mij voor lidmaatschap geïntroduceerd bij de Cercle Sportif Saigonais. Behalve burgerkleren moesten we ook allemaal een paspoort dragen. Mijn paspoort was verlopen. Op het Nederlandse gezantschap, om mijn paspoort te verlengen, nam jonkheer Beelaerts van Blokland het me af. Omdat ik in vreemde krijgsdienst was! Ik mocht wel de Nederlandse feestjes bijwonen, waar we Heineken dronken uit prachtige kristallen glazen met Chả giò (Vietnamese loempia) als hapjes erbij.

Maar ik had toen wel een goed excuus om in Saigon rond te fietsen in plaats van in de snikhete golfijzer quonset hut op het vliegveld te werken.

Ik ging eerst naar de Amerikaanse ambassade om bij hen een paspoort aan te vragen. Nee, dat kon niet hier in Saigon. En me naar Honolulu sturen dat kon ook niet. Dus daarna naar het Nederlandse gezantschap.

Cercle Sportif Saigonais, 1962

Mijn fietstochtjes en daar tussendoor een duik in het zwembad van de Cercle Sportif stopten eind januari. Den Haag stuurde mijn paspoort terug, verlengd, want ik diende in NATO verband
Ik heb toen met mijn enthousiaste indrukken mijn vrouw kunnen verleiden naar Saigon te vliegen. Eind januari 1962 haalde ik haar af in Hong Kong. We vierden daar het Chinese Nieuwjaar op 5 februari en vlogen toen via Manilla, waar mijn baas ook leveranciers voor me had om te ontmoeten, naar Saigon.

We hebben een appartementje gehuurd voor $35 per maand. Zij gaf Engelse les aan Vietnamezen. Door onze connectie met de kleine Nederlands gemeenschap, bestaande uit mensen die voor Unesco werkten, Shell, een paar nonnen, een oude Nederlandse pater, et cetera en door de Engelssprekende Rooms Katholieke gemeente en persmensen, hadden we veel contacten.

Mijn vrouw is Amerikaanse maar zij had redelijk goed Frans geleerd in High School en daardoor hadden we ook Franse kennissen. Frans was toen nog altijd de meest gebruikte taal. Het leven was te vergelijken met de koloniale tijd in Nederlands-Indië.

Iedereen had hulp in huis en daardoor waren er geregeld uitnodigingen voor een borrel of etentje. De houtimporteur waar ik voor werkte had meerdere leveranciers in zuidoost Azië. Op zijn kosten heb ik, met mijn vrouw, in mijn verlofdagen, zagerijen bezocht in Hong Kong, de Filipijnen, Bangkok, Singapore en Malakka. Het beviel me zo goed in Vietnam dat ik de rest van mijn twee jaren dienstplicht daar heb uitgediend. Van Saigon ben ik toen weer naar Singapore gevlogen en heb leveranciers bezocht op Borneo in Sarawak en Sabah. Het was begin 1963, net voor dat Brits Borneo in september onafhankelijk werd in het nieuwe Maleisië.

Het waren allemaal fantastische en interessante belevenissen, wij waren amper 25 jaar oud! Gelukkig was het nog redelijk veilig in Saigon. De restaurant terrasjes werden beveiligd met kippengaas kooien tegen handgranaten die soms van een motorfiets werden gelanceerd.

L.R.: Joan van Ommen met haar Engelse taal studenten, Jack.

Wij gingen geregeld naar de zondag morgendienst in de Engelssprekende gemeente in Our Lady Queen of Peace, waar pater Robert Crawford, een Amerikaanse Lazarist missionaris de pastoor was. Crawford werd bijgestaan door pater Jacques Huijsmans C.M. een Nederlandse Lazarist missionaris. Een bijzondere man die al heel wat had meegemaakt. Huijsmans was geboren op Zuid-Beveland. Hij werd door het Franse moederhuis op 26-jarige leeftijd uitgezonden naar China. De reis werd onderbroken toen zijn schip voor de kust van Singapore werd getorpedeerd door de Duitsers in het begin van de eerste wereldoorlog. De Rode Garde heeft hem en zijn collega's in de regio van Beijing fysiek en psychisch afgebeuld. Hij droeg nog altijd de diepe littekens die de handboeien hebben achtergelaten in zijn gevangenschap van 1951 tot 1954.

Tijdens de 1954 vredes conference in Genève, na de Franse nederlaag in Indochina, heeft de Franse premier Mendès France bewerkstelligd met Tsou en Lai, de Chinese minister van buitenlandse zaken, de vrijlating van acht Franse collega paters. De Nederlandse minister van buitenlandse zaken, Luns, bracht Huijsmans gevangenschap ter sprake met zijn Chinese tegenhanger. Huijsmans moest in zijn gevangenschap Nederlandse lesgeven aan aspirant spionnen. Als leesmateriaal gebruikten ze oude edities van de "Waarheid".

Op een bezoek in Holland, na zijn bevrijding, kon Huijsmans zijn studenten terugvinden in foto's die de Nederlandse inlichtingendienst hem toonde.

De knapen werkten vooral in Chinese restaurants in Rotterdam en Amsterdam. Na een korte periode in Parijs werd Huijsmans naar Hanoi overgeplaatst. Het nieuwe communistische regime in Noord Vietnam volgde het voorbeeld van hun noordelijke buren.

Onze vriend is met velen van zijn geloofsgenoten naar Zuid Vietnam gevlucht.
Toen ik hem kende was hij al 74. Wij gingen wel eens uit te eten bij "Cheap Charlie" een Chinees restaurant achter het "Continental" hotel. Frits van Knippenberg, een Tilburger die op de rubberplantages van Michelin werkte, aan de Cambodjaanse grens, bracht pater Huijsmans in zijn Deux Chevaux.

Huijsmans was een grote man en hij paste amper in het autootje. Als hij dan eenmaal aan de tafel zat met een fles Tijger bier, ging zijn witte stijf boordje los en hadden we onvergetelijk veel plezier.

Een Iers-Amerikaanse parochiaan, Robert Burns, die voor de USOM (United States Operations Mission) werkte, vertelde me eens dat hij in plaats van pater Crawford, onze Huijsmans aan de andere kant van het biechtstoelschot ontdekte. Huijsmans was geen held in het Engels. Burns biechtte op dat hij wel eens dollars voor piasters wisselde op de zwarte markt. Huijsmans: "Son, where think you (sic) we change our dollars?"

Een Nederlandse Lazarist confrère, Wilhelmus Bellemakers, C.M., stuurde mij Huijsmans' memoires in oud Frans. Over het werk van de Lazaristen in Beijing, de opkomst van het Communisme, de ongelooflijke wreedheid van de Rode Garde en zijn gevangenschap. Ik heb dit in een 25 pagina's Engelse versie vertaald. Jacques Huijsmans stierf in Saigon in 1971.

Ik heb een van de mooiste periodes van mijn leven in Vietnam doorgebracht. Voordat mijn vrouw arriveerde ging ik geregeld op pad met de compagnie klerk, David Dirstine, ook een van de weinige dienstplichtigen. Cholon was de Chinese wijk, daar keken we onze ogen uit: Boeddhist tempels, markt, zagerijen, steenhouwerijen et cetera aan de zijkanalen van de Saigon rivier. De bedrijvigheid van een Chinese havenstad. We konden uren rondbrengen in de prachtig aangelegde botanische tuinen met dierentuin en het historisch museum.

Het was maar goed dat ik toen nog een brave naïeve Hollandse jongen was. De vrouw van een journalist vroeg mij aan huis te eten. Haar man was "up country". Haar dienstmeisje ging naar huis na de afwas. Mevrouw verkleedde zich iets minder formeel. Ik vond het wel een beetje raar maar het was jaren later dat ik begreep wat dit allemaal voorstelde. Drie jaar eerder ontdekte ik uit het boek, dat toen net uitkwam: "Everything you want to know about Sex but were afraid to ask", dat mijn ouders misschien toch wel vaker dan twee keer seks hadden gehad. Ik dacht altijd de eerste keer voor mijn zus en de tweede voor de tweeling. Mijn eerste Amerikaanse vriendinnetje, Shirley Stam met de mooie bruine ogen, gaf mij het boek in 1958. Het was hard nodig.

Van de mannen in mijn compagnie kwamen maar enkelen de poort van het Tan Son Nhut vliegveld uit. De meesten speelden in hun vrije tijd kaart in de mess hall. En die wel de stad introkken waren meestal te vinden in de bars waar ze weer dezelfde makkers ontmoetten waar ze overdag mee werkten.

Ik maakte mee hoe het stadsbeeld in Saigon veranderde. Tot wij met 500 man op het toneel verschenen was er maar een klein aantal niet-blanke Amerikanen. De Vietnamezen behandelden de donkere militairen zoals ze vroeger met de Franse militairen gewend waren geweest.

Maar zodra ze de scheiding onder de Amerikanen ontdekten ontstonden de bars waar geen blanke een voet binnen de deur zette.

Dit was een nieuwe ervaring voor mij omdat ik nog niet lang genoeg in Amerika had gewoond. Ik begreep niet dat we wel prettig samen konden werken in het leger maar niet buiten de poort. In die periode waren de Amerikanen nog niet direct in het gevecht betrokken.

Van mijn onderdeel zijn een paar soldaten verongelukt bij helikopter ongelukken en is een crewchief in een vuurgevecht gesneuveld.

Het enige probleem dat ik had was met mijn commandant, Captain Kenneth Klippel, "The Deacon". Een bijnaam die hij verdiende aan zijn afstandelijkheid.

Hij vond het maar niks dat zijn magazijnklerk de enige was die zijn vrouw in Vietnam had en heen en weer kon vliegen naar exotische bestemmingen in zijn verloftijd.

Hij heeft mij drie keer gedegradeerd van Private 1st Class terug naar Private. Eindelijk dacht ik dat ik een goede reden had om een klacht in te dienen bij de Inspector General.

Hij had een dikke map met mijn naam op zijn bureau.

Zijn eerste opmerking was: "Private van Ommen, I understand that your father is the Dutch ambassador in Washington, D.C.". Het overrompelde me en ik had natuurlijk moeten antwoorden: "Yes, Sir". Ik heb geen idee waar dat ambassadeurverhaal vandaan kwam. Mijn vader was al in 1956 overleden. Het enige baantje dat mijn beste vader tot aan zijn, te vroege, dood had, was kassier bij de Amsterdamse Bank op het Damrak, naast restaurant "De Roode Leeuw". Maar ik heb er toch wel wat plezier mee gehad.

Mijn verhaal van de ontmoeting met de I.G. deed snel de ronde.

Van toen af aan, als ik maar op hoorafstand van de kapitein was en een maatje me tegen kwam, dan salueerde hij mij en riep: "Good morning son of the Dutch Ambassador!" De "Deacon" vond dat niet leuk, hij werd rood van woede.

In plaats van mijn laatste vier maanden in de V.S. uit te dienen, koos ik om in Vietnam af te zwaaien. Uiteindelijk vond ik bij de Mariniers een klerk die wist mij met mijn ontslag papierenpapieren te helpen. Ik ben jarenlang in zweet wakker geworden van de nachtmerrie dat ik nog altijd in Saigon van kastje naar de muur fiets. Eind februari ben ik met een luchtmacht Lockheed Constellation teruggelift naar Travis Air Force Base bij Sacramento, via Clark AFB in de Filipijnen, Wake Island en Honolulu. Ik vierde mijn 26e verjaardag op 28 februari twee keer, door de datumgrens over te vliegen. Eerst in de Filipijnen en toen weer in Honolulu.

De slag van Ap Bac

Bijna al mijn makkers hadden geregeld meegevlogen in de "Vliegende Bananen", maar ik was in mijn eigen wereldje in de onderdelenadministratie. Net voor ik afzwaaide, kreeg ik op mijn verzoek een ritje over het vliegveld Tan Son Nhut. Eerder in de week was de eerste grote veldslag gevochten met de Viet Cong. De slag van Ap Bac, op 2 januari 1963. Dit was de eerste keer dat de Viet Cong hun positie hielden in plaats van de "hit and run" tactiek. Al onze helikopters en de 93e transportcompagnie werden ingezet om de Zuid Vietnamese soldaten naar de Viet Cong verschansing te vervoeren. Slechts een van de helikopters kwam onbeschadigd terug, vier zijn er verwoest. Drie bemanningsleden van de 93e zijn gesneuveld en tientallen Amerikanen gewond. Het Vietnamese republikeinse leger verloor tussen de 80 en 100 man.

Ik zal nooit het schouwspel vergeten dat ik zag op het rondje over het vliegveld. Aan de zuidkant van Tan Son Nhut waren de vers gegraven grafkuilen voor de slachtoffers van de Ap Bac nederlaag. Het gele zand rond de kuilen contrasteerde scherp met de donkere oppervlakte. Twee-en-een-half ton open legertrucks in een lange rij met daarop de kisten.

Neil Sheehan, een journalist in Vietnam vanaf de zomer in 1962, schreef: "A Bright Shining Lie" met ondertitel "John Paul Vann and America in Vietnam". Dit blijft nog altijd een van de meest gerespecteerde analyses van wat zo fout is gegaan. Sheehan als verslaggever voor de New York Times publiceerde de Pentagon Papers van Daniel Elsberg in 1971, waar hij een Pulitzer prijs mee verdiende.

John Paul Vann was toen ik in Vietnam was een Luitenant-Kolonel in het Amerikaanse leger en adviseur voor het Republikeinse leger in de Mekong Delta. Hij vloog geregeld mee in onze helikopters. In Sheehans boek wijdt hij een 63 bladzijden lang hoofdstuk aan Ap Bac. Sheehans beschrijving van de Ap Bac nederlaag blijkt grotendeels uit het oogpunt van Vann te komen. Vann was in zijn boek de held die tevergeefs van alles probeerde om de laffe zuid Vietnamezen in de aanval tegen de Viet Cong te commanderen. Vann beweert ook dat onze helikopters tegen zijn orders in te dicht bij de vijand zijn geland en daardoor drie man en vier helikopters verloren.

Ik ontdekte kortgeleden dat de commanding officer van mijn 57^e Transportation Company, Kolonel Emmett F. Knight, een boek schreef: "First in Vietnam" en John Vann, in deze Ap Bac slag en in andere acties, in een totaal ander licht zet.

Wat ik hier weer van leer is dat verslaggevers en schrijvers vaak toch niet diep genoeg wroeten en zich met een kluitje in het riet laten sturen.

In het boek van Kolonel Knight komt nog zo'n cowboy als Vann voor die door een stel bureau generaals bij ons werd ingekwartierd. Dit was toen nog allemaal kinderspel in vergelijking met een paar jaar later.

In de nasleep van de slag om Ap Bac blijft bij mij een herinnering aan sergeant "Mac" (James) Mc Andrew. Wij leerden elkaar kennen op de overtocht naar Vietnam. Hij kwam me geregeld opzoeken op mijn plekje op het vliegdek waar ik uit de wind en in de schaduw mijn correspondentie cursus studeerde.

Toen wij onze nieuwe orders ontvingen liet ik de resterende maandelijkse USAFI[18] boekhoud cursussen opsturen. Mac was negen jaar ouder en kwam ook uit Californië, een rustige sympathieke man. Hij was, net zoals ik, een van de weinige die besloot zijn jaar in Vietnam te verlengen. Mac had een lieve Vietnamese vrouw ontmoet.

Na de Ap Bac nederlaag vloog hij met de twee piloten van zijn Shawnee naar Soc Trang waar de 93^e gestationeerd was. Op de 11^e januari vlogen ze terug naar Tan Son Nhut, samen met vier passagiers van de 93^e, onder wie twee piloten die ook de Ap Bac slag hadden meegemaakt en van Tan Son Nhut naar Amerika terug zouden vliegen. Door een mechanische storing stortte de Helikopter neer op een eilandje in de Saigon rivier. Alle zeven inzittenden kwamen om het leven. Op de 14^e januari werden de aluminium kisten op Tan Son Nhut, met militaire eer, in de C123 geladen. Dit was het allereerste officiële afscheid op Tan Son Nhut dat nog twaalf jaar zou doorgaan.

Ik zal nooit vergeten de verloofde van Mac op de tarmac te zien staan met twee van haar vriendinnen, alle drie in witte áo dais, de rouwkleur.

---

[18] United States Armed Forces Institute

Tan Son Nhut, 14 januari 1963. Ik sta hierbij aangetreden Foto Associated Press.

Danang

Zodra ik weer de mond van de Rode Rivier uit ben, stuur ik een e-mail naar de Amerikaanse ambassade in Hanoi. Ik schrijf wat me overkomen is, dat men mij verbood contact met Haiphong op te nemen, en ik vraag of zij suggesties voor me hebben. Ik krijg snel een antwoord. Zij raden me aan, als ik het in een andere haven wil proberen, om een agent te gebruiken en zij geven me een adres voor een agent in Danang.

Het is vier dagen prettig zeilen naar Danang. Weer geen vogel te zien in de Zuid Chinese Zee. De agent in Danang heeft mijn e-mail nooit beantwoord maar als ik binnen marifoonbereik van Danang kom, geeft de havenmeester me een adres voor een andere agent: Falcon Shipping Company.

Deze agent geeft mij een schatting van de kosten, loods, havengeld en hun kosten. Ik moet wel even slikken. Tussen de $ 400 en $ 500. Ik schijn geen andere keus te hebben dan langs Vietnam te varen en met mijn proviand, water en diesel proberen in Maleisië terecht te komen. Het moet dan maar! Danang was een belangrijke aanvoerhaven tijdens de Vietnamoorlog. Het ligt op een schiereiland gevormd door de Han rivier en een diepe baai die me doet denken aan de baai van San Francisco. Ik word weer gedirigeerd naar een GPS-coördinaat waar ik anker tot de volgende morgen de loodsboot langszij komt. Ik kan de boeien en de haveningang duidelijk zien en ik heb goede kaarten. De loods is totaal overbodig.

Een vissersboot passeert me op weg naar zee, een jonge man staat op de boeg met smeulende wierookstokjes en verscheurt gekleurde blaadjes papier die hij in het water gooit en daarna nog een paar handen vol rijst, een Boeddhistische traditie om een goede vangst en behouden vaart te verzekeren.

Danang, Han rivier. Met de geleende helm van een voormalige Viet Cong.

Ik mag aanleggen net voor een zusterschip van de kustwachtboot in Haiphong.

Er staat aardig wat stroming en het is een hoge kade bestemd voor het laden en lossen van zeeschepen.

Faciliteiten voor plezierboten kent men hier niet en ik begin nu ook te begrijpen dat dit waarschijnlijk ook het grote probleem in Haiphong was.

Een groepje vormt zich al snel boven me op de kade. Ze hebben hier waarschijnlijk nog nooit een zeiljacht gezien, zeker niet vanuit Amerika. Een Amerikaanse Vietnamees, die hier op bezoek is, vertaald hun vragen: "Waar is je vrouw?" De vissers en vrachtvaarders wonen gewoonlijk met de hele familie aan boord. Ze helpen me de kade op en ik kus de grond. Het is toch eindelijk gelukt mijn lange droom te verwerkelijken.

De scheepsagent, van Falcon Shipping Company, Mr. Tran neemt me mee achterop zijn lichte motorfiets naar zijn kantoor, nadat we een stel papieren hebben ingevuld op het havenkantoor. Ik kijk mijn ogen uit. Veel komt me bekend voor maar er is ook veel veranderd sinds 1963.

Veel is verbeterd. Beter gekleed, gevoed, lichte motorfietsen en scooters in plaats van fietsen, maar personenauto's zie ik weinig. Het is schoner dan wat ik me van Vietnam herinner en ook in vergelijking met de Filipijnen.

Stijlvolle nieuwbouw. Winkels met prachtige marmeren façades.

Danang is een mooie stad. Langs de rivier met een brede boulevard en groenstrook kan je verbeelden in een Franse stad aan de Middellandse zee te zijn met licht oker in witte trim gepleisterde kazernes, kantoor- en regeringsgebouwen gescheiden door diepe bosachtige tuinen achter hoge stenen muren. Ook de nieuwe gebouwen zijn in dezelfde stijl.

Zon opgang Han Rivier, Danang

Ik koop een tweedehands digitale Sony. En nu kan ik weer naar hartenlust mijn avontuur in beeld brengen. Een oud mannetje, met een Ho Chi Minh baard, houdt me aan. Hij spreekt nog gebroken Frans.

Hué, de voormalige keizerlijke hoofdstad van Vietnam is een twee uur busrit van Danang, €2,50 retour. De politie dringt aan dat ik een man van hen inhuur om een oog op de boot te houden. Hué ligt net onder de 17e breedtegraat, de voormalige grens tussen Noord en Zuid Vietnam. De stad heeft veel schade opgelopen tijdens de Indochina en de Vietnam oorlogen toen het verschillende keren door een van de twee kanten werd heroverd. De historische keizerstad achter de wallen, de "Citadel", is nu een UNESCO-werelderfgoed. Een gedeelte dateert uit de 8e eeuw.

Je kunt hier dagen doorbrengen om de musea, tempels, paleizen, opera- en theatervoorstellingen te bewonderen. Aan de Parfum Rivier is een begrafeniswake op drie vrachtsampans aan de gang. De mannen van de families nodigen me uit om thee en Ruou Càn te drinken. Lunch is van een karretje aan de straat, Bun Hué, een rundvlees noedelsoep.

In de busreis ik met jonge Europese backpackers en we worden afgezet in de buurt van de stad waar de goedkope hotelletjes zijn. Ik pik een voor €5,50. Twee deuren verder is een hotel waar ze ook motorfietsen verhuren. De eigenaar heet Thu (uitspraak Thoe) en in de bar op de muren en plafond hebben de backpackers hun fantasie uitgespeeld in meerdere talen met bijvoorbeeld: "Thuday is the First day of the rest of your life" en "Zelfs het Thutje is lekker".

Begrafenis wake op de Parfum Rivier, Hué

Het is Goede Vrijdag, de bus is voor het eind van de middag weer terug in Danang. Ik ben te laat om een zitplaats te bemachtigen in de stampvolle kerkdienst. Mijn buren, de bemanning van ditzelfde kustwachtschip als het door Damen gebouwde schip in Haiphong, nodigen me uit aan boord voor een "Bia Saigon" bier en een praatje. Ik mag ook weer de mooie douches gebruiken. Zaterdag morgen vlieg ik naar Hanoi.

Paaszondag. St. Josef Kathedraal, Hanoi

Hanoi

Een oude binnenstad met stegen en nauwe straatjes waar het verkeer en voetgangers langzaam door kruipen. En dan openen zich de brede boulevards rond het Hoan Kiem meer.

Hoge kantoorgebouwen, hotels. Er is hier veel te zien, musea, het enorme Ho Chi Minh mausoleum, de "Hanoi Hilton" gevangenis, tempels.

In tegenstelling tot Hué, Danang en Saigon domineert de Rode Rivier hier niet het stadsbeeld. De uiterwaarden zijn wel vijf km breed en je ziet weinig van de rivier.

Het is Paaszondagmorgen, ik vier het feest van de wederopstanding hier in de Sint Josef Kathedraal. Deze mis is in het Frans, er zijn hier zes missen vandaag.

Op een gehuurde fiets ga ik rondspeuren. In en uit nauwe straatjes. Ik ruik een bakkerij, een jonge man trekt baguettes uit een ouderwetse steenoven. Dan neemt hij zijn meter lange bamboe waterpijp en rookt thuoc lào, hij schenkt mij een rijstwijn in. Verderop kan ik het waterpijproken beter fotograferen en de mannen laten mij het proberen. Ik moet het niet goed begrepen hebben of het was iets anders dan tabak want ik sta even te tollen op mijn benen.
Zondagmiddag vlieg ik terug naar Danang.

De thuoc lào pijp.

Terug in Danang

Maandag heb ik alweer een uitstapje georganiseerd, nu achter op een motorfiets-taxi, een zogenaamde "Easy Rider", naar Hoi-An. We stoppen onderweg bij de Marmerberg. Een grote eenzaam staande rots piek in de vlakke kuststrook. Binnen in de berggrot is een enorme Boeddha uit het groen marmer gehouwen. Mijn gids vertelt dat de Amerikanen een radiopost op de top van de berg hadden, terwijl de Viet Cong onder in de grotten zaten. Hoi An was eeuwengeleden een belangrijke haven voor de zijdehandel met China.

Verzande haven van Hoi An

De haven is verzand maar het oude stadje is bijzonder goed bewaard gebleven. Niet ver van mijn ligplaats in Danang is het Ho Chi Minh museum dat de overwinning van de Viet Cong levend houdt. Het is mij de entree niet waard maar er staat een interessante verzameling van Amerikaans oorlogstuig buiten achter het hek. Tanks, kanonnen, et cetera, maar wat mijn aandacht trekt is een L-19 eenmotorig Cessna vliegtuigje. Wij hadden toen twee van die L-19's als observatie vliegtuigjes om de twinrotor H-21 "Shawnee" helikopters te begeleiden. De L-19 was onbewapend maar dat wist de Viet Cong niet in de eerste dagen na onze aankomst in 1961.

Als de piloot beschoten werd dook hij op de hutjes waar het vuur vandaan kwam, van wat hoogte, schakelde de motor uit voor een paar seconden en dan weer aan, dat gaf dan een paar enorme knallen en dan zag hij de Viet Cong wegrennen.

De H-21 "Flying Bananas" hadden ook geen wapens op de eerste missies.

En als ze over het centrale bergplateau vlogen kwamen ze wel eens terug met pijlen in het dunne aluminium. Ik was dus achteraf toch in de geschikte oorlog terecht gekomen nadat Nederland mij classificeerde als S-5 "Afgekeurd voor moderne oorlogsvoering".

Ik maak wat vooruitgang. De autoriteiten laten me Danang uit zonder een loods aan boord.

Uit mijn navragen over de mogelijkheid om Saigon aan te doen blijkt dit buiten mijn budget te vallen. Het is bijna een dag varen van de mond van de Saigon rivier bij Vung Tau tot aan Saigon en daar ontkom ik niet aan een loods, wat een kapitaal zal kosten.

Maar Nha Trang offert een mogelijkheid. Daar zal ik ook een betere anker plaats hebben in de beschutte baai in plaats van langszij een snelstromende rivier met veel verkeer zoals in Haiphong en Danang. Van Nhatrang is een goede trein- of busverbinding naar Saigon.

Ik vertrek vroeg van Danang want ik wil proberen voor donker een eind van de kust af te zijn. Het is nog een grote afstand voordat ik de baai uit gezeild ben en om het schiereiland heen in zee ben. China Beach is aan stuurboord. Dit is waar de GI's voor hun R&R, Rest and Recuperation, kwamen. Het wemelt hier weer van de vissersboten en netten. De kleinere boten komen vaak op me af om deze vreemde eend van dichter bij te kunnen zien. Witte zeilen hebben ze nog nooit gezien. Het is al donker als ik eindelijk wat ruimte krijg en ver genoeg van de kust ben. Ik ben doodmoe van het lange wachthouden en zigzaggen door de drukte. Om elf uur ga ik een uurtje slapen.

Vier uur later word ik wakker geschud. Versuft klauter ik de cockpit uit en zie dat ik tegen een grote houten vissersboot aangevaren ben. Eerst vermoedde ik nog dat ik buitengaats was, maar ik ben een haven binnengevaren. Het is donker. Mijn voorzeil is gescheurd en zit vast aan de railing van de vissersboot. Ik start de motor want ik ben voor de wind hier ingevaren. Terwijl ik achteruit vaar gaat er een luik open op de vissersboot. De arme man zal zich nog wel jarenlang afvragen wat dat witte doek was dat weer in de verte verdween.

Toen ik de baai uitvoer zag ik dat de havenmond iets van 200 meter breed was met rotsen op beide pierhoofden. Dit was een enorme schrik.

Ik zie hierin Gods hand die mij en mijn boot beschermd heeft.

De wind was op zijn minst 100 graden van richting veranderd. Als de windrichting verandert dan volgt de boot de nieuwe koers waar de windvaan en zeilen voor ingesteld staan. Tot dit gebeurde ben ik altijd wakker geworden voor de tijd die ik me voornam voor een korte slaap.

Nu moet ik een wekker gaan gebruiken.

Ankerplaats in Nhatrang oude haven, koloniale douanehuis rechts

Nhatrang

Er liggen verschillende eilandjes voor de kust van Nhatrang. De havenmeester geeft me eerst instructies om buiten de eilandjes te wachten op een loods. Maar na wat heen en weer gepraat via de marifoon mag ik dichter naar de haven komen en dan komt een grote sloep langszij met een paar politiemannen en mijn nieuwe agent. Zij sturen me naar een ankerplaats vlak voor het oude koloniale havenkantoor. Er is een mooi strandje naast het havengebouw waar ik met mijn rubberbootje kan landen. Van daar gaat een steil pad naar boven naar een grote koloniale villa wat vroeger een zomerpaleis was van de Bao Dai, de laatste Vietnamese keizer van de Nguyen dynastie.

Mr. Chau, van de agent Falcon Shipping Agency, neemt me op zijn motorfiets de stad in. We drinken een biertje aan het strand. Dan gaan we winkelen voor een fiets. Ik koop een tweedehands fiets voor €55,00. Nhatrang ligt uitgespreid langs het strand en de Cai rivier. Mijn fiets komt hier goed van pas om wat te zien en van de boot naar het centrum te rijden.

Nhatrang

Er ligt hier een 15 meter Swan voor anker, Phillip een Engelse-Amerikaan en zijn Amerikaanse vrouw Denise, van Jamestown, Rhode Island. Zij introduceren mij bij Allan Goodman, een Australiër, die als hun agent fungeert. Allan en zijn partner André Rochette zijn bezig aan "mijn" strandje een steiger te bouwen. Ik wil wat meer weten over André, een sympathieke vent. Ik zoek hem op in de stad in zijn bar en Tex-Mex restaurant, "El Coyote"

Hij vertelt mij over zijn leven dat net zo kleurrijk blijkt als zijn afkomst en zijn schilderijen aan de wand. Zijn vader is een Amerikaanse volbloed Cheyenne van Noord Dakota, zijn moeder een Française-Laotienne. Hij is in 1958 in Laos geboren. Zijn vader was in de Special Forces en is sinds 1962 vermist in actie in Laos. André is in Frankrijk opgegroeid en heeft de achternaam van zijn Franse grootvader aangenomen. Hij heeft gediend als parachutist in het Vreemdelingen Legioen.

André met portret van zijn vader dat hij schilderde van een foto.

Saigon

Van Nhatrang ben ik met de nachtbus naar Saigon gereisd. Ik vond een goedkoop hotelletje in de buurt van de Centrale Markt, waar het merendeel van de backpackers hun logies nemen. Op mijn huurfiets op speurtocht gegaan. Ik vond ons appartement op 423 Hai Ba Trung maar het zag er verwaarloosd uit. De huisbaas, Monsieur Ly-Lap en zijn gezin woonden beneden, op een mooie binnenplaats. Joseph Ly-Lap had een Franse moeder en Chinese vader. Liliane, de vrouw was Frans-Vietnamees, met drie beeldschone dochters en een zoon.

Ons appartement op de 2[e] verdieping, zwart wit 1962, en nu in 2005

Ik herinner me nog het prachtige donkerrood gelakte Chinese meublement en een schat van antieke en moderne Aziatische kunstwerken. Zij hebben daar een gedeelte van kunnen redden en verscheept naar Frankrijk, na de val van Saigon. Kort daar na is dat allemaal uit het appartement in Nice gestolen[19].

Saigon is er niet mooier op geworden. De prachtige koloniale woningen met grote tuinen en massale schaduwgevende bomen hebben plaats gemaakt voor kantoorgebouwen, muur aan muur. Fietsen zie je nu weinig en voor elke fiets die er toen was racen er nu honderd scooters en lichte motorfietsen. Met een auto kom je nergens doorheen. De favoriete wandeling door rue Catinat naar de Saigon Rivier is onmogelijk. Het is levensgevaarlijk om over te steken naar de rivier door de razende ononderbroken sliert van voertuigen op de brede boulevard die de rivier volgt. De rivierkant is volgebouwd met hotel-wolkenkrabbers die het panorama van de rivier blokkeren. Het prachtige terras van het Continental Hotel, waar ik mijn eerste biertje dronk met Ed van Kan in 1961, is nu achter glas met airco. De kathedraal Notre Dame de Saigon ziet er beter uit. Voor haar 200[e] verjaardag is deze grondig gerenoveerd. De lelijke rode verf van vroeger is verwijderd en de originele mooie rode bakstenen zijn weer zichtbaar. Ik heb er de mis op zondagmorgen bijgewoond. De laatste keer waren we hier in 1962 in de kerstnachtmis.

---

[19] Later in dit boek, in 2012, beschrijf ik de ontmoeting met de familie in Frankrijk.

Oom "Ho" overziet het Ho Chi Minh City PTT-kantoor.

Het prachtige post- en telegraafkantoor in Art Deco stijl is ook keurig opgeknapt.

De teakhouten telefooncellen waren in 1962 de enige plek waaruit de oorlogscorrespondenten hun rapporten konden sturen.

Vanuit zo'n cel heb ik ook mijn vrouw verlokt in 1961 om naar Saigon te verhuizen.

De enige plek waar ik me even helemaal 45 jaar terug kan wanen is "Givral" tegenover het Continental en Caravelle Hotel; het interieur en menu is onveranderd. Dit is waar ik mijn eerste crème caramel proefde en het nu ook weer ritueel bestel.

"Givral" speelde in het boek en film van Graham Greene ", A Quiet American". Hij noemde het "The Milk Bar" Iets verder, op de hoek van Nguyen Hue en Le Loi is het REXhotel. Onze helikopter compagnie soldaten waren daar de allereerste gasten in begin december 1961. Het was nog niet helemaal klaar maar waar breng je zo'n 200 man onder die zomaar uit de lucht komen vallen? We hebben daar een paar weken gelogeerd terwijl ons tentendorp werd opgezet, latrines gegraven, messhall geïnstalleerd, et cetera, op het Tan Son Nhut vliegveld. De meesten van ons hadden nog nooit een bidet gezien.

Onze veldkeuken werd op het dakterras in dienst genomen. Het beviel ons best.

Die avond neem ik een kijkje op het dakterras. Het is nu wat feestelijker.

Een Griekse-Amerikaan zingt Amerikaanse "oldies" voor Europese toeristen. Hij geeft mij de microfoon en ik vertel het publiek over de eerste gasten en dat wij vijfenveertig jaar geleden op ditzelfde terras onze kerstkalkoen uit de veldkeuken aten.

De REX in achtergrond, op de hoek.

Een impromptu uitnodiging om een bruiloft mee te vieren.

Vanuit Saigon heb ik een dagtripje genomen naar de Mekong rivier, naar My Tho en Ben Tre. Dit is een enorme rivier met een bedrijvigheid die aan de Nieuwe Maas doet denken. Wie weet opent de Vietnamese regering in de komende jaren de mogelijkheid om met een jacht de Mekong op te varen, bijvoorbeeld naar Pnom Penh of voor kleinere boten zelfs tot in Laos.

Met een open bus ticket van Saigon terug naar Nhatrang via Dalat waar ik een bezoek gebracht heb aan het graf van pater Huijsmans. Dalat is hoog in de bergen, een drie uur rijden. Dalat was voor de Fransen wat Bandung was voor de Nederlandse kolonisten in Indonesië. Een welkom respijt van de hitte in de delta. Het graf is in een prachtige begraafplaats bij het klooster le Domain de Marie van de Filles de la Charité de Saint Vincent de Paul.

Zuster Augustine, een Vietnamese non, begeleidt mij. Zij heeft onze vriend gekend. Ik breng ook een bezoek aan de broeders Lazaristen, Pierre Ha Van Bau, klinkt Hollands, hij kende pater Huysmans ook. Ik ben blij. Ik wist dat zijn ziel in goede handen is en nu weet ik dat zelfs zijn graf met liefde door zijn vrienden verzorgd wordt.

De politie schreef voor, net zoals in Danang, dat ik de boot niet onbemand kon achterlaten. Ik vond een jonge man die redelijk goed Engels verstond.

Maar dat bleek achteraf niet goedgekeurd te zijn door de beambten. Mijn agent moest dat weer goed maken met wat centjes "voor de kantoor dames".

Na de Saigon-Dalat trip ben ik nog een week in Nhatrang gebleven. Zondag naar de mis in de prachtige kathedraal Christus Koning.

Ik heb ook nog wat rondgeneusd in scheepswerven waar ze de zware vissersboten bouwen, in Dao (Keruing-Dipterocarpus). De 6^e mei licht ik het anker in Nhatrang.

Vissersboot in nieuwbouw in Dao

Na de eerste teleurstelling in Haiphong kijk ik nu terug op een rijke ervaring en dat mijn lang gekoesterde droom toch is vervuld. Er waren wel wat verrassingen. De Vietnamezen hebben hard gewerkt om de verwoesting van de 1960-1975 oorlog te herstellen. Ik had me een volk voorgesteld dat bitter zou zijn en terughoudend onder het communistische regiem. In plaats daarvan vond ik een jong, uitbundig, vrolijk, optimistisch volk. Zij zijn niet vrij, maar schijnen wel meer vrijheid te hebben dan hun Chinese buren. Ik hoorde verhalen van de heropvoedingskampen waar de Republikeinen en sympathisanten van de Amerikanen vervolgd zijn. Kinderen van deze ouders werd de toegang tot publieke scholen geweigerd.

Het is erg jammer dat de mogelijkheden om Vietnam per jacht te bezoeken beperkt blijven. Zelfs het eigen volk, met uitzondering van vissers en beroepsvaart, wordt de toegang tot de kustwateren belemmert. "Sun Sail" begon in 2007 een charterprogramma in Nhatrang maar een jaar later werd dat opgeheven. Ze konden alleen bij beperkte eilanden ankeren en dan alleen met een specifieke vergunning voor elke individuele tocht. De Vietnamezen zijn doodsbang voor infiltratie vanuit China. De kustlijn is abnormaal lang voor dit relatief kleine land en moeilijk te bewaken. Er was een jaarlijkse zeilrace van Hong Kong naar Nhatrang tussen 2000 en 2005. Dit werd ook te gecompliceerd met al de vergunningen, inklaring, kosten, et cetera.

Het enige andere jacht dat ik tegenkwam was een grote Amerikaanse Swan die $ 750 voor al de havenkosten in Nhatrang betaalde. Zij hadden in Shanghai $1000 betaald. In beide havens Danang en Nhatrang betaalde ik rond de $400. Het is een regering monopolie.

In de winter van 2009-2010, toen de "Fleetwood" in Amsterdam overwinterde, heb ik drie maanden rondgereisd in Vietnam, Cambodja en Laos. Ik heb toen ook nog wat moeite gedaan om iets op gang te krijgen om de toegang van zeilers te bevorderen.

Af en toe lijkt er wat van de grond te komen, maar uiteindelijk is het de corruptie onder de ambtenaren en de doodsangst om de controle over de bewaking van de kust te verliezen, dat het weer op niets uitloopt.

Tijdens dit laatste bezoek heb ik eindelijk ook wat kunnen leren over waar en hoe de bamboe gevlochten mandboten gemaakt worden. Ik zag deze geregeld op vissersboten en in de havens. Het is werkelijk fascinerend om te zien hoe die ronde bootjes gebouwd worden.

U kunt een diashow zien van deze ronde en andere gevlochten boten op:
www.cometosea.us/albums/albums/BasketBoats.wmv

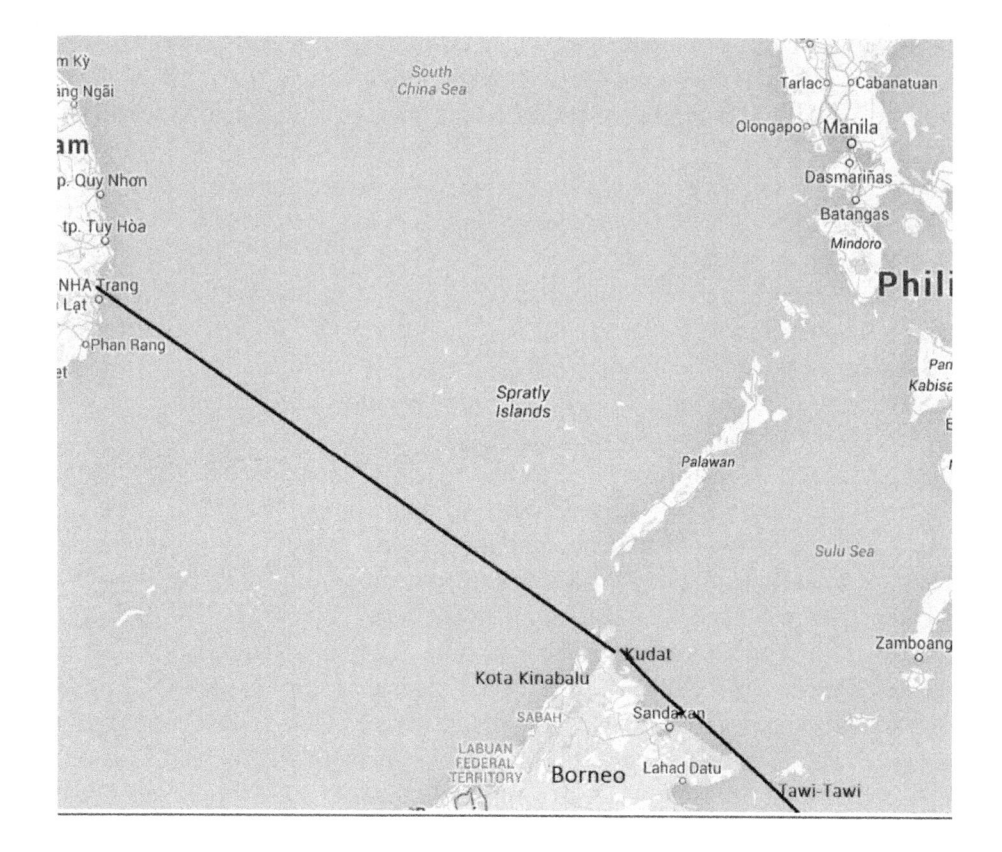

35. Borneo

Deze keer ben ik sneller buitengaats dan bij het vertrek uit Danang en buiten het kustverkeer, waar ik weer snel mijn routine terugkrijg. De Spratley eilanden liggen precies op mijn route naar de meest Noordoostelijke punt van Borneo. Vietnam, China, de Filipijnen en Maleisië leggen een claim op deze eilanden.

Als ik er doorheen ben, word ik vroeg in de morgen wakker van een kloppen op de romp. Ik ben onder zeil, met weinig wind. Ik trek gauw wat aan want ik draag hier niets. Een grote rubberboot ligt langszij. Vier griezelige gewapende mannen in zwarte uniformen zonder insigne. Ik schrik. Er is geen land te zien. Ze willen mijn papieren zien, ze vertellen me dat ze Maleisiërs zijn. Nu begrijp ik waarom het er zo rustig was, geen enkele vissersboot gezien. De Spratleys zijn "off limits". Ik had het bordje "Verboden Toegang" niet gezien. Ik heb deze enge mannen beloofd dat ik het nooit meer zal doen. Iets later zie ik een grote patrouilleboot over de horizon verschijnen. Het heeft ook geen enkel kenteken.

De 13^e mei, zaterdag, kom ik vroeg in de morgen in Kudat aan.

Maar goed ook, want het is erg onrustig geworden. Een uitschieter van een vroege tyfoon zorgt voor een sterke Z.W.-wind naar een lagedrukgebied over de Filipijnen. Ik heb van verschillende kanten gehoord dat Kudat een uitstekende werf heeft voor jacht onderhoud. De dure grap die ik had bij mijn beurt in Cebu moest weer bijgewerkt worden. De blanke lak aangebracht aan de kade in Cebu is niet goed gehecht. Maar wat niet veel langer wachten kan is schade aan de kiel en een kras in het multiplex van een rif opgelopen bij Porto Gallera.

De eerste avond in Kudat rij ik mee met zeilers naar het uiterste N.O.-puntje van Borneo om het jaarlijkse concert mee te maken, "Tip of Borneo". Dit is de avond dat de zon ondergaat tegelijk met de volle maansopgang. Het is een prachtig concert en een mooi panorama over de oceaan maar door het onrustige weer is het bewolkt en stormachtig. Dus niets te zien van de zon of de maan.

Er is niet veel te doen in Kudat. Wat me weer opvalt is, dat de architectuur en het eten in de vroegere Britse koloniën smakeloos is in vergelijking met Franse, Portugese en Hollandse nalatenschap. Slappe koffie en wittebrood.

Dit is mijn eerste ervaring in een moslimland op deze reis. Ik was hier in 1963 op bezoek vanuit Vietnam om zagerijen te bezoeken. Toen zag je zelden moslimvrouwen met hoofddoekjes. Als ik ze groet met: "Assalamu Aleikum" dan krijg ik meteen een: "Aleikum Salam" terug met een stralende glimlach. De mannen zijn wat terughoudender. Geen alcohol in de restaurants en de Chinese restaurants serveren geen varkensvlees.

De Chinezen hier spreken meest Hakkah, net zoals in Tahiti. In Singapore wordt hoofdzakelijk Fukien gebruikt. Het onderwijs in de Chinese scholen is in het Mandarijns.

Mijn Vietnamese fiets is de tweede dag in Kudat gegapt. Dat zijn nu twee fietsen foetsie.

Penuwasa Shipyard heeft uitstekende faciliteiten en een complete metaalbewerkingswerkplaats en ze verkopen alles wat ik nodig heb.

Er zijn een stuk of tien verschillende nationaliteiten hier aan hun boten bezig.

Het is pal onder de evenaar en snikheet. Dit ligt op de zeilroute van Australië via Bali naar Thailand. De werf ligt aan het Kudat Marina en Golfclub resort waar ik de andere yachties ontmoet. Een schoolleraar die ik in de stad ontmoet neemt mij mee voor een dagje uit om de Rungus langhuizen te zien. Ze hebben veel weg van de Dajak langhuizen die ik in 1963 in Sarawak bezocht. Het weekend reis ik met een tourbusje naar Kota Kinabalu de hoofdstad van de staat Sabah. De stad zelf heeft weinig te bieden.

De Masjid Bandaraya moskee (of City Mosque) over het water gebouwd, is een bezienswaardigheid.

Van K.K., zoals iedereen het kent, neem ik een bus naar de ingang van het Kota Kinabalu park. De imposante bergtop blijft verscholen in de laaghangende wolken.

We kunnen deze af en toe zien vanaf de werf in Kudat.

Op een middag als ik aan het werk ben wordt de hemel zwart in de richting van de berg. En een waarschuwing komt over de radio. Een waterhoos vormt zich over de baai. Gelukkig draait het gevaar niet landinwaarts.

De 22^e juni zet ik koers naar Sandakan. Ik anker iedere nacht. De derde nacht anker ik bij Pulau Lankayan op 6.29.800N-117.55.300 O. Een patrouilleboot komt langs en vertelt me dat dit een gesloten wildreservaat is.

De Sandakan Yacht lub

"S.I.M C.A.", Sugud Islands Marine Conservation Area beschermt de Billean Islands, Tegaipil Islands, Chambers Reef en Lankayan Island. Om hoofdzakelijk het koraalrif en de schildpadden te beschermen. Weer eens moeten beloven dat ik beter zal opletten. Sandakan was in 1963, toen ik daar vanuit Saigon voor mijn baas zagerijen bezocht, een belangrijke gezaagd en rondhout exporthaven. Er was toen een probleem met de Zoeloe piraten, uit de dichtbijgelegen Zoeloe archipel in de Zuid Filipijnen, die geregeld hele rondhoutvlotten wegsleepten. Ik anker voor de deur van de Sandakan Yacht Club.

Voor €2,50 kan ik alle faciliteiten van de club gebruiken: douches, zwembad, restaurant, et cetera. De "Fleetwood" is de enige buitenlandse gast.

Ik vind het Sandakan Hotel, waar ik in 1963 logeerde. Het is naar alle kanten uitgebouwd. Er is niets meer te vinden van het tuintje. De zagerij manager was een Waal, hij nodigde me uit voor het avondeten maar dan moest ik wel, voor zijn vrouw, wat peterselie plukken uit de hotel kruidentuin, voor de escargots.

Er zijn aardig wat toeristen in de stad die vooral komen voor de Orang Oetans. Hier is een van de grootste rehabilitatie centers voor de bedreigde apen.

De dieren worden uit de, door houtkap en landbouw gekrompen habitat, hier verzorgd en dan overgeplaatst in bosgebied waar ze meer levensruimte krijgen.

Orang Oetan reservaat bij Sandakan

Ik heb de apensmaak te pakken gekregen en las dat de Neusaap (Monyet Blanda) te vinden is in het gebied van de Kinabatangan rivier, niet ver van mijn route.
In de delta vorkt de rivier in ontelbare zijtakken.
De oevers zijn dichtbegroeid met Nipah palmen. Zee adelaars cirkelen hoog in de lucht en Ibissen turen van de oevers in het grauw groene water. Ik raak de richting van de centrale stroom van de rivier kwijt, al de zij takken zijn niet uit elkaar te houden. Het lukt me niet ver genoeg stroomopwaarts te komen waar het oerwoud begint. In plaats van in de aap te logeren laat ik het anker neer in het midden van een zijstroom.

Het is doodstil. Alleen de schrille kreet van een vogel en het ruizen van de palmen. Zonder GPS zou ik grote moeite hebben om uit dit doolhof weer de zee te vinden. Verder stroomafwaarts kom ik een paar nederzettingen tegen.

Ik moet oppassen voor boom stammen en stronken. Hier en daar drijft een stuk losgeslagen oeverbank, compleet met Nipah palmen. Een enkele visser trekt zijn net over de rivierbodem voor garnalen.

Mijn laatste ligplaats in Maleisië is bij het eiland Tambisan, vlak aan de grens met Kalimantan. Een Filippino visserman nodigt mij uit in zijn huis gebouwd op stelten over de oever, hij schenkt mij thee en kokosnootmelk.

Tambisan Eiland, de "Fleetwood" in achtergrond.

36. Confrontatie met een Moro Moslimrebel

Mijn route naar de straat van Makassar loopt dicht langs de zuidelijkste eilanden van de Filipijnse Zoeloe eilanden.

Waarom niet even daar gaan winkelen voor de Tanbui rum? Ik heb daar de smaak van te pakken gekregen in mijn eerder bezoek aan de Filipijnen. Alcohol is moeilijk te vinden in Moslim Sabah. Het is goedkoper in de Filipijnen, in volume, dan bier, onder 1 euro per fles. Ik stuur naar de haven van Bongao maar ontdek dat er een brug is van Bongoa, over de smalle straat, naar Tawi Tawi. De brug komt nergens voor op mijn digitale kaarten. Ik anker voor de kust, beschermd van de heersende wind.

Vanaf de brug tussen Bongao en Tawi Tawi

Sinds ik nu al zo vaak boven de wet leef kan het geen kwaad de lokale economie te ondersteunen zonder in te klaren en een nieuw visum aan te vragen. Het heeft geen zin me te vermommen als enige blanke op dit eiland. Ik kijk mijn ogen uit in de stad van Bongao. Aan de kade worden haaien gelost, voor China, voor de haaivinnensoep.

Een man komt op me af en wil me begeleiden, maar daar heb ik geen zin in. Gekleed in keffiyeh en kaftan en met lange donkere baard, donkere zonnebril. Ik raak hem niet kwijt. Ik ga een kapperszaakje in met de hoop dat hij me met rust laat. Nee, hij gaat pal voor me zitten, op een krukje, totdat ik klaar ben. Ik bied hem een kop koffie aan in een restaurant. "Hoe heet je?"

In plaats van me te antwoorden brengt hij zijn portemonnee tevoorschijn en trekt er een legitimatiebewijs uit. Ik lees: "Ahmed Bin Yousuf, is a member in good standing with the Moro National Liberation Front".

Dit zijn de jongens die buitenlanders voor losgeld pakken. De adem stopt in mijn keel. Ik neem de drie tickets, voor de twee koffies en een stuk gebak en geld ervoor om aan de kassa te betalen. Hij zegt: "Laat mij dat doen". Aan de kassa zit de eigenares en haar man.

Hij legt een gedeelte van mijn geld neer en de koffie tickets. Ik merk op dat hij er nog de ticket van het gebak bij moet doen.

Hij kijkt me aan met: "Waar heb je het over?" en na de tweede keer gebaren de eigenaars me met: "Laat het maar". Waarschijnlijk is hij geen vreemde voor hen. "Hoe raak ik deze kerel kwijt?"

Maar mijn beschermengel heeft het alweer geënsceneerd. We lopen een steegje in en hij stopt bij een stalletje om twee losse sigaretten te kopen, met mijn geld. Hij probeert een wisseltrucje. De vrouw schreeuwt en er is meteen een oploopje. Ik neem mijn kans te baat en ontsnap de moslimterrorist. Met mijn rum, keurig geknipt, verse groenten en fruit kom ik heelhuids weer op de boot terug. Een goed beloonde strooptocht!

Bongao

37. Sulawesi (Celebes)

Op de derde dag vanaf de Zoeloe archipel niet ver van de noordwest kust van Sulawesi komt een bekende lucht me tegemoet. Het brengt de herinneringen van de pakhuizen in de Amsterdamse haven terug. Als het nog wat sterker wordt herken ik het, kruidnagels. Diezelfde dag ontdek ik water op de kajuitvloer. Het rubber van het schroefaslager is gescheurd. Ik wind er een handdoek omheen en begin te hozen, eerst met een puts en dan met een handpomp. Ik anker bij de Sulawesi kust. Om de 10 minuten moet ik pompen. De kaart en mijn gidsen geven me weinig hoop hier ergens een werf te vinden om het lager te vervangen. Ik heb een reserve aan boord.

Die avond als ik luister naar het korte golf Mobile Maritime Net, vanuit Noord Thailand, voor het weerbericht vertel ik Richard mijn probleem. De volgende morgen heb ik een e-mail van hem dat hij een werf heeft gevonden in Bitung aan de N.O. kust. Dat is op zijn minst drie dagen varen en pompen. En een omweg. De straat van Makassar is een kortere route naar Bali. Maar ik heb geen keuze. Af en toe laat ik de motor lopen, dit brengt wel meer water naar binnen door het draaien van de schroefas, maar terzelfder tijd pompt de lenspomp, die door de motor wordt aangedreven, het water weg. Ik ben doodmoe en krijg zo goed als geen slaap.

Gelukkig is de zee vrij rustig. Op de kaarten lijkt me dat Manado een redelijke anker mogelijkheid biedt. Het is een middelgrote stad. Maar klaarblijkelijk geen werven om me uit het water te lichten. Ondertussen is het me gelukt de stroom wat beter te beteugelen door stukken rubber slang om het lek te wikkelen.

Manado, de "Fleetwood" in achtergrond buiten de ondiepe haven

Ik blaas mijn rubberbootje op, pak mijn rugzak, doe mijn laatste pompbeurt en roei de stad in. Bij een auto-onderdelen zaak koop ik een stuk uitlaat slang. Snel terug naar de boot. Ik splijt de slang in de lengte en wikkel twee stukken om de gebroken lager, bevestigd met slangklemmen. Het pompen is hiermee teruggebracht tot een keer om de twaalf uur.

Nu kan ik nog eens de stad ingaan voor een koud biertje en om inkopen te doen maar ik gun me de tijd om in te klaren. Manado is een drukke haven. Een stroom van koelies komen de valreep af gebogen onder zware balen en kratten. Mechanisatie voor het laden en lossen is hier niet nodig. Op iedere stukwerker die hier bezig is staan tien andere klaar, sigaretten rokend, te popelen de kans te grijpen om wat te verdienen.

Richard, mijn SSB radio vriend uit Noord Thailand, heeft een adres voor mij dichtbij Bitung bij een jonge Zuid-Afrikaan, Bernard Lamprecht, met zijn Poolse vrouw Julia. Zij hebben een duik service op het eiland Lembeh in hun Nad-Lembeh resort. De vader van Bernard bouwt de Bakricono catamaran motor- en zeiljachten in Pataya, Thailand.

Ik ga voor anker bij het resort en geniet van de gastvrijheid en hulp van dit ondernemend jong stel. Het kost de werf in Bitung een paar dagen om de helling gereed te maken voor mijn komst. Inmiddels ben ik in Bitung ingeklaard met een visum in mijn paspoort. Voor het eerst heb ik hondenvlees gegeten in een restaurant in Bitung. Zou een goed idee zijn voor restaurants in Roemenië, waar losse honden in overvloed lopen. Het smaakt als konijn.

Na het aslager vervangen te hebben, zeil ik richting Bali. De wind komt uit het zuiden en ik heb de stroom tegen. Door de windkracht kan ik niet met minder dan drie riffen in het grootzeil en met mijn kleinste fok zeilen. In deze kombinatie kan ik niet scherp aan de wind zeilen.

Ik maak weinig vooruitgang en het is een miserabele, natte, wilde rit tegen de ruwe zee. Ik keer terug naar de beschutting van Lembeh eiland. De volgende dag is het niet veel beter.

Na drie dagen passeer ik de evenaar, voor de derde keer sinds mijn reis in 2005 begon. Een dag later bereik ik de Z.O. hoek van Noord Celebes. Nu kan ik de schoten vieren en ruimer zeilen.

In de Molukkenzee anker ik op de rede van Jiko Bakiki, een dorp op het eiland Taliabu. Wat ik zoek vind ik hier niet. Er wordt hier geen groente en fruit verkocht.

De onverwachte langzame tocht heeft mijn proviand voorraad uitgeput. Het weinige dat hier te koop is is constructiegereedschap, en tuin en visvangst benodigdheden. Aan drie blikken sardientjes en twee dozijn pisangs besteed ik 25 centen. Restaurants zijn er ook niet. Maar ik kan, volgens de baas van de ijzerwaren toko, wel wat te eten vinden iets buiten het dorp. Dit blijkt de militaire politiepost te zijn. Ik wandel langs het strand waar de kruidnagels, kopra, cacaobonen op enorme dekzeilen op het witte strand gedroogd worden.

Kruidnagels op het strand van Jiko Bakiki.

Als ik mijn ogen sluit en de geuren opsnuif ben ik weer zeven jaar oud en op weg van de Singel naar Opa's mastmakerij in de Amsterdamse haven.

De jongere kinderen staren me aan, ik merk dat ik voor hen de eerste blanke ben die ze ooit ontmoet hebben.

Een Euro-Chinees meisje, staat alleen in de schaduw van een palmboom, ze klampt me vast met haar blik alsof ze smeekt: "Ik hoor hier niet, neem me mee".

Er is geen elektriciteit, geen mobiele telefoon.

Jonge vrouwen gebruiken een turmeric (geelwortel-koenjit) smeersel als schoonheidsmiddel. De "Fleetwood" op de achtergrond.

De kok, van het groepje militairen, de Indonesische versie van de Polynesische "Mahu", kookt voor mij speciaal een maaltijd.

Terwijl ik in mijn eentje mijn lunch nuttigde, hadden deze soldaten de inhoud van mijn rugzak geïnspecteerd, met mijn mobiel gespeeld, en de camera uitgeprobeerd. Voordat ik terug was aan boord waren een drietal mijn boot al ingeklauterd en aan het rondneuzen gegaan.

Eén zit in de kuip met zijn Uzi nonchalant op zijn knieën. Na wat heen en weer gepraat komt een bootje langszij om twee van de drie militairen op te halen. En ik begrijp al wat me te wachten staat, met de hoogste rang van het drietal nog aan boord. Weer iets voor "the office girls"? Ik heb er geen zin in. Ik vraag zijn naam en rang en voeg eraan toe dat ik op weg ben naar Djakarta waar ik de weg weet. Al gauw komen ze hem ook afhalen. Ten zuiden van Celebes/Sulawesi sla ik rechtsaf, met ruime wind de Flores Zee in. De vulkanische berg toppen van Flores, Soembawa en Soemba aan bakboord vormen nu mijn horizon op weg naar Bali.

38. Bali

Het is 4 augustus 2006, ik lig in de Bali International Marina. De laatste twee dagen had ik de stroom mee en voor de wind zag ik de snelheid op mijn GPS geregeld boven de 6 tot 8 ½ knopen oplopen. Allereerst weer een fiets gekocht. De haven is nogal een eind weg van de bewoonde wereld. De eerste avond stap ik een restaurant binnen waar rijsttafel op het menu staat. Maar dit blijkt weer een van de nadelen te zijn van in je eentje reizen. Rijsttafel wordt allee voor een groep geserveerd en moet vooraf besteld worden. Het is onderhand drukker geworden en een vader met moeder en twee tienerdochters passen precies aan mijn tafel. Zij komen uit Rotterdam. Hij is in Amsterdam-Slotervaart opgegroeid. Een paar dagen later ontdek ik in een e-mail van mijn zus dat ik aan tafel heb gezeten met de oudste zoon van Pijlman, haar vroegere buurman op de Pieter Callandlaan.
Zondag fiets ik naar de mis in de Gereja Katolik Paroki St. Jozeph in Denpasar. Ik bewonder in deze kerk de rode bakstenen en zandsteen figuren, een prachtige combinatie van Westerse en Bali-Hindoe architectuur.

Alles wat ik over Bali op foto's gezien en in boeken gelezen heb, valt in het niet bij de werkelijkheid. Na de kerk lunch ik voor 75 cent in de Pasar en bezoek ik een historisch museum en een tempel. Daarna fiets ik door de rijstvelden via de kust terug naar Benoa.

Ik kom in de haven verschillende zeilers tegen die ik al eerder ontmoette. Mijn Italiaanse vriend Lucio Oman van Ghizo, met de eigenaar van de "Lycia" die nu ook aan boord is, ze zijn op weg naar Phuket in West Thailand via Singapore en Langkawi, zoals het merendeel van de zeilers hier.

De schoener "Jolly Celeste" met Thede Doerscher, die ik in Apia leerde kennen en ook weer in Savu Savu tegenkwam, is hier ook weer.

Een 71-jarige Bretonse solozeiler met zijn jacht de "Ar Sklerder" is van plan non-stop de 3500 mijlen van hier naar Réunion te zeilen. Dit is zijn tweede reis rond de wereld, voor het grootste deel solo.

Deelnemers aan de rally van Cairns in Noord Australië naar Flores lopen hier de laatste week binnen en gaan voor het merendeel door naar Thailand.

Ik schijn de enige te zijn die van plan is via de Seychellen en Madagaskar naar Zuid-Afrika te zeilen. Het is hier voor mij de tweede zondag en ik fiets weer naar St. Joseph, met een rugzak gepakt om een paar nachten door te brengen in Ubud, 35 km van hier. Ubud ligt op 450 meter hoogte.

Ik kom door Ketewel, een interessant stadje. De dorpelingen zijn in traditionele dracht. Vrouwen zijn gespleten palmbladeren aan het vlechten en miniatuur kleibeeldjes aan het kneden voor de rituele offeranden in de nabijgelegen Jagatnatha tempel. Iets verder op de weg naar Ubud wordt een soort Laurel en Hardy comedy show gegeven. Twee spelers vermomd als een oude vrouw en een oud mannetje doen begeleid door een gamelanorkest de toeschouwers geregeld in hard lachen uitbarsten.

Ubud is tjokvol toeristen, gelukkig vind ik een prachtig gelegen pension midden in de rijstvelden voor €12. Die avond geniet ik van de wekelijkse Kecak dansuitvoering. De bekende apen tempel is in Ubud. Een van de meest spectaculaire schouwspelen is de Hindoe crematie met al de kleuren, de stieren kunstwerken van papier-maché, de vlammen, de rook en de geur van bloemen en wierook.

Crematie, Ubud.

Megan, de Amerikaanse eigenaar van een Ubud café, geeft mij een promotie ticket voor een ecotoerisme- project. Zes nederzettingen op het eiland hebben een coöperatie gevormd om toeristen onderdak te geven en de gasten een kijkje te laten nemen bij hun dagelijkse bezigheden. Zij organiseren ook wandeltochten van dorp naar dorp.

Tenganan.

Een Australische dame begeleidt mijn groepje van zes man naar twee van die dorpen. Het eerste dorp heet Tenganan. Deze gemeenschap, je kunt het met een Kibutz vergelijken, bestond al in de zesde eeuw.

De huisjes zijn allemaal van precies dezelfde grootte en indeling.

Als een jong paar trouwt hebben zij recht om een levende boom te kappen uit het bij het dorp behorende bos voor de bouw van hun huis. Bruid en bruidegom moeten in het dorp zijn opgegroeid anders moeten zij de gemeenschap verlaten.

Het bos wordt verder alleen gebruikt om dood brandhout te verzamelen, voor de jacht en het oogsten van boomvruchten en noten. Dat laatste wordt meestal door de oudere vrouwen gedaan. De huisindustrie is hier gringsing: dubbel weven. Het is een ontzettend tijdrovende bezigheid. De borst-sjaals van Balinese dansers zijn vaak vervaardigd door gringsing wevers. Sommige grote weefsels vergen drie jaar werk.

Gringsing.

Het tweede dorp is Sibetan, niet ver van Tenganan, op de N.O. kust van Bali. Hier is de Salak vrucht de belangrijkste bron van inkomsten. Hier is waarschijnlijk de oudste Salak plantage, aangelegd in de 16^e eeuw. De Sibetaners distilleren ook alcohol uit de Salak vrucht. Een van de laatste avonden op Bali gaan we met een groepje zeilers naar de Kecak dansen aan de west kust. Een prachtige avond en een spectaculaire zonsondergang.

Ik had wel langer willen blijven maar mijn 30 dagen visum loopt af en op 21 augustus wens ik Bali: "Selamat Tringgal!", ofwel: "Tot Ziens!"

Kecak dans

39. Kersteiland

Deze keer heb ik een flinke stroom en een stevige wind mee richting Indische oceaan, ten zuiden van Java en Sumatra. In plaats van de gemiddelde 100 mijl per etmaal, leg ik de 569 mijl naar Kersteiland in vier dagen af. De derde dag zelfs 155 mijl. De Australische autoriteiten willen me niet binnenlaten zonder visum. Maar ze laten mij wel een paar dagen binnen om mijn watertank te repareren. Honderd jaar geleden was dit een onbewoond eiland totdat men fosfaatmijnen begon te exploiteren. Ik heb veel meer zin om hier, in de laatste dagen van augustus, aan mijn kerstkaart te werken. De watertank is snel weer in orde.

"Merry Christmas!"

Een van de behulpzame dames in de gecombineerde souvenir- en VVV-winkel, brengt de volgende dag een "Father Christmas" muts van huis mee. Ik neem bovenstaande foto, laat afdrukken maken en postzegels op de enveloppen plakken. De Postmaster belooft de kaarten eind november te versturen. Ik zie de gezichten al voor me als ze de envelop openen: "Waar in de wereld ligt Christmas Island????"

Er liggen twee grote Amels uit Frankrijk naast me voor anker in Flying Fish Cove. "Jimmy Bee" en "Goemonhour". "Jimmy Bee" wil naar Chagos, een kleine onbewoonde eilandengroep ten noorden van Diego Garcia, de Britse marinebasis. Daar wil ik ook graag langs. Maar dan moet ik wel extra provianderen want daar is niets te krijgen.

Sommige zeilers presteren het om daar maandenlang te blijven. Als een Robinson Crusoë leven, vis vangen en speren, brood bakken op stenen aan het strand.

Ik hoorde van een Australiër in Kudat, die een tijdje in Chagos was, over Andrea, een jonge vrouwelijke solozeiler uit Melbourne. Zodra hij geankerd was kwam Andrea aan boord en nam haar bikini top af. Hij schreeuwt naar zijn vrouw in de kajuit: "Ik heb een naakte vrouw in de kuip". Zij terug: "Jij bent een grote jongen, je hebt mij niet nodig".

Een paar dagen later roept Andrea hem op over de marifoon of hij kan helpen haar motor aan de gang te krijgen. Zoals hij verwachtte droeg zij geen topje. Hij ontdekte dat ze een draadje naar de motor had losgemaakt. Maar hij dacht: "Ik krijg je wel". Hij maakte het draadje weer vast en koppelde een waterslang van de koeling los, maar niet zichtbaar.
Vervolgens vertelde hij haar op een lek te letten als hij de motor startte. Toen hij de motor startte kreeg zij een stroom water in haar gezicht. Van toen af aan heeft zij hem met rust gelaten.

Andrea is uiteindelijk door de Britse marine, na veel andere klachten, nymfomane non grata verklaard en op de lagere wal van West Thailand terecht gekomen.

Richard, onze Weergoeroe in Noord Thailand, geeft door dat Chagos op het ogenblik veel regen en harde wind te verduren heeft en dat veel van de zeilers vertrokken zijn naar Langkawi en Phuket. Ik hoor dat "Jimmy Bee" koers heeft gezet naar de Seychellen. Ik vertrek een dag later, zondag de 3e september, na de mis. Er is hier geen priester, een leken parochiaan leidt de eucharistieviering.

De 4e september vertelt Richard dat een E.P.I.R.B. signaal van "Scherzo" is ontvangen, halverwege mijn huidige positie en Diego Garcia. Twee dagen later vindt een Australische RAAF P-3 Orion verkenningsvliegtuig de "Scherzo". Ze zien bemanning aan boord en proberen marifoon contact te maken. Maar de bemanning reageert niet. Dan laten ze een drijvende nood marifoon neer bij de boot. Maar de bemanning doet geen moeite om die aan boord te halen. Dan dirigeert de RAAF de bulkcarrier "Anangel Solidarity" naar de Scherzo, ze komen langszij en proberen met de megafoon contact te maken maar dat lukt niet, ze zien drie man aan boord. "Scherzo" volgt een NNW-koers.
Ik zag de boot in de jachthaven op Bali, Britse vlag met een Franse bemanning. Ik probeerde een praatje met ze te maken maar daar hadden ze geen zin in. De namen van de bemanning: Jean-Louis Jacques Corouge (Schipper), Arthur Romero, Quentin Reynaud en Samuel Corouge[20].

Ze zouden op weg zijn naar Chagos maar dan zijn ze een heel eind van koers. Dit is tot nu toe een raadsel gebleven.

Er is een sterke passaatwind en ik zeil onder mijn 90% fok. De hoes komt niet van het grootzeil af tot de 16e september. Maar de volgende dag gaat het grootzeil weer naar beneden en daarna is zelfs de kleine fok te veel en leg ik de volgende paar dagen honderd mijl per dag af onder top en takel. Deze 24 dagen zijn tot nu toe de ruwste oceaan oversteek.

Een op-stokker, een Roodvoetgent in de Indische Oceaan.

---

[20] De twee laatsten zijn ski leraren in Puy St. Vincent, Frankrijk.

40. Seychellen

Zaterdag de 27ᵉ september anker ik voor de jachtclub in Victoria, de hoofdstad van de Seychellen. De algemene taal in de Seychellen is Creool. Het is vrijwel hetzelfde Creool als wat in Réunion, Mauritius en in de Caraïben gesproken wordt. Net zoals Vanuatu, zijn deze eilanden door de Fransen en Engelsen gekoloniseerd en beide talen worden hier gesproken.

Twee honderd jaar geleden was er op deze eilanden nog geen permanente bevolking. De meesten kwamen hier van Afrika als slaven en werden gemengd met Europese en Aziatische zeelieden en emigranten.

De Victoria kathedraal.

De mis van 9 uur in de kathedraal is in het Frans, een gedeelte van de gezangen zijn in het Engels en Creool. In tegenstelling tot, bijvoorbeeld, Sandakan op Borneo en Honiara op Guadalcanal is de jachtclub hier niet het centrum voor zeilers en ex-pats. Voor 300 Roepies (€5) mag ik zolang ik hier voor anker lig de faciliteiten gebruiken, het restaurant, water, douches en de wasmachine. "Jimmy Bee" is hier drie dagen eerder aangekomen en zeilt langs de Oost Afrikaanse kust, via de Rode Zee, terug naar Frankrijk.

Mijn nieuwe vriend hier is Roland Vilella, een Franse solozeiler. Een fascinerende man.

In 1999 vertrok hij van Sète op zijn nieuwe zeiljacht "Samarcande" vol geladen met medicamenten van "Pharmaciens sans Frontières" voor Madagaskar. "Samarcande" is de naam van een nieuwe lijn katoenen sokken van Rolands sponsors, de Franse textielproducent Benjamin.

Al jong verliet hij zijn ouderlijk huis en trok in bij zijn grootvader, een landbouwer in zuid Frankrijk. Met zijn erfdeel van zijn opa begonnen zijn solozeil zwerftochten op jonge leeftijd. In 2004 verscheen zijn boek over die avonturen. Hij is nu bezig hier met zijn tweede boek te schrijven, van het vervolgverhaal.

Hij kan prachtige verhalen vertellen over zijn zeventien jaren ervaringen hier in deze eilanden en de Oost Afrikaanse kust.

Roland

Hij zat op een gegeven moment in een zeemansbar in Zanzibar. Naast hem zat een Duitse zeiler, die een Thaise hoer meegenomen had om de kost voor hem te verdienen in Zanzibar. De man had al aardig wat gedronken. Hij vraagt de bartender om ijs. In plaats van ijsblokjes zet de kastelein een blok ijs op de bar. Rolands buurman trekt zijn machete uit de holster en slaat er op los, maar mist, en hakt zijn linker duim eraf. Hij buigt zich vooroversbij om de duim van de grond te rapen maar een hond heeft de duim net iets eerder te pakken.

Roland kan me ook alles vertellen over een bizarre gebeurtenis die ik hoorde in Kudat van een Zuid Afrikaanse zeiler op de "Déjà Vu".

Een bekende Duitse zeiler, Alex Klar, zit in de gevangenis van zijn thuishaven Hellville op het eiland Nosy Be, Madagaskar. Hij wordt beschuldigd van de moord op een landgenoot zeiler. De politie vond het slachtoffer Hans Michael (Mike) Klein in zijn boot "Douala" bij de kajuit trap met zijn hoofd, afgehakt, op zijn knieën. Roland weet me te vertellen dat Alex ondertussen weer op vrije voeten is. Ik ben van plan van hier naar Nosy Be te zeilen. Misschien kan ik er dan wat meer over vertellen.

Op de fiets klim ik over de heuvelrug naar de westkust van dit eiland Mahé naar Vallon. Op het hoogste punt heb ik een goed uitzicht naar het eiland La Digue. De kust heeft prachtige witte stranden.
Ik maak een uitstapje naar Praslin en La Digue. Praslin is een van de twee eilanden in de wereld waar de zeekokosnoot (Lodoicea callypige Maldivica) in het wild groeit. Callipyge is oud Grieks voor "mooi achterwerk".

Callipyge is oud Grieks voor "mooi achterwerk".

Het Maldivica komt van het feit dat de vreemde noten wel eens aanspoelen op de Maldiven. Deze zeldzame palm wordt beschermd in het Vallée de Mai National Park op Praslin. De eilanden zijn begroeid met diepgroen tropisch regenwoud, met puur witte stranden en zijn omringd door de azuurblauwe kristalheldere oceaan.

Het strand van La Digue is een van de meest gefotografeerde achtergronden voor beroemde modellen. Mijn boot is klein genoeg om binnen in het haventje van La Passe op La Digue aan te meren. Er hangt hier een vakantiesfeer, geen auto's, dagjesmensen komen en gaan naar Victoria met het veerbootje. In het laatste weekend van oktober is er een Creool festival in Victoria en Vallon, muziek, theater en barbecues op het strand en in de parken.

Creool Festival

      Mijn tweelingbroer schreef me een e-mail dat hij een telefoontje kreeg van Radio Nederland dat ik het 13 oktober cryptogram van "Klare taal" gewonnen had. Dat was de zesde in een rijtje die ik iedere vrijdag met de juiste oplossing had ingestuurd vanuit de Indische Oceaan. Ik ben nu bijna een halve eeuw uit Nederland weg en er zijn woorden die ik helemaal niet ken. Bijvoorbeeld Nachtstroom, dat is een woord dat voor 1957 niet bestond.

      Als ik twijfel kan ik het even op het internet proberen, maar dat heb ik niet op de open zee. Bij iedere uitzending hoor je Arie Bras bellen met de winnaar van het cryptogram van twee weken geleden.

      Op de 27^e hoor ik dus Arie met mijn broer in Hamburg bellen. Omdat onze stemmen bijna niet van elkaar te onderscheiden zijn, behalve hij nu een beetje meer Duits en ik een Amerikaans accent, brengt het weer een flits terug uit 1954. De eerste keer dat ik een telefoongesprek met mijn broer had, we waren toen al zeventien.

      Het is eind oktober, ik heb hier nu bijna een maand door gebracht en het wordt tijd het anker te lichten. Het zomer cycloonseizoen begint eind november en dan moet je boven de 25^e breedtegraad zeilen.

41. Moord op Madagaskar

De heersende wind van de Seychellen naar Madagaskar is uit het zuiden dus verre van ideaal. Maar het valt mee, het is voor het grootse deel iets ruimer aan de wind. De laatste twee dagen, voordat ik in de luwte van Madagaskar kom, is de wind in kracht toegenomen, het is ruwer en onrustig met constant de zee over de boeg en de buiskap.

De 8e november 2006 loop ik de baai van Hellville binnen op het eiland Nosy Be, aan de noordwest kust van Madagaskar.

In de Walt Disney tekenfilm "Madagaskar", die een jaar eerder uitkwam heet de leeuw "Alex". In onderstaand verhaal wordt bij toeval de Duitse zeiler Alex Klar van moord verdacht. Ik beschreef al in het vorige hoofdstuk hoe ik in Kudat hoorde van Zuid-Afrikanen op de boot "Déjà Vu" over deze gruwelijke moord. In de Seychellen vertelde Roland Vilella mij meer details.

Hellville, op het eiland Nosy Be voor de kust van Madagaskar, vormt een toepasselijke achtergrond voor een onopgeloste, lugubere moord. Madagaskar is 4e op de lijst van de armste landen ter wereld. Frankrijk koloniseerde Madagaskar van het eind van de 19e eeuw tot 1960. Sinds die tijd is het bergafwaarts gegaan met de Malagassiërs.

De gebouwen zien er haveloos en vervallen uit. Enorme gaten in het wegdek. Ik zie hier Renaults en Peugeots die ik in 1962 voor het laatst zag in Saigon.

Politieke instabiliteit, corruptie, armoede en hoge invoerrechten bevorderen prostitutie, smokkel en georganiseerde misdaadbendes.

Fille de joie in de "Nandipo"

In het kleine havenstadje van Hellville ontmoet je een gevarieerd publiek uit alle hoeken van de wereld, sommige wonen hier al jaren en weten nog steeds niet wat ze zoeken. Eén van de kroegen waar je deze types kunt vinden, en waar de zeilers en de Franse ex-pats zich mengen, is de "Nandipo" bar waar een jonge Spanjaard "Jeep" uit Barcelona de eigenaar is. Een zwart-wit foto collectie van de Spaanse burgeroorlog versiert twee wanden. Hoertjes maken hier hun afspraken.

Mike Klein's boot ligt voor anker in de baai van Hellville, naast die van mij. "Douala" is een van de Stadt 16 meter "Gallant". Iets verder ligt "Ice", de aluminium kits van Alex Klar. Alex is niet aan boord, hij is in Mahajanga op het grote eiland. Twee kleine hondjes rennen rond op het dek.

Er is weinig bekend over Klein, hij kwam hier een paar jaar geleden aan.

Het is mogelijk dat hij in Kameroen gewerkt heeft en daardoor de naam "Douala" koos voor zijn boot. De enige familie die hij schijnt te hebben gehad is een tante die hem wat geld had achtergelaten. Je kon hem vinden rond de haven met zijn naaimachine om zeilen te repareren. We weten wat meer over Alex Klar. Hij is geboren rond 1972 aan boord van de "Maria Jose", een 16 meter lange Thai jonk. Zijn vader Ernst Klar is een Duitse avonturier. Ernst heeft in het Franse Vreemdelingen Legioen gediend en daarna in Zwitserland gewerkt en daar zijn vrouw leren kennen. De oudere broer van Alex, Hans, is in 1963 in Zwitserland geboren. Tussen de twee broers in is hun zuster Ingrid geboren.

De familie zeilde van Thailand naar Australië. Onderweg leerde Ernst hoe de Indonesiërs met hun zeilschepen van eiland tot eiland handeldreven. En hij kreeg de smaak te pakken van de lucratieve smokkelhandel met Maleisië en Singapore. Ernst werkte een tijdje in Darwin. In 1976 vond hij werk in Durban. In de bibliotheek van Durban ontdekte hij een beschrijving over de schipbreuk van het Portugese galjoen de "Santiago", gestrand in 1585 op de ondieptes van Bassas de India in de straat van Mozambique. Het schip was op weg van Portugal naar Goa met een lading zilver en goud. De Klar familie ging op speurtocht en vond het wrak. Dit werd hun schatkist voor de volgende jaren. Ze zeilden terug naar Europa en genoten daar een paar jaar van de vruchten van de "Santiago". In 1983 waren ze weer terug in de Rode Zee, met betere duikapparatuur om daar hun geluk te beproeven. Maar deze keer leverde het niets op. De familie zeilde terug naar de hun bekende havens in en rond zuidoost Afrika.

Een staaltje van de Kant & Klar familie werd me verteld door een ooggetuige: Vader Ernst had een manillatros ontdekt op het achterschip van een marine korvet in de haven van Richards Bay. De hele familie kwam eraan te pas. Ingrid, die toen zestien was, ging in haar bikini de aandacht van de matrozen richting boeg trekken, terwijl Alex en Hans bij het achterschip het water in gingen, aan boord klommen en het touw gapten.

De oudste zoon Hans vond zijn eigen zeiljacht en volgde in zijn vaders voetstappen. Zijn tweede boot kocht hij in Engeland, een 15 ½ meter Wharam twee mast catamaran, de "Rapa Nui". Zonder motor zeilde hij met zijn vrouw naar Zuid-Afrika. En vanuit Durban, met vrouw en twee dochtertjes, zeilde en handelde hij langs de Oost Afrikaanse kust met bestemmingen als Madagaskar, Mozambique, de Comoros Eilanden, Zanzibar, Mombasa en de Seychellen. In 1999 werd hij in Durban veroordeeld tot drie jaar gevangenisstraf voor verkrachting.

Ik ontmoette de maritieme expert in december in Durban, die voor de rechtbank verklaarde dat het praktisch onmogelijk is om zonder de medewerking van de aanklaagster dit in zijn 1m80 roeibootje te presteren. Hans had dit vonnis niet zien aankomen en was alweer onderweg. In januari 2011 werd hij door de Nieuw-Zeelandse autoriteiten aan Zuid-Afrika uitgeleverd en kwam in juni 2011 weer op vrije voeten. Van wat ik er nog verder over te weten kwam droeg deze geschiedenis de sporen van een afgewezen minnaar. Het was een slordige rechtszaak.

Ondertussen stond Alex aan het stuur van zijn eigen boot en was verwikkeld in ruilhandel en smokkel. De drie Klars zeilen op kompas en met de kennis die zij van de inheemse zeilers geleerd hebben. Rond Madagaskar vaart zowel de vracht zeevaart als de vissersvloot nog vrijwel uitsluitend onder zeil. Alex's vulde zijn watertanks met rum uit Madagaskar en smokkelde die Mayotte binnen, waar de prijs en de accijnzen dit de moeite waard maakte.

Eind maart 2006 werd het lichaam van Hans Michael (Mike) Klein gevonden in zijn boot, beneden op de trap van de kajuitingang met zijn afgehouwen hoofd op zijn knieën.

Hij had die morgen om half negen zijn Malagassiër partner naar de wal teruggebracht. Er was weinig bloed in de boot en daaruit kan afgeleid worden dat Klein al vermoord was voordat hij onthoofd werd. De politie arresteerde Kleins partner als eerste verdachte.

Alex Klar was diezelfde morgen bij "Douala" van anker gegaan. De Hellville politie had de helikopter geleend van de Madagaskar president om "Ice" terug te brengen. Alex werd meteen opgesloten in de gevangenis waar weinig aan veranderd is sinds de in gebruik name in de tijd van Napoleon. Er schijnt ruzie te zijn geweest tussen Mike en Alex kort voor de moord.
Mike was ook begonnen met "handelsreizen" te zeilen in dezelfde omstreken.

De Hellville gevangenis

In 1994 werden de eerste saffier stenen in Madagaskar gevonden. Nu komt bijna de helft van de wereld saffiersteen productie uit Madagaskar.

Er is geen exportbelasting op geslepen stenen maar wel op ruwe saffierstenen. Die zijn gemakkelijk te smokkelen. Dit schijnt een van de bezigheden van Mike en Alex te zijn geweest.

Bij de havenmeester vind ik de inklaringen van "Ice" op de 7^e maart en "Douala" de 13^e, beiden van uit Kenia, kort voor de moord. Toen de politie "Ice" doorzocht vonden ze een doos met vervalste rubber stempels voor de immigratie/douane van havens die Alex regelmatig bezocht. Op die manier kon hij komen en gaan zonder naar de wal te roeien.

Ernst, de vader, heeft een groepje Zwitserse politie experts naar Hellville laten komen die konden bewijzen dat er nergens DNA van Alex te vinden was op het moordtoneel. In september was Alex weer vrij. Bij gebrek aan een dader te vinden suggereerde de Hellville politie dat Klein zichzelf had opgehangen met een nylon draad. Het eerste bezoek uit de gevangenis van Alex was aan de Nandipo bar. Hij had alweer iets te verhandelen. Hij opende zijn shirt en liet een stel lange messen zien die hij om zijn borst had hangen.

"Douala" en de kits "Ice" in Hell Ville, november 2006

Een Duitse zeiler werd door de Hellville "weduwe" van Klein aangesproken. Of hij iemand wist voor de boot, of op zijn minst zijn Duitstalige bibliotheek. De man nam een kijkje aan boord, alles van waarde was er al uitgesloopt.

De 16e november zeil ik verder naar Mahajanga. Na wat zoeken hoor ik dat ik Alex kan vinden in een vakantiehuisje "Chez No No". Maar als ik me daar meld hoor ik dat hij de vorige dag naar Hell-Ville is vetrokken. Hij heeft hier ook weer een maand opgesloten gezeten. Hij probeerde zijn twee dochters van zijn ex-vrouw mee te nemen. Zijn ex-vrouw met de twee dochters zijn ondertussen naar Réunion verhuisd. De zeilers die de Klars kennen, vertellen mij allen dat het geen moordenaars zijn. De moord op Michael Klein blijft onopgelost.

42. Mahajanga

s 'Morgens vaart de hele vissersvloot met landwind tijdens de eb uit en laat in de middag komen ze met de vloed en de zeewind terug. Het kan niet beter.

De stad ligt aan de mond van de Betsiboka rivier. Het maakt ook weer een armoedige indruk met vervallen gebouwen. Ik lig voor anker bij de mond van de baai met uitzicht op de vissers prauwen die daar 's morgens draaien en overstag gaan.

Visssersprauw

Het is een boeiend schouwspel om te zien hoe die lenige mannen het grote latijn zeil oplichten en om de mast draaien. Dit is een van de laatste landen waar de vissers en vrachtvaarders nog vrijwel uitsluitend gebruik maken van windkracht.

Een typische Malgasche handels schoener, met topzeil

De Noorse politieagenten op "Blaatur," die ik in Ghizo leerde kennen, zijn hier ook naast me komen ankeren. We zijn samen op de 26^e november vertrokken. Maar de wind is uit het zuiden en ik kan niet scherp genoeg aan de wind koers houden om mijn afspraak met hen te ankeren voor die nacht aan de kust van Madagaskar. Ik besluit de 1000 mijl non-stop naar Richards Bay te zeilen. Richards Bay is de meest noordelijke haven van Zuid-Afrika aan de grens met Mozambique.

Dit werd een van mijn langzaamste en ruwste tochten. Eerst heb ik de stroom tegen dan te weinig wind en dan een angstaanjagende korte storm met windkracht acht tot tien. Rond Sinterklaas ben ik in een twee dagen koufront storm, uit het zuidwesten, die me van mijn koers naar het westen zet. Dit is te verwachten in de straat van Mozambique.

43. Zuid-Afrika

Fred Meijer, onze weergoeroe van het Peri-Peri net in Durban, waarschuwde me dat er nog meer storm aankomt en raadde me aan naar Maputo in Mozambique uit te wijken. Dat was een goede raad want ik ben amper binnen en de storm barst los.

Maputo, het voormalige Lourenço Marques in de Portugese kolonie, blijkt een interessante stad te zijn. Grote boulevards en imposante gebouwen, het doet me denken aan Buenos Aires of Milan. Castro's troepen hielpen de Mozambiquers in hun opstand tegen Portugal. Boulevards hebben namen als Ho Chi Minh, Karl Marx, et cetera. Ik kan mijn beetje Portugees hier weer eens gebruiken.

Zondag ga ik naar de mis in de kathedraal van O.L.V. van de Onbevlekte Ontvangenis. Een mooie moderne kerk die tijdens de 2^e wereldoorlog werd gebouwd. Portugal bleef buiten de oorlog en je merkt hier aan die bouwperiode dat ze daar profijt van getrokken hebben.
Voor het eerst ben ik in de zomer in de tropen om te kunnen genieten van de bloeiende bomen, de rode Vlamboom, de paarse Jakaranda en de gele Locust om er maar een paar te noemen.

Ik had graag wat meer van Mozambique willen zien maar het cycloon seizoen staat voor de deur. Ik vertrek naar Richards Bay.
De baai van Maputo is ondiep. Mijn elektronische kaarten schijnen niet in overeenstemming te zijn met mijn dieptemeter. Voordat ik dieper water bereik maak ik een angstige drie uur door. "Mojo" een catamaran die ik in Maputo ontmoette zeilt me voorbij. Zij hoeven zich met hun lage diepgang geen zorgen te maken.

's Nachts neemt de wind toe en nu heb ik de Aghulas stroom mee. Bij middernacht zeil ik onder top en takel. Zeven uur 's morgens zit ik aan de kaarttafel het weerrapport te beluisteren. Ik loop ongeveer 5 knopen zonder zeil, met de stroom mee.

De zee is onstuimig en het schuim vliegt van de toppen van de golven. Terwijl ik op mijn beurt wacht om mijn positie door te geven aan Fred Meyer van het Peri-Peri net, hoor ik een golf aankomen die luider is dan wat ik tot nog toe hoorde. Het klinkt alsof er een vrachttrein op me af komt. Voordat ik het weet slaat de boot op de bakboordzijde. Een harde klap alsof de boot van de tweede verdieping op straat wordt gesmakt. Dat moet het 12mm multiplex van de romp doen barsten.

Alles wat in de kasten onder de stuurboord kooi lag komt terecht in de bakboord kasten en op de vloer. Water stroomt door de halfopen kajuit opening naar binnen. Gelukkig zit ik klem tussen de kaarttafel en het kuipschot. Als ik, zoals gewoonlijk, op een kooi zat, was ik met mijn hoofd tegen de bakboord kajuit ramen gesmeten en waarschijnlijk gewond geraakt.

De knockdown duurde niet meer dan dertig seconden en de boot komt weer rechtop. Het moet een extra hoge wilde golf zijn geweest waardoor de boot van de krullende top viel.

De wind was niet abnormaal sterker vergeleken met wat ik eerder meegemaakt heb. Ergens tussen windkracht 8 en 10. Als ik aan de beurt kom bij Fred vertel ik hem dat ik net een knockdown had. Hij vraagt me of ik hulp nodig heb. "Nee, ik red het wel".

In het daglicht zie ik dat de top van de mast het water heeft geraakt.

De windex op de masttop is gebroken. Alles wat in de kuip lag is overboord gespoeld, lierhendels, zonnebril en verrekijker. De canvas buiskap is in flarden en het frame verbogen. Er schijnt geen structurele schade te zijn.

De hele morgen ben ik bezig om ten eerste het water uit de kajuit te pompen en dan de spullen van de bakboord lockers weer naar de stuurboord kasten terug te brengen. Een paar lessen geleerd. Sluit de kajuitingang met beide wasborden en sluit de kasten onder de kooien af bij ruw weer. De stroming wordt nog sterker, ik onderschat de sterkte en met moeite werk ik mijn weg terug naar Richards Bay, bijna word ik er voorbij gestuwd.

Richards Bay

Richards Bay is voor de meeste zeilers de eerste aanleghaven in Zuid-Afrika op de westelijke route. Meerdere zeilers blijven hier een paar weken rondhangen en bezoeken vanaf hier het Kruger wildpark.

Bert en Grietje uit Bunschoten zijn hier al een tijdje. Leeuwarder Gjalt met Corrine op de "Stella Maris" volgen mijn route rond Kaap de Goede Hoop en varen dan terug naar Nederland. De twee leerden elkaar kennen in Oman waar zij beiden werkten als geologisch-chemisch ingenieurs voor twee verschillende oliemaatschappijen.

Corrine is opgegroeid op de Kanaaleilanden in een Duits gezin. Ze spreekt ook al behoorlijk Nederlands. Henny, een Nederlander die hier al tien jaar op zijn boot woont, leer ik kennen als shanty zanger. Ik herken het repertoire en moet daar natuurlijk hoognodig mijn bijdrage aan leveren. De tweede zanger is Bill Hughes een Australische solozeiler op weg naar zijn geboorte plaats, Holyhead in Wales.

Er wordt hier meest Engels gesproken maar ik hoor ook Afrikaans. Zondagmorgen fiets ik naar de kerk. Het was verder dan ik dacht en ik kom te laat voor een zitplaats. Wat me vooral opvalt, zijn de overblijfselen van de apartheid. Zwarten schuiven niet aan waar blanken zitten. Robert en Rosemary Forrester van de "Deusa" zijn ook in de mis.
Zij nodigen me aan boord uit voor het avondeten. Beiden zijn in Rhodesië geboren. In hun dertiger jaren zijn ze vanuit Zimbabwe in een Landrover dwars door Afrika naar Europa vertrokken en met de Landrover ingescheept naar Brazilië. Daar ook weer aan het avonturen geweest in het Amazonegebied en later begonnen zij een reisbureau in Rio. Na een paar jaar in Rio de Janeiro zijn ze per paard naar het zuidoosten van Brazilië vertrokken en daar een boerderij begonnen. Fascinerende avonturiers.
Zij spreken vloeiend Portugees en zijn nu van plan een duik resort te beginnen in het Portugeessprekende Mozambique. Ik vertrek de avond van de 19^e december en loop de volgende dag 's avonds Durban binnen.

Zes weken in Durban

De Durban sky line in de Point Yacht Club

Je hebt hier de keus uit twee naast elkaar gelegen jachtclubs, de Royal Natal en de Point Y.C. Ik neem de laatste, het blijkt dat de faciliteiten in beide clubs voor ons open staan. Er is een gezonde concurrentie in het ons naar de zin te maken.

De binnenstad begint al direct bij de voordeur. Durban biedt vrijwel alles wat een zeezeiler nodig heeft wat betreft scheepsartikelen en service voor onderhoud.

De kust tussen Durban en de volgende haven East London is ongeveer 650 km lang en onherbergzaam. Er zijn geen havens of beschermde ankerplaatsen. Dit betekent dat we allemaal moeten wachten op een "window" van minstens 4 tot 6 dagen goed weer zonder zuidelijke wind. Door de sterke Aghulas stroom vanuit het Noorden kunnen er enorme golven ontstaan als de wind tegen de stroom in blaast. Geregeld komen vrachtschepen Durban binnen met beschadiging van deklading en scheepsromp ten gevolge van deze huizenhoge golven.

Een groep boten is net een paar dagen eerder vertrokken richting Kaapstad, ze hadden hier meer dan een maand gewacht op een "window". We luisteren trouw iedere morgen en avond naar de weersvoorspellingen van Fred Meyer op zijn Peri-Peri net. Fred en zijn vrouw Eva bieden ons geregeld hun chauffeur diensten aan naar de supermarkt. Ook nodigen zij groepjes zeilers uit in hun huis in Durban.

Er is verder genoeg vertier tijdens het wachten. In deze twee jachtclubs en ook in de iets verder op gelegen Bluff Y.C. zijn geregeld "braais", de Zuid-Afrikaanse voorganger van onze barbecue.

Ik geef de voorkeur aan "boerenwors". Je kunt ook je eigen vlees meebrengen en er hele maaltijden op laten grillen.

Op de tweede dag is er een opstootje aan het eind van de pier naast de jachthaven. Er staan verschillende politieauto's. Later hoor ik dat een zwarte Afrikaan een jong meisje probeerde te verkrachten om op die manier van zijn HIV genezen te worden.

Braai at Point Yacht Club.

Christian Rannou, mijn Franse buurman op de "Memestra", hijst mij naar de top van de mast om de Windex te vervangen die bij het kapseizen kopje onder gegaan was. Terzelfder tijd vervang ik de 25 watt gloeilampen van het driekleur navigatie licht door ledlampjes, om stroom te besparen.

Het is twintig minuten lopen, via het stadsgedeelte waar vroeger de blanke middenklasse woonde, naar de Emanuel kathedraal. De blanken wonen nu in de buitenwijken die veel weg hebben van de woonwijken in zuid Californië, met dit verschil dat deze omheind zijn met een hoge muur of prikkeldraad en dat de ramen van tralies voorzien zijn. De kerkgangers zijn meest zwarten en kleurlingen. De dienst en het zingen gaat in het Engels en Zoeloes.

Twee 8.5 meter boten, die ik al in Richards Bay had gezien net voor mijn vertrek, komen binnen. Beiden met twee vrouwelijke zeilers. Zij doen een onofficiële regatta rond de wereld als promotie voor de Poolse bouwer van de Mantra-28.

Al een paar dagen voor Kerstmis zijn de vier dames druk bezig met de voorbereidingen voor een echt Poolse kerstavond. Ik ben uitgenodigd als enige niet Poolse gast. Families in Polen hebben allerlei ingrediënten opgestuurd, er is vis, borscht, pierogies en allerlei andere traditionele lekkernijen.

s/y "Ania".
L.R.: schipper Joanna (bijnaam Asia uitgesproken Ashjah) Raczka en Aleksandra (bijnaam Ola) Peszkowska, 22 jaar. s/y "Asia" Karolina Bratek, 20 jaar, schipper Joanna (Asia) Pajkowska.

Karolina Bratek gaat mee naar de Kerstmis in de Emanuel kathedraal. Dit is een van de mooiste Kerstvieringen die ik ooit heb meegemaakt. De dienst is in het Engels en Frans. De zwarte kardinaal, die voorgaat, spreekt vloeiend Frans.

Hij heeft in Leuven gestudeerd. Een Vlaamse priester neemt ook deel aan de consecratie in het Frans. Een Congolees koor zingt prachtige Franse kerstliederen.

Asia Pajkowska maakt me attent op een clubvlag van de "Mazurek" in de Point Y.C., achtergelaten bij Krystyna Choynowski-Liskiewicz de Poolse schipper van de "Mazurek". Zij was de allereerste vrouwelijke solo rond de wereld zeilster. Tot nu dacht ik altijd dat Naomi James deze prestatie had geleverd in 1978, echter Krystyna was haar twee jaar voor.

Portret van zes solozeilers in Durban.

De stuk of twintig boten op doorreis telt een ongewoon aantal solozeilers.

Van l>r: Georges Pratt, Philippe Blochet, Jack van Ommen, Bill Hughes, Dieter Pollak, Noel French. Je herkent de zeilers zonder rolfok aan de knieën.

Hier een korte beschrijving van boven zittend zestal:

Naam	Jaren	Thuishaven	Boot Naam	Type	Lengte-Mtr.
Georges Prat	75	Bayonne, Fr.	Iergès	Knikspant Alu	11
Philippe Blochet	71	Breton, Fr.	Al Skelder	Staal	10,7
Jack van Ommen	69	Gig Harbor, V.S.	Fleetwood	NAJA multiplex	9
Bill Hughes	67	Australia	Kimyka	Westsail 33	10
Dieter Pollak	66	Vancouver, Canada	Amazon 1	Amazon	13,5
Noel French	58	England	Tigem	Bavaria 44	13,5

Georges Prat is 75 jaar en is nu op zijn tweede rond de wereld tocht. "Zes Vingers Georges", is zijn bijnaam. Hij verloor vier vingers van zijn linkerhand bij een bedrijfsongeval. Ik ben nieuwsgierig: "Wat betekent jouw boot naam, Georges?" "Iergès is een Griekse God" antwoordt hij. Ik geloof hem natuurlijk, alhoewel hij altijd een twinkel in zijn ogen heeft en een grijns op zijn gezicht. Maar iets later vertelt hij mij dat een Franse dame diezelfde vraag aan hem had gesteld in Willemstad op Curaçao en dat zij hetzelfde antwoord gekregen had. De volgende morgen kwam zij terug om hem te vertellen dat haar man de Griekse naam betwist. Haar man is een professor in klassieke geschiedenis. Nu komt de aap uit de mouw. Zijn vorige boot was de "Margeo", de combinatie van Georges en zijn toenmalige vriendin Marie.

Hij piekerde gedurende de vijf jaren van het bouwen van deze boot over een naam. Uiteindelijk besloot hij te gebruiken van wat erover was van de twee namen en een accent grave op de laatste "e" te zetten.

Philippe Blochet is 71 jaar, gepensioneerde koopvaardij zeeman. Ik had hem al op Bali ontmoet. Hij zeilde non-stop van Bali naar Réunion en van daar naar Durban. Het is ook zijn tweede zeiltocht rond de wereld.

Tijdens de vorige tocht, begonnen in 1996, werd hij, zeilend van Kaapstad naar Sint-Helena, wakker na kennelijk bewusteloos te zijn geweest ten gevolge van een lichte hartaanval. Terug in Frankrijk onderging hij een operatie, verkocht de boot en schafte een kampeerwagen aan. Maar na een paar jaar kwam het verlangen naar de zee weer terug. Hij is een diepgelovige man. Hij heeft een beeldje van de "Itron Varia Ar Sklerder" (vertaald uit het Bretons: O.L.V. van de Opklaring).

In de 17e eeuw werd een kapel gebouwd op de Bretonse kust, bij Perros-Guirec, als belofte voor het verhoren van een gebed aan Maria om de mist te klaren en daardoor de Franse vloot behoedde van een zekere schipbreuk.

Philippe met het beeldje van OLV van Ar Sklerder

Hij vertelt me ook van een bijzondere ontmoeting die hij had op zijn vorige zeiltocht rond de wereld. In 1998 had hij twee Franse passagiers aan boord toen hij aan land ging op de Suvarov atol van de Cookeilanden.

Suvarov was onbewoond tot het in tweede wereldoorlog gebruikt werd door de geallieerden. Het kreeg daarna bekendheid door het boek van de Nieuw Zeelander Tom Neale "An island to oneself". Die leefde op het eiland als een kluizenaar, van kokosnoten en visvangst, vanaf 1955 tot aan zijn dood in 1977. Philippe en zijn twee opstappers vonden een Brits echtpaar van het zeiljacht de "Short Time" dat schipbreuk had geleden op het koraalrif. De schipbreukelingen vroegen Philippe twee brieven op de post te doen. Een brief voor hun notaris in Engeland en een brief aan de Gouverneur van de Cook Eilanden met het verzoek om op de eilanden te mogen blijven wonen. En een van de Fransen, een arts, beloofde duizend Pond Sterling, die de schipbreukelingen in contanten bij zich hadden, namens hen aan hun vader te overhandigen. De duizend pond werd later uit de koffer van de Franse dokter ontvreemd, maar hij heeft het bedrag toen uit eigen zak betaald. De regering van de Cook Eilanden weigerde het verblijfsverzoek te honoreren en het echtpaar werd gerepatrieerd. Suvarov is nu een National Park en een beschermd natuurmonument met een parkwachter in de wintermaanden.

Bill Hughes is op weg van Australië naar zijn geboorte plaats Holly Head op de Noord kust van Wales. Bill is de zeeshantyzanger die ik in Richards Bay ontmoette.

Dieter Pollak is een jachtbouwer in Vancouver B.C., geboren in Sudetenland en opgegroeid in Westfalen. Hij zeilde met zijn jonge gezin van Ierland, waar zij twaalf jaar woonden, naar Vancouver. Zijn vrouw Hildegard ontmoet hij op de verschillende halteplaatsen van zijn zeiltocht rond de wereld.

Ik heb Noel French nog nooit gezien zonder zijn blauwe vliegtas. Daar zal wel een nieuw verhaal in zitten. Hij vertelt mij dat hij vaker dan Jezus van de dood is herrezen. Noel werd door een auto overreden. Tijdens de operatie was hij tweemaal klinisch dood. Hij verloor het gehoor in zijn rechteroor, zijn equilibrium is verstoord en hij verloor zijn smaak en reuk gevoel. Hij schreef een biografie over Wolfgang Amadeus Mozart na dat hij tegenstrijdige feiten ontdekte in twee andere bekende biografieën. Hij beweert dat er symbolisme te vinden zijn van het Vrijmetselaar occultisme in, bijvoorbeeld, de Toverfluit. Mozart zou een vrijmetselaar zijn geweest.

Vrijdag avond 5 januari geeft de Royal Natal Yacht Club een Kerrie diner. Windhoek en Castle Lager vloeit rijkelijk. Het feest gaat door bij mijn buren Christian en Mireille van de "Memestra". Zes vingers Georges van de "Iergès" is ook al aan boord. Mijn Franse vrienden zijn wijnliefhebbers en fijnproevers. De "Memestra" zeilde vanuit Bretagne met 730 flessen Franse wijn onder de vloer, een fles per persoon voor een jaar. Mireille heeft de complete cd-collectie van Jacques Brel; zij laat me welke ik mis kopiëren. De tweede week van het nieuwe jaar gaat de "Fleetwood" de wal op.

De ijzeren kiel heeft weer eens een rif geraakt tijdens het uitvaren van de Seychellen en ik heb een scheur in het roerblad ontdekt. Waarschijnlijk ontstaan door de smak die de boot maakte bij het omslaan. En aan de romp is altijd weer wat bij te lakken. Van de anti-fouling die er in Kudat in mei opging is weinig overgebleven.

Een Nederlandse familie komt een dagje vrienden bezoeken vanuit Port Elizabeth. De Ankum familie met twee mooie blonde zoontjes vertrokken van Durban op de "Sally Lightfoot"[21] in de laatste vloot die hier weg kwam, maar zitten nu weer tijdelijk vast in Port Elizabeth.

---

[21] Edo en Johanna Ankum www.SallyLightfoot.nl schreven gereld in "Zeilen"

Jan Kunst, de oudste zoon van onze Gereformeerde dominee in de Waalkerk in Amsterdam zuid, is hier vloot predikant, verbonden aan de zeemansmissie. Zijn jongere broer, Peter, was een lagere school klasgenoot van ons.

Ik had gehoopt dat ik van Jan wat meer te weten zou komen over wie er verder nog voor Henk Dienske, de leider van moeders[22] verzetsgroep, uit de Waalkerk werkten. Jan was twaalf jaar aan het eind van de oorlog. Henk Dienske was een diaken in de Waalkerk en dominee Kunst wist van de activiteiten van moeder en Dienske. Jan kan me niet helpen.

De "Fleetwood" gaat weer te water. De buiskap is gerepareerd, nieuw roer beslag is gemaakt omdat ik de dikte verzwaard heb en met carbon fiber versterkt heb. Michael Wnuk op de "Iron Lady"[23] heeft mijn Pactor modem gerepareerd.

Half februari krijgen we een groen licht van Fred om uit te varen. Bij het uitchecken ontdek ik dat ik geen slot voor mijn fiets heb.

Een vriendelijk zwarte man biedt me aan op de fiets te passen. Bali fiets, fiets nummer drie op deze reis, en het vriendelijke ventje zijn foetsie als ik klaar ben met de douane.

Kapers op de Kaapse Kust

Eindelijk ben ik weer onder zeil op weg richting Kaapstad. In een vloot van tien boten vaar ik mee uit op maandag 5 februari, 2007.

Bootnaam	Land	Bemanning	Type	Lengte
Schezerezade	USA, Arizona	Luis & Ramona Coppelli, Catalina (7j)	Hans Christian	13m
Active Light	USA Poulsbo	Neil en Nancy Sirman	Cape George 36	11m
Guerelec	Frankrijk	Roger & Bernadette	Contest	12,6
Memestra	Frankrijk	Christian & Mireille	Ovni 385	11,7
Ierges	Frankrijk	Georges Prat	Alu kniksp?	11m
Acapella	Zweden	Eje & Marita Hanson	?	
Hunda	Engeland	Duncan & Dorothy McM	?	
Baal	Duitsland	Jozef & Brigitte	?	9,7m
Pamela	Duitsland	Norbert & Andrea	?	
Iona	Australia	Peter	?	9,7m

---

[22] www.DeMastmakersdochters.nl, biografie van Rennie van Ommen-de Vries, door Jack van Ommen
[23] Michael Wnuk en Nathalie Müller zijn al sinds 2002 onderweg. "Die Yacht" publiceert geregeld de avonturen van dit paar.

De Coppellis in East London.

We proberen zo snel mogelijk in de Aghulas stroming te komen. De 7e februari liggen we alle tien in East London om de volgende "window" af te wachten die Fred van het Peri-Peri net aan zal geven. Ik ga op zondag met de drie Coppellis naar de mis. In Durban was ik ook de laatste zondag met de Coppellis naar de Emanuel Kathedraal geweest.
De pastoor, pater Brian Reid, nodigde ons toen uit met hem thee te drinken. Ramona was in verwachting van Catalina toen ze van Californië vertrokken. Catalina is in 1999 in Mexico geboren voordat ze de Stille Oceaan overstaken.

Wij zijn een gezellig groepje geworden, samen uit samen thuis. Er is niet veel te doen tijdens het wachten in deze havenstad. De politie biedt ons met hun busje taxi service aan om naar de super market te gaan. Vrijdagavond de 16e februari gaat het Peri Peri licht weer op groen. Het merendeel van de vloot bereikt Port Elizabeth zaterdagavond maar ik ben te ver naar het oosten afgedwaald om de Aghulas stroom te bereiken. En nu mis ik de sterke gunstige N.O.-wind en begint de Z.W. vertragend te werken. De twee kleinere boten komen de zondagmorgen aan en ik kom net na de middag binnen.

Maandagmorgen de 19e februari zeilen we weer met zijn elven richting Mosselbaai. Maar de kleinere boten, waaronder de "Fleetwood" wijken uit naar de Plettenberg Baai. We moeten een eind van land voor anker omdat het dichter bij de kust te ondiep is. Het is te ver voor mij om te roeien. We liggen daar drie dagen voor anker, maar kunnen dan in een ruk doorzeilen naar Simon's Town.

We komen vrijwel gelijktijdig aan met de zeven boten die uit de Mosselbaai vertrokken zijn.

Simon's Town ligt in de diepe False Bay ten noordoosten van Kaapstad. Hier waren de marinewerven van de Oost Indische Compagnie. Het is een mooi en gezellig stadje met een uitstekende jachthaven en jachtclub.

Simon's Town

Een viertal boten van onze vloot zeilt door naar Kaapstad. Er is een treintje dat tweemaal per dag naar Kaapstad tuft. De trein loopt een stuk langs de False Bay en Kalkbaai, daarna door een mooi stuk van het golvende heuvellandschap van de Kaap. Er is een keur aan restaurants in Simon's Town. "El Pescado" is bij ons het meest in trek.

Een paar kilometer ten zuiden van Simon's Town is een pinguïn kolonie.

Ik maak een uitstapje naar Kaapstad met de trein. Een drietal van onze zeilers vergezelt me. Ik moet een visum aanvragen voor Brazilië en ik koop een tweedehands Nikon D-50 camera met een 80-200 zoomlens. Mijn kleine Sony, die ik in Danang kocht, heeft een beperkte capaciteit, vooral voor de langere afstanden op het water.

Ik heb ook een afspraak gemaakt om een oude kennis, Eduard, te ontmoeten die jaren geleden naar Zuid-Afrika emigreerde. Hij is een jaar jonger en zat een klas onder mij op de lagere en middelbare school. Wij zaten altijd met zijn familie op de achterste bank in hetzelfde vak in de Waalkerk. Daar hing de doventelefoon aan de muur voor zijn vader. En wij zaten daar met Pa en Ma en mijn zus achterin omdat wij als tweeling wel eens te veel aandacht vroegen.

Hij heeft een zeiljacht en is lid van de Royal Cape Yacht Club. Het is een chique club en het liggeld is een stuk hoger dan waar wij liggen. Maar het centrum van Kaapstad is een eind weg en bij de haven is verder niets te beleven.

Het nadeel van Simon's Town is dat de heersende harde wind recht de baai in waait en daardoor is het een hele klus uit de baai weg te zeilen.

De 28^e vieren mijn tweelingbroer en ik onze 70^e verjaardag. Ik had hem geschreven dat voor elk jaar dat ik de zee bezeil een jaar jonger word.

Dus als hij zijn 75^e viert zal het mijn 65^e zijn. Hij antwoordde dat ik moet oppassen niet te lang onderweg te zijn want dan zal hij te zijner tijd mee moeten reizen om mijn biertjes te bestellen.

Op onze verjaardag bezoek ik met de Coppellis en de Zweden van de "Acapella", in een busje met begeleiding, de wijngoederen van Kaapse wijn in Franschhoek en Stellenbosch. Het landschap is prachtig, als ik niet beter wist, ben ik weer terug in Sonoma County in Californië.

We rijden langs een paar townships. De contrasten zijn ongelooflijk tussen de shanty towns en de prachtige villa wijken waar de blanken wonen.

Terug in Simon's Town word ik verwend door de zeilers. Zulke fijne herinneringen.

L.R.: Roger Guenin, Peter, Brigitte, Jozef, Duncan McMillan, Christian, Jack. Foto: Bernadette Guenin

Ik ontmoet Eduard een tweede keer bij de Royal Cape jachtclub, hij neemt me daarna mee naar zijn huis. Zijn vrouw Sitske is de dochter van de voormalig hoofdonderwijzer van onze lagere school, de Dr. De Moorschool. Onze moeder zat in het bestuur en Sitske herinnert zich haar nog goed. Zij vertelt me hoe haar jongere broer eens zijn droomplan ter tafel bracht en moeder hem aanmoedigde met "Dat moet je doen, jongen!" Een leuk souvenir van mijn lieve stoere moeder.

Mijn 90 dagen visum loopt af. Ik klaar uit en laat de rekeningen van mijn uitgaven zien om de BTW- terug te laten betalen. De facturen worden keurig afgestempeld. De meeste zeilers schijnen geen idee van deze mogelijkheid te hebben of vinden het de moeite niet waard. Ik had aardig wat uitgegeven voor fototoestel, een nieuw zeil, laptop, autopilot, boot onderdelen, et cetera.

Het liggeld en het gebruik van de club hier kwam op €4,50 per dag. En ik betaalde €80, in en uit, voor de travellift om de onderkant van de kiel te plamuren. Dat was in Durban onmogelijk.

De 16^e maart lukt het me eindelijk False Bay uit te zeilen. Het is op een vrijdag. Dat is tegen de regels, of je bijgelovig bent of niet. En het zal me duur komen te staan.

Kaapse boerderij

44. Sint-Helena

Nadat ik die vrijdag middag Cape Point bereikt had, kon ik de schoten vieren en onder ideale condities richting Atlantische Oceaan zeilen. Het is al donker als ik op de hoogte van Kaapstad ben en het silhouet van de Tafelberg blijft voor mij een plaatje in een zeemansboek.

Zaterdagavond kom ik terecht in een koufront uit het zuiden. De wind loopt snel op tot, ik schat, windkracht 8. Ik leg de boot bij en sluit de kajuit af. Het wordt nog erger. Er zal niets van slapen komen. Dit klopt niet met de voorspelling, hopelijk waait het snel over. De wind giert door het wand, de golven slaan tegen en over de boot. De mast trilt als een rietje en de vibratie is door de hele boot te voelen. Ik ben bang voor een mastbreuk en houd mijn hart vast dat het roer niet zal breken.

Ik lig in mijn kooi aan de lage kant en ben gespitst op geluiden die ik niet hoop te horen. Het is nu een kwestie van ernstig bidden! Dit is de hevigste storm die ik ooit heb meegemaakt. Het is pikkedonker bij nieuwe maan. Daglicht brengt weinig verandering. Het lukt me Fred te beluisteren over wat me overkomen is. Het blijkt nu dat hij me gewaarschuwd had en me adviseerde de storm af te wachten in Houtbaai net voor bij Kaapstad. Ik had begrepen dat de storm al voor me uit weggewaaid was. Op zondagavond werd het wat rustiger en nam de windvaan de koers weer over, maar zonder zeil onder top en takel.

Maandagavond is de zee nog onrustig en krijg ik een vreemd schouwspel te zien. Zoiets heb ik nog nooit eerder meegemaakt. Grote iridescente witte blokken drijven in zuidelijke richting op het water. Het lijkt op massief schuim of witte ijsschotsen. Het moet iets met fosfor te maken hebben. Het water en de lucht temperatuur worden langzaamaan wat behaaglijker nu ik dichter bij de 25^e breedtegraad kom. De wind blijft boven de 20 knopen (windkracht 6) en is pal achter.

Met wat minder wind of een zwaardere boot is het dan ideaal met een zeil over bakboord en een zeil over stuurboord te zeilen. Maar ik gebruik nu alleen mijn 90 % fok. En om dat vol te houden moet ik onder de 90 graden sturen. Dit betekent dat ik geregeld heen en weer moet gijpen op de directe route. Pas dicht in de buurt van St. Helena vang ik mijn eerste vis, een Mahi-Mahi, op deze oversteek.

Ondanks de storm en het zigzaggen op de koers zijn deze 1800 mijlen in 16 dagen afgelegd, dus meer dan 100 mijl per etmaal.

Op de ochtend van Palmpasen komt St. Helena in zicht.

Vanaf het water lijkt het inderdaad op een onherbergzame, troosteloze rots. Voor Napoleon, de ontsnap (Bonap)-artiest, een goede keus als vakantieoord. Er is geen haven en geen vliegveld.

De ankerplaats, met weinig beschutting in open zee, is minimaal 20 meter diep. Een paar bekende boten liggen hier al en over de marifoon krijg ik advies en instructies. Er is geen strand. Ik probeer zo dicht mogelijk bij de enige landingsplaats voor een bijboot te ankeren, omdat ik moet roeien van de boot naar de wal. Je kunt een watertaxi via de marifoon bestellen om je voor €1.75 naar de wal te brengen. Er hangt een touw op de landingsplaats dat je moet grijpen en dan met het touw in een hand, op het hoogste punt van de deining, jezelf op de kant trekken en dan meteen je bijbootje op de vaste wal trekken. Een paar jaar geleden kwam het Engelse Koninklijke paar hier op bezoek. De gouverneur in vol tenue rijkte Prins Phillip een helpende hand, de gouverneur gleed uit op de natte landingsplaats en ging kopje onder.

Hier volgen een paar passende passages uit het boek over de reis van het zeilschip de "Hope" in 1811/1813. Het boek van James Wathen- heet "Reis naar Madras en China en terug over St. Helena" Hieruit blijkt dat mijn "Fleetwood" niet de eerste op St. Helena is:

*"Op den 21sten Mei 1813 wierp onze vloot het anker in de haven van St. Helena. Hier vonden wij negen Oost-Indische schepen, op de terug reize, onder konvooi van zijner Majesteits fregat de Phaëton, kapitein **Fleetwood** Pellew.*

St. Helena werd het eerst door de Portugezen ontdekt in het jaar 1508- op den 21ste Mei, hetwelk de feestdag van St. Helena- is. De Engelschen bezetten het in 1660; weinige jaren later werd het door de Hollanders ingenomen.

Terwijl al de Mogendheden van het Vasteland tegen haren wil onder zijn banieren geschaard stonden in zijnen dolzinnigen togt naar de bevrozen vlakten van Rusland."

De laatste paragraaf schrijft James Wathen bij aankomst in Engeland, hij heeft het dus over Napoleons desastreuze veldtocht in de winter van 1812-1813. Twee jaar later kwam de verslagen keizer zijn laatste zes jaren op dit eiland doorbrengen.

Kapitein Fleetwood Pellew was op de terugweg na zich verdienstelijk gemaakt te hebben in de strijd tegen de Hollanders op de Java Expeditie van 1811.

Rijstvogels (Java Sparrows)

Vanaf de landingsplaats gaat een pad naar boven naar het stadje van James Town dat, stijl oprijzend, gebouwd is langs de kloof die vanuit het gebergte de oceaan in loopt. Langs het pad stop ik om de grappige rijstvogels te fotograferen.

Mijn doopnaam is Jacob Dirk en ik doe mijn grootvader Jacob van Ommen een plezier door de 699 treden van de Jacobs ladder te beklimmen. Het uitzicht is de inspanning meer dan waard. Er is een nederzetting 183 meter boven Jamestown, zonder winkels. Ik moet er niet aan denken om boven, eenmaal thuis, te merken dat je een pakje sigaretten vergeten bent.

Ik kom pas laat in de morgen de wal op, te laat voor de Palmzondag kerkdienst. Er is hier geen vaste Rooms Katholieke priester en ik heb zijn twee wekelijkse bezoek net gemist. Ik vier de rest van de Lijdensweek met de Anglicanen.

Gjalt en Corrine van de "Stella Maris" zijn hier al een week en tot mijn verbazing zijn ze nog lang niet uitgekeken. Ik drink een biertje met het tweetal in "Anne's Place", dat is de plek waar de zeilers geregeld hun leugens vertellen. Ze hebben een auto gehuurd en lange trektochten gemaakt over het eiland. Op de kaart ontdek ik dat de paden en dalen vaak zeer ongebruikelijke namen hebben. Bijvoorbeeld: Lot's Wife's Pond, Old Woman's Valley, The Asses Ears en The Gates of Chaos".

Het voormalige hoofdkwartier van de V.O.C., nu het Gouverneur huis.

Ik maak een afspraak met een taxichauffeur om verder naar boven te gaan en het museum te zien waar Napoleon verbannen zat. Aan het begin van de klim is het landschap roodbruin rotsachtig en uitgedroogd met Yucca's, cacteeën en wilde geraniums. Daarna wordt het langzamerhand groener met naaldbomen, Eucalyptus en grasland. Het huis in Longwood waar Napoleon met zijn menagerie woonde en het verder gelegen graf is opgekocht en wordt onderhouden door een Franse privé beheerder. Net op de manier die ik eerder tegenkwam bij het Jacques Brel museum. Op Hiva Oa zijn al de teksten in het museum in het Frans. Een groep Engelssprekende toeristen van een voorbijvarend cruiseschip, moeten het zonder gids maar uitzoeken.

Napoleon's stukje Frankrijk op St. Helena.

Ik ben van plan om Paaszondag na de viering van de wederopstanding te vertrekken en heb de tijd om rond te neuzen in de uitgebreide bibliotheek over het leven van Napoleon. Mijn kennis van de geschiedenis over die periode vertoont leemten. Als ik me het goed herinner stopte die ergens bij de Vrede van Munster in 1648.

De allereerste de Vries was Sybolt Ottes die in 1805 trouwde en zijn achternaam registreerde te Woudsend in 1811. De oudste zuster van onze Opa schreef: "Hun huwelijk werd gezegend met tien kinderen, maar toen er vier geboren waren begon Napoleon een nieuwe oorlog en moest Sybolt Ottes de Vries tot ieders spijt ten strijde trekken, maar hij kwam, toen de strijd beëindigd was, behouden terug na veel doorstaan te hebben".

Ik had me nooit verder verdiept in welke "nieuwe oorlog" dat was geweest en nu vond ik gegevens daarover in de bibliotheek in Jamestown.

Het vierde kind, dochter Poite, werd in 1811 geboren. Hoogstwaarschijnlijk maakte mijn betovergrootvader deel uit van de 25.000 Nederlandse dienstplichtigen die met de Fransen vochten en door Rusland verslagen werden in een van Europa's meest dodelijke veldtochten. Sybolt Ottes was een van de slechts duizend dienstplichtige Nederlanders die het overleefd hebben.

Van de 600.000 man, met wie Napoleon in de zomer van 1812 naar Rusland trok, heeft minder dan tien procent deze veldtocht overleefd.

Op Witte Donderdag is er een prachtige dienst. Het wassen der voeten en het laatste avondmaal vindt plaats in de St. James Anglicaanse kerk met pater Allan Bateman als voorganger. Het is een kleine gemeente. De bevolking vergrijsd. Jongeren vinden hier weinig werk en vertier, de meesten vertrekken naar Engeland.

Er wordt een poging gedaan om me voor het koor te ronselen. De Heer is waarlijk opgestaan, maar ik moet ook waarlijk verder gaan.

45. Brazilië

De 25^e april 2007 vaar ik de mond van de Paraiba rivier in en anker voor Cabedelo. De zeil condities waren vrijwel hetzelfde als vanaf de Kaap de Goede Hoop. Deze 1800 mijlen afgelegd met een gemiddelde van iets meer dan 100 mijl per etmaal. Slechts een Tonijn te pakken gekregen. Het blijkt dat de meeste zeiljachten iets verder de rivier op bij Praya de Jacaré voor anker liggen.

Bill Hughes de Australische Welshman solozeiler, een van het Durban zestal. Is hier mijn buurman. Af en toe steekt hij zijn kop uit het achteronder, zijn handen zijn zwart van de motor reparatie klus. Hij was in een eerdere aflevering, voor mij uit, uit Durban vertrokken. "Meerstern" ligt hier, een Duitse boot die ik van Bali ken.

Jacaré is een uitgaansoord voor zakenlunch en weekend mensen uit de grotere stad João Pessao, verder stroomopwaarts. En vooral voor avondeten op de terrassen, uitgebouwd over de rivier, van een stuk of zes restaurants. Voor zonsondergang vaart een bootje met een saxofoon speler met enorme versterker langs de terrasjes. Hij speelt altijd eenzelfde repertoire van een stuk of vijf deuntjes, onder andere: een mars van Purcell, "Bolero" van Maurice Ravel, een kerstlied "O, come let us adore Him" en als laatste het "Ave Maria".

Daarna gaan de individuele restaurants er op los met live of met opgenomen muziek. Niet mijn idee van een zeilvakantie.

René een Nederlandse Kiwi op "Takaihau" kent hier de weg en hij vergezelt me naar Cabedelo met het treintje dat van João Pessao naar Cabedelo loopt. Hij wijst me de weg naar douane, immigratie, politie en verdere noodzakelijke als de bank, winkels et cetera.

Ten gevolge van het draaien van de rivierstroom bij eb en vloed komt een paar maal mijn ankerlijn om de kiel vast te zitten waardoor mijn anker losraakt. Mijn Franse buurman raadt me aan om van de achtersteven af te ankeren. Dat helpt wel, maar dan heb ik weer een probleem met de ankerlijn rond mijn roerblad.

De Jacaré troubadour, de "Fleetwood" achterstevoren geankerd.

Koorgalerij

Ik ga met René en zijn vrouw Lynette de stad in. João Pessao was eens een drukke handelshaven maar de rivier werd te ondiep voor de klipper zeilvaart en de stad raakte in verval, wat duidelijk te zien is aan de gebouwen van voor de 19e eeuw. De prachtige kerk van Sao Francisco uit 1589 is een bezienswaardigheid. Deze wordt niet meer voor kerkdiensten gebruikt en is nu een nationaal museum. Prachtige fresco's en houtsnijwerk, imposante schilderwerken en historische exposities van de oorspronkelijke Indianen bevolking.

De eb neemt me snel stroomafwaarts de 1e mei, op weg van Jacaré naar mijn volgende bestemming, Fortaleza.

Regenbuien komen en gaan. De stroom en wind helpen mee in een snelle reis. Ik vang voor het eerst een vis die ik niet ken, het was geen tonijn of Dorado die ik als gebruikelijk aan de haak sla.

Aankomst Fortaleza op 4 mei 2007.

    Voor het eerst sinds twee maanden lig ik weer vastgemeerd in een jachthaven, bij het Marina Hotel. Ik heb hier de luxe van wi-fi, douches en een zwembad.
    Zondag de 6^e mei maak ik de mis van half acht mee in de "O.L.V. van de Rozenkrans" kerk, de oudste kerk in Fortaleza. Een negerslaaf bouwde een kapelletje op deze plek in 1730. De schriftlezing is uit Johannes 13-34: "Eu vos dou um nova mandamento: "Amai-vos uns aos outros!" (Ik geef U een nieuw gebod: Heb elkaar lief.)
In al de landen die ik bezocht heb, Brazilië voor de tweede keer, valt het me weer op hoeveel van Brazilianen lelijk gekleed zijn. Zij dragen ruiten in combinatie met strepen, de gekste kleuren combinaties en oeroude mode. Het heeft niets met geld te maken, in arme landen zoals Madagaskar of de Filipijnen ben ik dit nooit tegengekomen. Ik ben nog nooit in Rio geweest maar Fortaleza, Sao Paulo en Curitiba zijn behoorlijke steden. Gewoontegetrouw, gaan de landvasten weer los na mis.

Saudações, até logo Brasil.

46. Langs de Amazone, Frans-Guyana en Suriname

Op de derde dag na vertrek van Fortaleza schrijf ik de volgende SailMail aan mijn oudste dochter:
Dear Lisa,

At 17.30 I am at 1.23 S 42.33 W with 723 miles to go to Devil's Island and a 140..... miler. I really have that current now, over 2 knots. Lots of squalls and rain showers and anything from full main and full 150% Genova poled out wing on wing to just a storm jib. I was pulling in the trap line for the night and a nice 20" male Mahi Mahi took the lure. So, Sashimi with the rum and mango mix cocktail hour and broiled fish for dinner.
Now where could you travel at no fuel cost for a 165 (land miles) day, no speed limits, no traffic signs, reading a book or playing on the lap top to a palm lined white beach in the tropics, cooking your favorite dish, listening to music or the news in a choice of languages?
Oh well, I'll probably change my mind in the next five minutes when a squall beats me up and I cannot see more than 4 boat lengths through the heavy downpour, like this morning.

Love,
Dad

We houden een rendez vous, elke avond om 8 uur via de kortegolf zender, met een stel boten in de omgeving. Er zijn hier geen weermannetjes zoals op het "Peri-Peri net". De "Acapella", de Gothenburgers en de "Meerstern" zijn voor me uit en melden dat ze onder stormachtige condities varen. De "Tilly Whim" en de "Takahou" zijn onderweg naar Fortaleza. Vannacht, de 9^e mei, ben ik de evenaar voor de vierde keer overgestoken. Hoogstwaarschijnlijk voor de laatste keer.

Waar de Amazone in de oceaan vloeit wemelt het van vis. Het water is bruingroen geworden. Ik kreeg weer een Dorado aan de lijn, een knaap van een vis, maar verloor hem net voor ik hem over de railing naar binnen tilde. De 12e mei is het wel raak met een nieuwe Dorado. Radio Nederland had een makkelijk cryptogram woord. Het nam een minuut tijd om op te lossen.

De "Anna Karolina", een vissersboot, komt dicht langszij om een kijkje te nemen. Ik moet snel mijn shorts aantrekken.

Vandaag, 13 mei, is het Moederdag. De stroming wordt steeds sterker. Het water kolkt als een rivier.

De GPS toont 9,2 knopen over de grond. Het wordt morgen een makkelijke aankomst bij daglicht op Île Royal, in de Îles du Salut, Frans-Guyana.

Maar de volgende dag vaar ik er bijna voorbij. Ik had eerder meer naar het westen moeten varen want de noordelijke stroming zet me te ver naar het oosten af. Met zeil en motor moest ik terugkrabben. Volgende keer slimmer varen. Ik anker bij het grootste eiland, Île Royal, bekend, of beter berucht, als strafkolonie.

Behalve de "Meerstern" ligt hier een tweede Duitse boot, de "Christine". Het echtpaar Dieter en Christine nodigen me aan boord voor een sundowner. Zij komen uit Dinslaken bij Düsseldorf.

Bernard Kleinhenz, de schipper van de "Meerstern", kan verhalen vertellen. Hij is ouder dan ik, professor in de Biologie, Chemie en Natuurkunde. Bernard vertrok in 1992 in zijn zelfgebouwde aluminium boot voor een tien jaar durende solo zeiltocht rond de wereld.

Sinds 2003 zeilt hij met Sharmilla zijn Brits Guyaanse vrouw.

Hij heeft bijna alle noemenswaardige bergen in Europa beklommen en een stel in Noord-Amerika. Toen hij hoorde dat ik uit het Noordwesten van de Verenigde Staten kwam, vertelde hij een stelletje van zijn onconventionele avonturen uit mijn buurt. Jaren geleden, in de winter kwam hij te voet aan bij de poort van het Olympic National Park. Het was al laat in de middag. De Park Ranger vroeg hem wat hij van plan was. Hij had een rugzak en een klein tentje bij zich, geen primusstel, geen eten. De Ranger stuurde hem terug naar de bewoonde wereld. Hij is toen, een eindje verder van de poort, het park weer in gelopen.

Hij was een paar dagen zoet in het park, vond zijn voedsel in de grond en bomen. De Clallam indianen waren onder de indruk van zijn kennis om van de natuur te kunnen leven.

De "Meerstern" en "Fleetwood", Ile Royale

Er is een museum dat de geschiedenis van de strafkolonie beschrijft. Het blijkt nu dat "Papillon" nooit op Duivelseiland is geweest is en dat hij nooit uit de gevangenis op Île Royal is ontsnapt. Hij is later uit de gevangenis in Cayenne, op het vasteland van Guyana, ontsnapt.

Île Diable is een piep klein eilandje naast Royal eiland. Hier werd kapitein Alfred Dreyfus gevangengehouden van 1895 tot 1899, de reden voor de bekende "J'accuse", open brief in de Aurore van Émile Zola.

Er is geen politie of douane op de eilanden, ook geen winkels. De natuur is prachtig, het doet me denken aan de Markiezen. Dagtoeristen komen met een bootje uit Cayenne. Er is een Hotel met restaurant en bar op het hoofdeiland.

Gevangenis ziekenboeg

De ruïnes van de gevangenis, de woningen van het personeel en het kerkhof vertellen het verhaal van wat zich hier in de 19e eeuw heeft afgespeeld.

Kindergraven op Île Royale.

Ik had nog nooit van een Agouti (Agoetie-Boskonijn) gehoord. Het lijkt op een kruising van een konijn en een bever. Zij lopen/huppelen hier overal rond.

In de Creoolse keuken wordt de Agouti als is een lekkernij gewaardeerd.

In een dag heb ik het gezien en vertrek de volgende morgen richting Paramaribo, een afstand van 180 mijl.

Het is weer een dag met zware tropische regenbuien. En tussen de buien door weinig wind maar ruwe zee. Het is dan moeilijk voor mij om meer zeil bij te zetten omdat de giek door de onstuimige zee moeilijk te controleren is en de zeilen heen en weer slaan. Tegen de avond komt de wind weer terug en de zee vlakker. De GPS klokt 10,5 mijlen per uur over de grond met een gemiddelde van 9 knopen. De stroom blijft sterk, rond 3 knopen.

Zonsopgang Paramaribo.

De volgende middag, de 16^e mei, zeil ik de mond van de Suriname Rivier in. Rozerode vogels vliegen over de rivier, dat moeten Flamingo's[24] zijn. Ik luister naar de FM-radio uit Paramaribo, in het Nederlands, Bahasa Indonesia en Hindi. Het is al donker als ik voor de kade van Paramaribo voor anker ga.

Paramaribo is een prachtige stad. Ik vind het uniek omdat je, in tegenstelling met wat ik tot nog toe heb gezien, hier geen hoge onpersoonlijke torenflats en kantoorgebouwen ziet. Prachtige koloniale woningen met veranda's, witgeschilderde houtbekleding en zwarte blinden. Vooral de rivier kant is mooi. Wat verder de stad in ziet alles er enigszins vervallen uit. Langs de rivier kade staan stalletjes waar je allerlei etnische gerechten kan eten en de producten van lokale handwerkers kunt bewonderen.

Tot mijn spijt, als een oude houtwurm, staat de Sint Petrus en Paulus kathedraal in de steigers. Dit is het grootste houten gebouw in de Westerse wereld. Van een afstand lijkt het een typische Europese Gotische kerk van steen.

Fort Zeelandia en het voormalige Gouverneurshuis zijn prachtige souvenirs uit een trotse periode van de Nederlandse koloniale tijd.

De Suriname rivier stroomt sterker dan de Paraiba en ik kom weer in de moeilijkheden met mijn anker als de eb en vloed wisselen. Jammer genoeg heb ik geen informatie over de faciliteiten hier voor zeilers kunnen bemachtigen. Er zijn geen aanlegplaatsen in Paramaribo. Ik zoek naar Domburg, dat iets voorbij de brug zou liggen, maar keer onverrichter zake terug. Naar later blijkt ligt het een stuk verder en ik heb nog steeds geen fiets aan boord. Dat maakt dat ik na een tweedaags bezoek verder vaar.

Ik ben nog steeds van plan om van Trinidad naar Nederland over te steken. Het was een kort bezoek maar ik vind dit een van de mooiere plekken die ik in de afgelopen twee jaren gezien heb. Tot ziens Suriname en adios Zuid-Amerika.

---

[24] Dat bleek later een Scarlet Ibis te zijn.

Into Caroni Swamps, Trinidad

47. Trinidad

De vroege morgen van 22^e mei meer ik aan in Trinidad in de Power Boat Marina. Het was weer een snelle tocht, de laatste twee dagen over 160 mijl per etmaal. Eergisteren vond ik zeventien, ongeveer zes cm lang, vliegende vissen als ontbijt aan boord. Van ver kon ik 's nachts al de boortorens zien tussen Trinidad en de Venezolaanse kust, met de hoog laaiende vlam van het affakkelende gas.

Met uitzondering van een paar wereld zeilers, zijn de zeilers hier een heel ander kaliber dan waar ik in de laatste twee jaren mee omga. Ze komen niet ver van hun thuishavens op hun jaarlijkse winter-vakanties. Het is het eind van het seizoen en de marina's zijn druk bezig de boten op de harde grond te stallen totdat het orkaanseizoen in november weer voorbij is. Trinidad is net onder de grens van het jaarlijkse terug kerende orkaan gevaar. Ik krijg voor het eerst de indruk dat ik hier als blanke met minder enthousiasme behandeld wordt. Hopelijk is het een uitzondering. Net buiten de poort van de jachthaven ligt Point Cumola, bekend van: "Drinking rum and Coco-cola, going down to Point Cumola".

Eje en Marita van de "Acapela" zijn hier ook al en ik ga de 23^e met hen naar de wekelijkse woensdag avond barbecue in de Coral Cove marina

Vandaag is het zondag, eerste Pinksterdag. Ik ben met een Canadees echtpaar en een Poolse dame uit de jachthaven samen in een taxi naar de mis geweest. Ik ben vol van de Heilige Geest en beoefen het spreken in tongen.

Eje en Marita van de "Acapella" nodigen me uit voor Lax en Akvavit. In plaats van zalm of haring hebben ze vliegende vis ingemaakt die zij ook in de laatste dagen als manna van dek geraapt hebben. Ik heb gesmuld. Daarna leren ze mij "a capella" Tak for Maaten in canon te zingen. De Akvavit kwam daar bij goed te pas.

Toen wij in East London wachtten op een weer "window" heeft het Zweedse paar de bemanning van de tien boten vermaakt met hun Zweedse a capella liedjes. Diezelfde avond, in de jachtclub, zong Bernadette Guenin van "Guerelec" een perfecte imitatie van Edith Piaf's "Rien de Rien".

Maandagavond gaan we met een stel zeilers van de marina in een busje naar de Noordkust om de Lederschildpadden te zien als ze in het donker haar eieren leggen. Het zijn enorme beesten van rond een halve ton in gewicht. De mannetjes, die het strand niet opkomen, wegen ongeveer het dubbele. Na een incubatietijd van zestig dagen krabbelen de piep kleine beestjes uit het zand in een lange optocht het water in. Maar slechts een klein gedeelte lukt het niet door vogels weggepikt te worden voordat ze veilig onder water zijn.

Het meest spectaculaire bezoek leg ik de volgende dag af, de dag voor mijn vertrek op de 30^e mei. Ik ga met een gids naar het Caroni Natuur Reservaat. Dat is een uitgestrekt mangrove zoutwater moeras, doorkruist met kanalen en meren. Het wemelt er van allerlei bekende en zeldzame vogels, van reptielen en wild.

Ik kom er vooral om de Rode Ibis te zien. Ik had er al een paar waargenomen op de Suriname Rivier, die ik tot dan toe voor Flamingo's hield. Met een man of twintig in een boot dwalen we onder leiding van een gids door de zijtakken van de delta. Tegen donker liggen we muisstil, een eind verwijderd van waar de Rode Ibissen in grote vluchten neerstrijken in de bomen, op het eiland tegenover ons, om de nacht door te brengen.

Boom Boa Constrictor in het Caroni moeras.

Ik vertrek de 30ᵉ mei onder de Blauwe Maan, de tweede volle maan in deze maand. Na het uitklaren koop ik in de duty free shop acht 1 ¾ liter flessen Black Label rum voor $8 per fles. Al zingend: "Drinking Rum without Coco-Cola, Sailing from Point Cumola", gaat het richting Chesapeake Bay, Virginia. Ik heb bijna 2.000 mijlen voor de boeg.

Ik zeil met de Bovenwindse Eilanden aan stuurboord. In het zuiden Grenada en in het noorden Sint-Maarten. De F.M.-frequenties zijn duidelijk te horen, steelbands en Calypso.

Het plan was om San Juan, Puerto Rico aan te doen maar de "Fleetwood" ruikt haar stal in het vaderland en omdat ik in het donker bij San Juan zou aankomen besluit ik door te varen. Een tropische depressie ging me al voor, ik wil liever zo snel mogelijk in de Chesapeake zijn.

De Blauwe Maan over Chaguaramas baai Trinidad op 30 mei, 2007.

Voor het allereerst kruis ik het pad van een zeiljacht buiten het zicht van land sinds ik meer dan twee jaar geleden vertrok voor deze reis. De boot is klaarblijkelijk op weg naar een haven aan de zuidkant van Puerto Rico. Ik heb nog steeds stroom mee. De laatste dagen leg ik ongeveer 130 tot 140 mijl per dag af. Zaterdag de 2ᵉ juni kan ik, sinds mijn vertrek in 2005, voor het eerst weer mijn favoriete radioprogramma horen, op de National Public Radio vanaf Puerto Rico. Zondag vang ik een 45 cm grote Dorado voor sashimi en voor de pot.

Een paar dagen later passeer ik de 21ᵉ breedtegraad het meest noordelijk sinds mei 2005. Het is onmogelijk een vislijn te trekken. Een bal van geelgroene zeewier komt vast te zitten aan de haak.

Net onder de 24ᵉ breedtegraad zwakt de wind af en hijs ik de lichte spinaker.

Ik kan geen FM-uitzendingen meer ontvangen en ben nu op de kortegolfzender aangewezen voor mijn nieuws en amusement.

De ontvangst loopt gewoonlijk van de avond tot de vroege morgen.

De 6ᵉ juni, rond de dertigste breedtegraad kom ik voor het eerst een jacht tegen in het midden van de oceaan. Er is weinig wind. Aan bakboord zie ik een zeil aan de horizon. Het komt mijn kant op in oostelijke richting. Als het duidelijker zichtbaar is zend ik via de Marifoon een oproep uit op kanaal 16. De "Morning Star" is op de motor op weg van Jacksonville, Florida, via Bermuda, naar de Middellandse zee. Ze vragen waar ik vandaan kom. Iets later roepen ze me weer op. Zij willen langszij komen, ze willen me zien en me een cadeautje brengen.

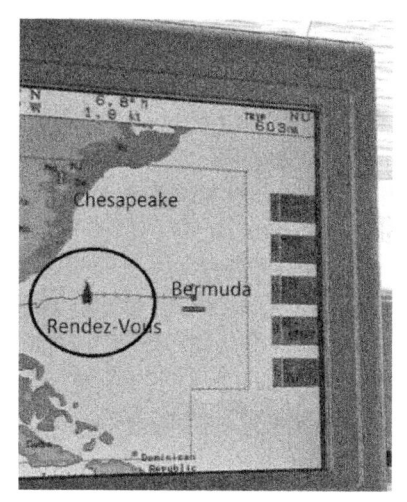

Als tegenprestatie zet Ik snel een van de rum flessen klaar. Ik strijk mijn fok en start de motor om beter te kunnen manoeuvreren. De schipper is Carl Mc Henry met zijn vrouw Susan en een Zwitsers echtpaar uit Genève. Het is niet zo gemakkelijk om in de deining langszij te komen. Zij reiken een schepnet over met een pak Lindt chocolade erin en een briefje erbij met hun e-mailadres. Ik doe onmiddellijk mijn fles rum erin.

163

De wind is nu weer aangewakkerd en meer naar het noorden gedraaid. Ik ben dicht bij de Golfstroom en niet ver van Kaap Hatteras. In die Golfstroom met de wind tegen de stroom in zal dit geen pretje worden.

Ik heb 's avonds contact met het North Atlantic Radionet van Herb Hilgenberg, voor zijn route advies en weervoorspellingen.

Ik maak weinig vooruitgang met 40 mijlen in een etmaal naar mijn bestemming. Het lijkt veel op de situatie van een jaar geleden toen ik van Sulawesi naar Bali zeilde, tegen een harde wind in met te weinig zeil om in de ruwe zee hoog genoeg tegen de wind in te zeilen. Herb voorspelt minder wind die meer uit het westen zal komen. Dat hopen we dan maar.

Vandaag is het nog niet zo ver. Maar de volgende dag is het een prachtige zomerse dag. Ik zie nu ook motorbootjes met sportvissers die zich uit het zicht van de kust wagen. Cape Henry komt in zicht op 18 juni, 2007. Na bijna 2 ½ jaar zwerven rond de wereld ben ik weer in Amerikaanse wateren.

Zonsopgang bij de ingang van de Chesapeake baai

Het is nog een eind om onder de Chesapeake Bay Bridge door de baai in te varen. Langs de Marinehaven in Norfolk zeil ik de Elizabeth rivier naar Portsmouth op. Het is laagtij als ik laat in de avond onder de brug van de snelweg vaar. Het lijkt erop dat dat ik er net onderdoor kan, het moet lukken volgens de baas in de Nautical Boat Marina. Mijn flexibele Marifoon antenne, op de masttop, ratelt tegen de brugdek spanten.

Jeannine, dochter nummer drie, die 20 minuten verder woont, komt me verwelkomen. Ik ben doodmoe en blijf op de boot slapen en moet dan in de morgen de U.S. Customs bellen om in te klaren.

Ik had in Fortaleza 40 liter diesel bijgetankt. Vooral in de laatste dagen heb ik daar gebruik van gemaakt.

Mijn logboek ben ik in de schipbreuk kwijtgeraakt, mijn schatting is dat ik, sinds ik in maart 2005 van San Francisco vertrok, minder brandstof gebruikt heb dan op een autotochtje van Amsterdam naar Parijs,

In deze twee jaar en drie maanden heb ik 28.500 zeemijlen afgelegd en 23 landen bezocht. Een lang gekoesterde droom werd werkelijkheid, het heeft mijn wildste verwachtingen ver overtroffen.

Men vraagt mij: "Wat was het mooiste plekje?" Ik heb nog geen kans gehad om al die mooie plekken en ervaringen op een rijtje te zetten. Wat in ieder geval blijvend is, zijn de herinneringen aan de gastvrijheid en vriendelijkheid van de mensen die ik onderweg ontmoet en ervaren heb.

48. Van Oost naar West

Nadat ik rond ben met de douane, komt Jeannine me ophalen en nuttig ik mijn eerste Amerikaans ontbijt in het Nix restaurant. Wat me sterk opvalt, is het contrast met wat ik in die twee jaren gewend ben. Omdat het na achten is, zijn er meest oudere mensen. Ik heb moeite om iemand in het restaurant te ontdekken die er redelijk gezond uitziet. De meesten zijn te zwaar, kreupel, of hebben doffe ogen. Later op de dag ontdek ik dat gedurende mijn afwezigheid de vuilnisbakken, TV schermen en SUV's, weer een paar maten groter zijn geworden.

Binnen een week na mijn aankomst vlieg ik naar de Westkust waar mijn twee oudste dochters en twee zonen wonen. In zes weken van Monterey, Californië tot Vancouver B.C. vrienden en familie bezocht. Een vriend in Gig Harbor, Bob Ellsworth, gaf me een mooie vouwfiets cadeau. De 4e juli heb ik in Tacoma het onafhankelijkheidsfeest meegemaakt. Het hoogtepunt van de Amerikaanse zomer.

Terug in Virginia heb ik een maand aan de boot geklutst.

De 29^e augustus krijg ik een e-mail van een vriend van Bill Hughes. Hij is een van het Durban solozeilers zestal. De laatste keer dat ik Bill zag was bij het uitvaren van de Paraiba rivier, in Brazilië.

Hij was toen nog altijd bezig in de "Kymika" met zijn motor. Nu hoor ik dat deze koppige Welshman uiteindelijk zonder een werkende motor vertrokken is met het plan om non- stop naar de Azoren te zeilen en vandaar naar Wales. Zesentachtig dagen en bijna vierduizend zeemijlen later komt hij uitgeput Holyhead in Noord Wales binnen met een gemiddelde van 46,5 mijlen per etmaal. Hij liet de Azoren rechts liggen. Nadat hij de boot bij laagtij drooggelegd had om de zeepokken eraf te schrapen, is hij verder de rivier op gezeild naar zijn geboorteplaats in Conway.

Vanaf 1965 was het mijn gewoonte om jaarlijks een bezoek aan familie en vrienden in Holland te brengen, vaak gecombineerd met zaken. Het is nu alweer drie en een half jaar geleden. In oktober organiseert een stel van mijn oude lagere school klasgenoten een reünie. Ik had me daarvoor opgegeven omdat ik erop had gerekend naar Holland door te zeilen.

De drie weken in Nederland vliegen om. Ik neem afscheid van Frans Nooij. Ik had Frans en Lèneke in Wallis leren kennen in september 2005. Eerder dit jaar in de Filipijnen werd Frans met longkanker geconfronteerd. Ze hebben de "Aquila" in de Filipijnen verkocht en zijn toen naar Nederland teruggevlogen. Het vonnis is wreed, maar ze zijn beiden dankbaar dat zij na hun vervroegde pensioen, vijf jaar lang van een geweldige zeiltocht over de wereld genoten hebben.

49. De Intra Coastal Waterway

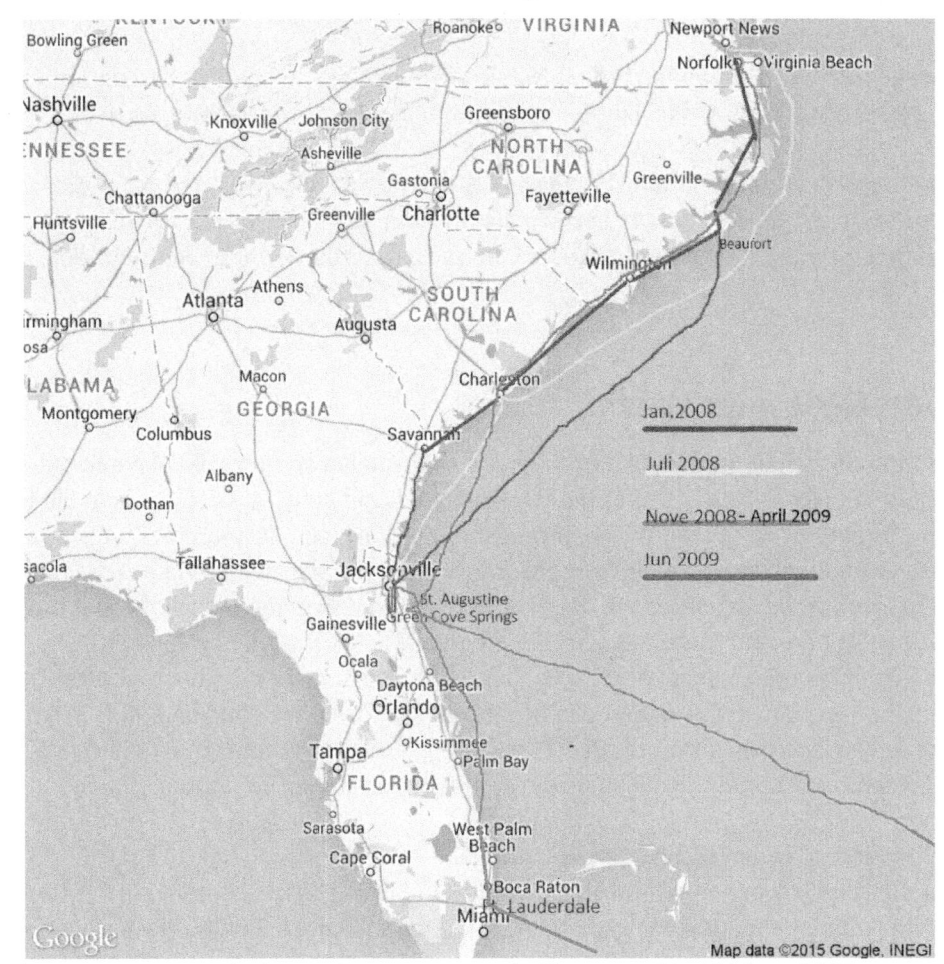

Atlantic Intra Coastal Water Way routes van de Fleetwood in 2008 en 2009

De boot heeft een grondige onderhoudsbeurt nodig. Ik wil de winter liever in een warmer klimaat doorbrengen. Vlak na de Kerstviering in Virginia gevierd te hebben vertrek ik uit de Nautical Power Boat Marina. Met laag water ratelt mijn marifoon antenne weer onder de brugdekliggers door.

De volgende tekst is vrijwel letterlijk overgenomen uit een artikel dat ik in 2010 schreef voor het januarinummer van het maandblad "Zeilen" over mijn tocht naar Florida:

De Intra Coastal Waterway strekt zich uit van de Mexicaanse grens in Texas tot aan Nantucket boven New York. Met uitzondering van enkele korte onderbrekingen kun je de bijna drieduizend mijl varen via beschutte binnenwateren.

De Gulf Intracoastal Waterway eindigt in Apalachicola, in noordwest-Florida; het is dan 325 mijl zeilen over de Golf van Mexico naar Tarpon Springs aan de westkust van Florida. Hier begint het kanaal dat de Gulf Intracoastal waterway verbindt met de Atlantic Intra Coastal Waterway, over het Okeechobee Meer, dwars door het schiereiland van Florida. Het vaarwater bestaat uit lagunen, baaien en rivieren, die met kanalen aan elkaar zijn verbonden. Voor een groot deel is er slechts een smalle duinenrand die de lagunen van de oceaan scheiden.

In 1796, twintig jaar nadat de koloniën zich onafhankelijk van Engeland verklaarden, werd begonnen met het graven van het eerste kanaal dwars door de Great Dismal Swamp, om de Chesapeake Baai met de binnenwateren van Noord- en Zuid-Carolina te verbinden. De ICW biedt de mogelijkheid om een winterverblijf in de Cariben te combineren met een zomers bezoek aan de Amerikaanse oostkust. De Golfstroom brengt je snel van het zuiden naar de Chesapeake Baai of verder naar Nantucket sound. Van daar kan men via de Intra Coastal Waterway weer naar het Zuiden terugvaren.

De trek naar het zuiden door de ICW begint normaal gesproken in oktober of november zodra het gevaar van orkanen voorbij is. De natuur in haar dorre winterkleuren, de rust van het naseizoen en de prachtige, historische stadjes maken het tot een onvergetelijke ervaring. De eerste avond vind ik een ligplaats in de gesloten jachthaven van Pungo Ferry. Ik maak een praatje met het enige levende wezen in de haven; zij woont op een van de boten en is een Zuid-Afrikaanse. Ik kan haar de laatste nieuwtjes vertellen over zeilers in Durban die we beiden kennen. Die nacht vriest het.

De zon komt op boven het verdorde rietlandschap van de Great Dismal Swamp. Een lage mist hangt in lange slierten over het water.

Fleetwood maakt voor het eerst kennis met schutten in de enige sluis van deze tocht in het Albemarle Chesapeake kanaal. Van Coinjock steek ik op de motor de Albemarle Sound over. Helaas geeft de diepgang in de vaargeul mij te weinig ruimte om het zeil te hijsen.

Ik had graag een stuk buitengaats willen zeilen, maar de voorspellingen raden dat af. Daarom besluit ik voor de zekerheid de Alligator River Marina op te zoeken om daar te overnachten. Dit haventje ligt net voor de brug over de Alligator rivier, die weer uitloopt in de Albemarle Sound. De haven blijkt tijdens de winter gesloten te zijn. Ik probeer desondanks aan te leggen, maar kom in de haveningang al vast te zitten. Snel zet ik de motor in zijn achteruit. Het is nu te donker om de rivier op te gaan. Vlakbij de brug gooi ik het anker uit. Het wordt een wilde nacht: het stormt vanuit het noordoosten dwars over de Albemarle Sound en ik lig aan lagerwal. De volgende nacht probeer ik aan het eind van de Alligator River te ankeren, net buiten de bebakende vaargeul. Maar ook hier kom ik steeds vast te zitten.

Ik besluit toch maar door te varen, hoewel het waarschijnlijk donker is als ik het kanaal helemaal door ben. Dan zie ik een mooie ankerplek in het kanaal en gooi zowel het boeg- als het hekanker uit. Het is die nacht bladstil.

Het weekend breng ik door in Belhaven, N.C. in de Forest River Manor Marina. Het herenhuis, dat ernaast staat, is begin negentiende eeuw gebouwd voor een 'lumber baron'. Op vrijdagavond is de keuken nog open en ook hier ben ik de enige gast. De serveerster, Kat, komt me even gezelschap houden. Ze is 37 jaar en net voor de zesde keer getrouwd. Zij vertelt dat het zonder gasten niet de moeite waard is om het hele huis te verwarmen en dus draait ze het bordje op 'closed'. Ik heb geen verwarming op de boot en het vriest die nacht tien graden. Na het eten giet ik een stevige scheut rum, in kokend water en gemengd met zoete gecondenseerde melk, naar binnen en ga dan de kooi in. Op zondagmorgen ligt er zelfs een laagje sneeuw op de steigers en is het spiegelglad. Ik vraag me af waar ik in deze kou naartoe zal gaan. Eerst om negen uur maar naar de dienst van de Episcopalians en dan om elf uur naar de Baptistenkerk. De voorganger van de Episcopalians ziet mij lopen en biedt mij aan om een rondritje in Belhaven te maken in zijn pick-up truck. Daarna zet hij me af bij de Baptisten. Het is het weekend van de Martin Luther King-dag, de derde maandag in januari. Het koor valt tegen, maar het is er lekker warm en voordat ik de kerk uit ben, heb ik de hele gemeente de hand geschud.

Een maand eerder was ik de enige blanke in een dienst in Portsmouth, in de United House of Prayer, met een zogenoemde Shout Band. Deze kerkgemeenschap werd gesticht in 1919 door een neger-immigrant van de Kaapverdische Eilanden, Marcelino Manuel da Graça.

De Baptisten dienst in Belhaven.

De band, de Madison Humming Birds, bestond uit wel vijftien trombones, een knots van een tuba, een keyboard en tamboerijnen. Jongetjes van een jaar of acht stonden daar met trombones die langer waren dan de blazertjes zelf. De muziek was niet bepaald mooi, maar dat scheen de bedoeling niet te zijn. Volume en ritme zweepten ons op en toen begreep ik ook waarom al die in het wit geklede dames langs de muren stonden. Zij waren er om de in trance geraakte oudere dames op te rapen en naar hun bank terug te brengen. In veel kerkdiensten op deze wereldreis was ik de enige blanke, maar nooit voelde ik me zo ver van huis als in deze dienst.

Het is wonderbaarlijk hoe deze twee culturen in hetzelfde land zo ver van elkaar gescheiden blijven bestaan.

Van Jeannine hoor ik dat ik verleden donderdag, de 18^e januari, overgrootvader ben geworden. Zij werd grootmoeder op 38-jarige leeftijd.

Het weekend erna lig ik aan de steiger van het Sanitary Restaurant and Fish Market in Morehead City. Jan de Hartog legde hier een halve eeuw geleden ook aan met zijn zeetjalk "Rival". In Hartogs boek "Waters of the New World" beschrijft hij zijn bezoek:

'De gasten in het restaurant op palen schudden op toen wij aanlegden. Een groot bord aan de ingang van het restaurant waarschuwde dat dronkaards er uitgegooid worden. Dat leek wel een redelijke vermaning ' laten we de vismarkt sanitair houden.'

Het bord staat er niet meer. We leven hier nu wat beschaafder.

Aan de waterkant is een bord geplaatst dat langsvarende uitnodigt om voor tien dollar per nacht aan te leggen aan de restaurantsteiger.

Grote Zilverreiger aan Sanitary Restaurant and Fish Market.

Maar het restaurant is gesloten in de winter en er komt niemand om mijn tien dollars te innen.

Op vijf februari hangt er op de Lockwood's Folly River een dikke mist die pas tegen de middag oplost.

Pelikanen in de mist op Lockwood's Folly rivier.

Folklore of niet, Lockwood's Folly (Dwaasheid), zou haar oorsprong ontlenen aan een zekere Lockwood die hier een boot bouwde en toen hij er eindelijk mee klaar was ontdekte hij dat de boot te veel diepgang had om over de zandbank van de riviermond de zee op te gaan. Het wrak zou er jaren later nog te vinden zijn. De naam werd al gebruikt op een kaart uit 1671.

Het is Aswoensdag 6 februari en ik ben net aangekomen bij mijlpaal 375 in de Osprey Marina & Grill. De bewoners van het Zeearend (Osprey) nest kunnen Engels lezen. Nadat de jachthaven hun bordje aan de weg had getimmerd namen ze hun intrek in de top van de Bald Cypress boom. Ik krijg een lift van Gene naar de Aswoensdag mis in Garden City. Het was een warme dag bijna 25 graden. Wat een verschil met Belhaven.

Charleston wint de prijs van de mooiste en historisch meest interessante stad op deze route. Een complete oude stad waar je kunt rondlopen en je kunt inbeelden hoe zich het dagelijks leven hier driehonderd jaar geleden afspeelde. Ook Jan de Hartog was gecharmeerd van deze stad. Ik vind de oude miniatuurcollectie waar hij over schrijft: *'De burgers zijn geschilderd in een realisme en zonder opdoffen dat hen zelfs meer werkelijkheid geeft dan de man in de straat.'* De collectie is nu ondergebracht in de Gibbes Museum of Art. Zondag fiets ik, met mijn boek vol zilverwerk, naar de Saint Mary kerk, een prachtig gebouw van 1791. Rechttegenover bevindt zich de op een na oudste Amerikaanse sjoel Kahal Kadosh Beth Elohim, gesticht in 1740.

Na de mis vertellen de grootouders dit jongetje spruitjes te eten, in de vastentijd.

Op de terugweg van Savannah naar mijn ligplaats, in het nabijgelegen Thunderbolt, verdwaal ik in een negerwijk. Op mijn vraag naar de weg naar Thunderbolt krijg ik afwezige blikken en "Don't know". Dit is te vergelijken met een Amsterdammer die nog nooit van Haarlem heeft gehoord. Dan zie ik een blanke man uit een hoekhuis komen. Ik grijp hem net voordat hij in zijn auto stapt.

Het blijkt een Nederlander te zijn, Arjan van Buul uit Veenendaal. Als aannemer heeft hij een klus in deze buurt. Mijn vouwfiets gaat in zijn pick-up en samen rijden we naar Thunderbolt.

Op het bijna tachtig mijl lange traject van de Intra Coastal Waterway, van Savannah tot Brunswick is er geen enkele brug. De weinige mensen die tussen de Atlantische Oceaan en de ICW wonen zijn bijna volkomen geïsoleerd, er is geen elektriciteit. Dit is ook een van de mooiste en rustigste gedeeltes. Af en toe maak ik een uitstapje naar een rivier die parallel aan de ICW loopt en zich later weer invoegt op de waterweg. Vaak zijn die rivieren dieper en breder dan de ICW-vaarroute zoals de Cattle Pen Creek, bijvoorbeeld. Daar anker ik rond mijlpaal 625. Hier heerst volkomen rust, die maar af en toe wordt verbroken door het geplas van een paar dolfijnen of de schrille kreet van sterntjes. Jan de Hartog beschrijft het landschap dat hij zag aan de Cattail Creek als een schilderij van Ruysdael. Nergens kan ik een Cattail Creek terugvinden in de buurt van de Intra Coastal Waterway. Maar het landschap dat ik zie aan de Cattle Pen Creek in Georgia doet inderdaad denken aan een werk van Ruysdael. Ik kan me voorstellen dat veel bezoekers aan de Intra Coastal Waterway het wat monotoon landschap na een week wel hebben gezien.

Een dolfijn in Cattle Pen Creek, Georgia

Het hoogste punt dat ik langs de waterweg heb gezien, is een brugdek of de top van een den; verder is alles vlak. Er is geen heuvel- of berglandschap in de verte te zien. Het zijn uitgestrekte rietlanden met hier en daar wat hogere grond met Virginische eiken, amberbomen, naaldbossen, duinland en mangroven vol moerascipressen. Het uitzicht in de kanalen wordt vaak beperkt door de baggerbermen. Maar na elke bocht wacht er toch vaak een verrassing.

Mijn fototoestel ligt constant in de aanslag en ik voel me als een safaritoerist in een wildpark met kale adelaars, haviken, visarenden, aalscholvers, reigers, bruine en witte pelikanen, ganzen, zwanen en kalkoengieren.

Mile Post 720 Jackson Creek, Florida

Zeilers die ik onderweg ontmoette, raadden mij aan om Green Cove Springs Marina, op de St. John's River in Noord Florida, te proberen voor de grote beurt van de Fleetwood. Dit blijkt een goede keus te zijn. Niet alleen vanwege de faciliteiten, maar ook vanwege de ambiance.

Na het schuren en verven komen alle lotgenoten bij elkaar op de veranda. Daar staat een gitaar, een videospeler, ijs voor je drankje, et cetera. Het is een komen en gaan van zeilers die gedurende de winter in de Bahama's waren, de boot in het zomerseizoen hier in de stalling zetten en elk jaar weer terugkeren voor dezelfde routine. En dan zijn er die komen, maar niet meer gaan; die hier op een zijspoor belanden. Een bordje dat op de veranda hangt, beschrijft het als: 'We're all here cos we're not all there'.

De onderhoudsbeurt neemt veel meer tijd in beslag dan ik had gepland. Ik had een tijdrovend probleem met epoxy dat niet goed verhardde, een heidens werk om het kleverige spul weer te verwijderen.

Daarbij moest ik zelf onder het mes voor een breukoperatie. Jeannine kwam me met de auto ophalen om bij haar in Chesapeake een paar weken weer op kracht te komen. De 17^e juli ben ik eindelijk onderweg, van Greencove Springs naar Bermuda. Maar wat ik al vreesde, wordt in mijn eerste radiocontact met Herb Hilgenberg bewaarheid. Het is te laat om het Orkaanseizoen te ontlopen.

Grotere boten met meer snelheid zouden eventueel een dreigende storm voor kunnen zijn. Ik zet nu koers terug naar de Chesapeake Bay. Ik schrijf een e-mail naar de bekenden en leg uit dat er een reden moet zijn voor het uitstel. Wie weet vind ik een pot goud in de Chesapeake Baai.

Holland moet wachten tot volgend jaar.

De Chesapeakebaai en route van de "Fleetwood"

50. De Chesapeakebaai

Ik had het boek "Chesapeake" van James Michener gelezen en enthousiaste verhalen gehoord van andere zeilers. Ik besloot het voor me zelf te ervaren.

De Chesapeakebaai is de grootste rivieren delta in de Verenigde Staten. De totale lengte van de oevers van de baai en de rivieren die er in vloeien is net onder 19.000 km en de oppervlakte van de baai en de rivieren is 11.601 vierkante km. De oostoever, gevormd door het smalle schiereiland tussen de baai en de Atlantische Oceaan, is voor het grootste gedeelte ondiep met weinig havens. Op de westoever zijn een aantal havens en veel van de rivieren zijn tot ver stroomopwaarts bevaarbaar.

Ik vertrek van de jachthaven op zaterdagmorgen. De "Fleetwood" moet, vanaf de brug van de enorme vliegdekschepen die ik voorbijvaar, een pluisje op het water lijken. Er is weinig wind, ik kom niet verder dan Sarah Creek aan de York rivier, waar ik anker voor de nacht. Vroeg op de zondag morgen steek ik de rivier over naar Rivertown Landing, bij het historische stadje Yorktown waar ik voor $5 overdag kan liggen. Op de vouwfiets rijd ik naar het 7 km verder gelegen Yorktown dat na de revolutie gebouwd is, door een prachtig landschap van den en loofboom bossen. Na de mis in de Sainte Jeanne d'Arc kerk volg ik een korte uitleg over de Amerikaanse onafhankelijkheidsgeschiedenis, waar ik, als surrogaat Amerikaan, maar weinig van weet. Ik volg de borden met uitstekende uitleg wat er hier in 1781op dit belangrijke slagveld bij Yorktown plaats vond. De Fransen kwamen hier de Amerikaanse opstandelingen te hulp in een beslissende overwinning.

Yorktown slagveld

Zondagnacht ben ik weer voor anker gegaan op hetzelfde plekje in Sarah Creek en de volgende morgen vroeg de Chesapeake Baai overgestoken naar het stadje Cape Charles op het Eastern Shores schiereiland van Maryland. Het blijft oppassen in de ondieptes van de baai. De volgende avond blijf ik steken bij Winter Harbor aan de westkant van de baai.

Ze schijnen hier, als de naam suggereert, de vaargeulbakens alleen maar in de winter te gebruiken en in de zomer op stalling te zeten. Deltaville is mijn bestemming op woensdag. Voor $10 per persoon kunnen de zeilers van geankerde boten de faciliteiten van de jachthaven gebruiken, het zwembad, wi-fi, douches, wasmachine, fietsen en zelfs een auto van de jachthaven lenen om de stad mee in te gaan.

51. SoloMan raakt op een zijspoor

De tocht op de Chesapeake valt me tegen en voor het eerst mis ik gezelschap. De zeilers die ik ontmoet, hebben weinig gemeen met de zeilers waar ik mee in aanraking kwam in de laatste jaren en ik voel me uit mijn comfort zone.

Dit weekend verwacht ik bezoek in Urbanna, stroomopwaarts aan de Rappahannock rivier. Jeannine met haar man en mijn kleindochter komen zaterdag een dagje meezeilen.

Urbanna is een prachtig oud stadje en ik lig hier mooi in een baai die verbonden is met een nauwe ingang naar de Rappahannock rivier.

Urbanna

De volgende dag, vrijdag, roei ik naar de jachthaven om te informeren naar een aanlegplaats voor zaterdag, als de familie op bezoek komt, want ik heb geen zin de gasten van de wal heen en weer te roeien naar mijn ankerplaats. De havenmeester had me al zien liggen en vroeg zich af hoe een 9 meter zeiljacht van de westkust in Urbanna terechtkwam.

Terwijl ik met hem sta te praten maakt een jonge vrouw zich los van haar stoel, een vijf meter van ons verwijderd, ze kijkt me recht aan en zegt: "I want you to take me sailing!" Directer kan het niet. Om een kortverhaal lang te maken, kondigt zij een week later aan haar vrienden aan dat zij met Jack de wereldrond gaat zeilen, waarop ik een e-mail aan mijn bekenden schrijf dat mijn solo zeildagen geteld zijn. De pot met goud die ik eerder aankondigde, mogelijk te vinden in de Chesapeake Bay, blijkt mijn nieuwe Crew te zijn. Het is de eerste keer, sinds ik in 2005 vertrok, dat ik niet alleen zeil.

Die zondag ga ik met Crew, op leenfietsen van de Tides Inn Marina, naar de 8-uur dienst in een mooi oud Anglicaans kerkje, Christ Church, in Irvington aan de overkant van de rivier.

Het oorspronkelijke kerkje was in 1670 gebouwd door John Carter, een welgestelde planter, en diende als privé kerkje. Zijn zoon bouwde in 1735 een bakstenen kerk op de plaats van het houten kerkje. De kerkgangers zitten in "Box Pews", een vierkant, 4 x 4 meter, met een anderhalve meter hoge schutting aan drie kanten, met banken; door de open kant kijk je op naar de predikant op de preekstoel. Alleen als men opstaat, in gedeeltes van de dienst, zien de twaalf kooigenoten de overige kerkgangers.

Christ Church en de box pews.

Crew is op bezoek bij haar moeder in Urbanna en vliegt kort na onze ontmoeting terug naar Boston. Ik zeil verder, maar nu is mijn hart er nog minder bij betrokken, alhoewel het goed zeilen is, meest met ruime oostelijke wind.

Op zijn minst wil ik een bezoek brengen aan de Choptank en Sint Michaels, waar James Michener 's boek de "Chesapeake" zich afspeelt. Dus verder naar het noorden, via Reedsville en de Solomon Islands, dezelfde naam als de Engelse naam voor de Salomonseilanden in de Stille Oceaan, waar ik twee jaar geleden zeilde. Het ligt dicht bij de mond van de Potomac Rivier en in het weekend zijn er veel dagjesmensen uit Washington D.C.

Happy Hour bij de Calypso met Fleetwood in het vizier.

Ik heb de juiste dag geprikt om voor de Calypso Bar op een donderdag het anker te laten vallen, tegenover de Harbor Island Marina. Op donderdag is het biertje 75 cent. Het wordt een vrolijke avond en er wordt rond mij, bij mijn buren, nog lang feest gevierd. De atmosfeer hier doet me herinneren aan Loosdrecht of de Westeinder. Zaterdag worden zeilwestrijden gehouden op de Patuxent rivier. Zeilers flaneren langs de toeristenwinkeltjes en eet- en drinktenten. De bikers laten hier hun opgepoetste Harleys en getatoeëerde torso's bezichtigen.

Ik blijf hier tot zondag. Na de mis, in de O.L.V. Ster van de Zee, zeil ik weer naar de Maryland East Shore. Oxford staat in contrast met de Solomons, een slaperig poppenhuisstadje aan de Choptank. De omgeving is nog net zoals Michener het beschrijft, rietlanden en bossen, diepe inhammen en riviertjes, bootbouwers en visserij.

De Nederlandse sporen hier nog terug te vinden in "William Stadt"

In plaats van het Rich Neck schiereiland te omzeilen naar de voorkant van Saint Michaels neem ik een kortere weg vanuit Oxford en kom via de Broad Creek in de San Domingo Creek terecht, de achterdeur van Saint Michaels. Dit is het noordelijkste punt van mijn zeiltocht in de Chesapeake baai geworden. Op de terugweg anker ik weer voor de deur van de Calypso, op de 75 cent bier donderdag.

Ruw weer met sterke wind uit het zuiden houdt mij daar twee dagen binnen. Tijdens het Labor Day weekend, het eerste weekend in september, zeil ik in een stoet van zeilers terug naar Norfolk. Voor hen is het een einde van een drie dagen weekend en voor velen het eind van de zomervakantie.

Ik had al plannen gemaakt om nog een keer naar de westkust te vliegen, in september, en daarna de winter in de Cariben door te brengen. In oktober haal ik Crew af uit Boston, met de auto van mijn dochter. Crew heeft zeilervaring, ook op de Atlantische Oceaan. Zij gaat druk aan de slag met de boot wat beter te organiseren en wat gezelliger te maken. Ik vind het prachtig. Maandag de 3^e november vertrekken we uit Portsmouth, Virginia. Deze keer gaat het fout onder de brug over de Elizabeth rivier. Het laagtij is hoger dan in de zomer door de regenval en er is dus een verhoogde waterstand in de rivier. Ik verlies mijn driekleurenlicht van de masttop. Na een nieuw mastlicht geïnstalleerd te hebben nemen we de ICW met bestemming Beaufort, N.C., ten zuiden van Cape Hatteras. We kunnen ook direct van de Chesapeake zeilen, maar Cape Hatteras is berucht voor ruwe condities. Het plan is om vandaar direct naar Sint-Maarten te zeilen. Er zijn nu meer boten op weg naar het zuiden dan in mijn vorige tocht in januari.

In januari nam ik het Chesapeake Albemarle kanaal via Coinjock omdat de waterstand in het Dismal Swamp kanaal te laag was. De wateroppervlakte is bedekt met bladeren en dennennaalden, de koeling waterinlaat raakt voortdurend verstopt en ik moet geregeld stoppen om het leeg te blazen. Die eerste avond leggen we aan langs het kanaal op een plekje dat de sluiswachter ons heeft aanbevolen. Het heeft de hele dag geregend maar nu is het droog en windstil. Crew zegt: "Jack, luister, hoor je de uil?" Ik denk dat ik snel kan wennen aan mijn nieuwe levensstijl.

De derde dag vinden we een van de laatste beschikbare ligplaatsen in de stadsjachthaven van Elizabeth City, N.C. Crew maakt een voortreffelijke Linguine alle Vongele (kokkels), met ansjovis en kappertjes. Zij had een sigarenwinkel in noord Boston, in de Italiaanse wijk. Onder een heldere hemel en met ruime wind steken we de Albemarle Sound over en overnachten in de Alligator rivier. De Bald Cypress (moerascipressen) waren kaal in januari maar nu zijn de naalden prachtig roodbruin. Dit is een van de weinige naaldbomen die net zoals de lariks geen "evergreens" zijn.

Zonsondergang in Belhaven op 18 november 2008

Kat, de serveerster in de Forest Manor Mansion in Belhaven, werkt hier niet meer, ze is er met haar zesde man vandoor gegaan.

De verwarming blijft deze keer aan in de Manor en aan de bar zit een groep zeilers.

Van Belhaven naar Beaufort wordt het koud. Er is op dit stuk geen ruimte om te zeilen. Het begint zelfs een beetje te sneeuwen. Crew is binnen in de kajuit en ik probeer warm te blijven terwijl ik de boot stuur. Ik zou best een warm kopje soep willen hebben. Ik schuif het luik naar achteren en voordat ik mijn mond kan opendoen reikt Crew mij een stomende kop soep aan. Dit is al eerder gebeurd. Er is "magic in the air" met deze vrouw. Ze zit nooit in de weg, is me al vooruit voor ik de kans krijg, houdt van dezelfde kost als ik en bidt met me mee, ze geniet van dit soort avontuur en leven.

We doen onze inkopen voor de overtocht in Beaufort en Morehead City. De Town Creek Marina laat ons een oude "clunker" auto gebruiken. Zondag gaan we samen naar de Saint Paul Episcopalian dienst. Als de weersverwachtingen redelijk zijn wil ik maandag vertrekken.

Maandagmorgen vertelt Crew mij dat ze een nachtmerrie had, dat ze verdronk in de Atlantische Oceaan. "Vind je het erg als ik niet meezeil en je weer in Sint-Maarten ontmoet en verder meezeil?" Ik zal haar missen, maar op de lange oversteek minder dan op de korte tochten. Dinsdag zwaai ik haar uit.

Net voor Crew's vertrek.

52. Weer solo op het oude spoor

De woensdagmorgen voor Thanksgiving bel ik de brugwachter van de Interstate-70 highway brug, van mijn ankerplaats in Town Creek, en licht dan het anker voor het ruimere sop.

Eenmaal buiten blijkt de zee nog ruw te zijn. Bij het op dek brengen van de fok, uit het vooronder door het voorluik, klapt het luik dicht op mijn hoofd; ik proef een hoek van een voortand in mijn mond.

In de bebouwde kom rond mij in Town Creek is het me niet gelukt de weersvoorspellingen van Herb Hilgenberg te horen. Laat in de middag op open zee krijg ik mijn beurt tijdens zijn uitzending. Slecht nieuws. Er komt een depressie aan voordat ik de Golfstroom oversteek en hij vertelt me rechtsomkeer naar de kust te maken. Laat in het donker ben ik weer binnengaats voor Beaufort. De volgende morgen anker ik weer bij de Town Creek Marina, om het Wi-Fi te kunnen gebruiken, en kondig mijn terugkeer aan per e-mail voor distributie via mijn dochter Lisa. Het is een eenzame Thanksgiving. Dit is een familiefeestdag die ik het meest mis, alhoewel ik er niet mee opgegroeid ben.

Het is iets speciaals, de geur van het braden van de kalkoen, de gedekte tafel met lekkernijen die, voor redenen die ik nog nooit begrepen heb, de rest van het jaar niet meer op de tafel komen: pumpkin pie, sweet potatoes, cranberries en de kalkoen. In de jachthaven en de stad is alles dicht.

Na geen betere weersverwachtingen begin ik de ICW weer af te zakken. Ondertussen houd ik ogen en oren open voor een mogelijkheid om uit een van de volgende havens de oceaan weer op te gaan.

Het is Sinterklaasavond en ik mag niet verder dan mijlpaal 237 want er zijn war games aan de gang hier bij het marinierskamp Le Jeune. Ik kan radio Nederland hier op de korte golf ontvangen, het is hier nu doodstil, mijn makkers hebben hun wild geraas gestaakt. Zaterdag bereik ik Wrightsville, een voorstadje van Wilmington N.C. Norm Rivière komt me afhalen op zondagmorgen nadat ik de acht uur mis heb meegemaakt in Sainte Thérèse. Wij kennen elkaar sinds 1965 toen we beiden in Brussel werkten in het Europese hoofdkwartier van een grote Amerikaanse houtproducent. Norm komt van New Hampshire, vlak aan de Canadese grens, waar nog Frans gesproken wordt. Ik kan bij hen in Wilmington een douche nemen. De aanlegplaats hier kost $2 per voet, dus totaal $60,00 of ongeveer €45, €5 per meter. Er zijn verder geen faciliteiten, geen Wi-Fi.

Nadat Norm me terugbrengt anker ik voor de nacht iets verder van Wrightsville, bij mijlpaal 285. Maandag kom ik weer langs Lockwood's Folly, waar ik in januari moest wachten in een dikke mist.

Aan de mond van de Cape Fear rivier bij Oak Island aan de ICW.

Dutchman Creek ontleent haar naam aan William Kuykendal die zich daar vestigde in 1754.

Ik ben nu 15 mijl van de grens tussen Noord en Zuid-Carolina bij mijlpaal 330 in de Shallotte rivier bij Bowen Point. De coast guard vertelt me dat de maximum diepte bij laagtij 1m20 is, ik heb 1m80 nodig. Een Zweeds zeiljacht de "Salty" komt net langs als ik losraak, ik kan hem langs de ondieptes loodsen. We kunnen net op tijd het openen van de brug om 16 uur halen in Sunset Beach, voor de spitsuur sluiting. We ankeren in Calabash Creek bij mijlpaal 343. Håkan Ottosson komt langs in zijn vletje om kennis te maken.

Ik overnacht op dezelfde plek waar het me in januari zo goed beviel, in de Osprey Marina bij Myrtle Beach, S.C. Het weer is snel veranderd: storm en harde regen. Ik blijf een extra nacht.

Sunset Beach, N.C.

's Morgens is het mistig; als de zon doorbreekt warmt het snel op.

De havenkosten en de prijs voor brandstof zijn de helft van wat ik zondag in Wrightsville bij Wilmington betaalde, terwijl deze jachthaven het gebruikelijke comfort biedt.

De volgende dag kom ik de Zweden op de "Salty" weer tegen in Georgetown.

Het weer ziet er redelijk uit om een stuk naar het zuiden af te zakken buiten de ICW, maar voordat ik de kans krijg buitengaats te gaan, haalt een coast guard boot me in en waarschuwt me dat de zee condities te ruw zijn. Dus maak ik wéér eens rechtsomkeert. Hier begint het 65 mijl lange en dunbevolkte gedeelte van de ICW. Ik anker op zaterdag 13 december in de Graham Creek bij mijlpaal 440. De Zweden ankeren dichtbij.

Na in Charleston de was gedaan te hebben en de water- en brandstoftank gevuld te hebben, zeil ik maandagmiddag op het eind van de eb de oceaan op. De boot loopt lekker met vol grootzeil en de genua.

Ik luister naar Bing Crosby op de FM-radio; hij zingt het Adeste Fidelis. Het loopt tegen Kerstmis.

"Salty" met Håkan Ottesson in Georgetown, S.C.

Een duiker roept in de verte. Voordat het donker is, komt een stel dolfijnen me vermaken. De maan probeert door de wolken te breken. Het lukt me om een SailMail door te sturen over de korte golf radio om Lisa te laten weten dat ik op weg ben naar de Cariben.

De volgende dag neemt de wind toe en het stortregent. Als ik 's avonds in de Golfstroom kom, is de wind uit het oosten, dit betekent dat ik er tegenin moet kruisen en vervolgens door de stroom naar het noorden wordt gezet. Ik heb hier geen zin in. Ik kruip naar het zuidwesten. En, alsof de duivel met me speelt, in de morgen valt de wind weg en moet de motor aan. Ik lig donderdag 18 december aan een boeianker in Salt Run bij Saint Augustine, Florida. De boei is hier gelegd door mijn buurman in Green Cove Springs, waar ik in het voorjaar aan de boot gewerkt heb. Wat een verschil, een week geleden krabde ik de ijsbloemen van de binnenkant van de kajuitramen, nu zit ik hier in een T-shirt bij 25 graden. Ik moet nodig de dynamo vervangen want de accu's laden niet meer voldoende op.

Ik ken de weg hier in Saint Augustine, Amerika's oudste stad, gesticht in 1565. Tijdens mijn verblijf van vijf maanden in Green Cove Springs was dit de dichtstbijzijnde stad waar alles te vinden is voor jachtonderhoud en zeilersvertier.

Omdat het over een week Kerstmis is, besluit ik de boot hier aan de boei te laten liggen en een auto te huren om in Chesapeake met mijn dochter en familie de kerstdagen te vieren.

Het was 2.200 km heen en weer naar Virginia maar een welkom uitstapje tijdens mijn winterreis met zijn ups en downs. Met nieuwe dynamo en dynamiek begin ik het nieuwe jaar. De 2^e januari ben ik op weg naar een nieuw avontuur in de Cariben.

53. De Maagdeneilanden

Dezelfde avond bereik ik de Golfstroom en in de morgen ben ik er doorheen. Hij heeft me 15 mijl naar het noorden gezet. De wind zwakt af. Een lege bulkcarrier passeert me op twee mijl afstand en stopt dan. Waarschijnlijk gaat de kapitein een rondje waterskiën.

Voor het eerst sleep ik weer de vislijn achter de boot aan, maar ervaar in deze streek precies hetzelfde probleem dat ik had op de route van Trinidad naar de Chesapeake, de haak raakt vol met zeewier.

Ik probeer zo hoog mogelijk aan de wind te zeilen omdat, als ik eenmaal in de passaatwind beland, ik weinig kans krijg om ver genoeg naar het oosten te zeilen om Sint-Maarten te bereiken.

De 10^e januari horen we een van de Herb Hilgenberg klanten melden dat hij vermoedt een lichte hartaanval te hebben gehad: Terry, een Engelse solozeiler op de 12.5 mtr "Marygold" op weg naar Martinique. Herb verwittigt de coast guard in Martinique en vraagt boten in de omgeving om het nieuws te volgen. De volgende dag horen we niets van de "Marygold". De coast guard vliegt over de boot en krijgt contact met Terry via de marifoon. We horen hem dan weer op de avond check-in, hij heeft het zendprobleem van zijn kortegolfzender opgelost, hij voelt zich beter maar erg vermoeid. Terry besluit zijn koers naar Barbados te verleggen, waar hij betere medische hulp verwacht. Maar de volgende dag checkt hij weer niet in. Nu is het de beurt voor de Barbados kustwacht hem op de oceaan te vinden. Maar ze vinden hem niet.

Vanmorgen hoor ik een knal, als een pistoolschot, stukken vliegen langs mijn oren. Het blok van de lopende bakstag explodeert. En als ik zie hoe stom dit Harken blok ontworpen is verwondert het mij dat dit niet eerder gebeurd is. Ik voer de lijn door het midden van het blok en doe hetzelfde met het stuurboord blok.

Stuurboord blok met geïmproviseerde bevestiging. Afgebroken bakboord blok

Vannacht krijg ik eindelijk een ruimere wind, ik kan de schoten vieren. Dit gaat sneller en de boot ligt rustiger. Maar de volgende morgen, als ik mijn koers bijwerk met de GPS, staat het kompas 50 graden te hoog. Ik vind de oorzaak. Gedurende de nacht had ik de "shake and bake" zaklantaarn na het gebruik weggelegd in de zak voor de valeinden, onder het kompas. Deze zaklantaarn werkt met een sterke magneet.

Nu is het een te grote worsteling geworden om Sint-Maarten te kunnen halen. Ik zet koers naar Virgin Gorda en anker op 19 januari bij de Bitter End Yacht Club: poeder wit zandstrand en kristalhelder blauw water. Ik ben blij weer terug te zijn, dichter bij de evenaar, waar ik de laatste jaren thuis was.

Ik ontdek al gauw dat de zeilers hier net zoals in de Chesapeake en op Trinidad weinig gemeen hebben met zwerfzeilers.

Ik stuur een stel foto's naar Harken met mijn commentaar over hun blokken. Klaarblijkelijk begrijpen ze me niet dat ik hen attent wil maken op een gevaarlijke situatie want in hun antwoord ontkennen ze dat dit blok zomaar breken kan.

Obama's beëdiging op 20 januari 2009 bij de Bitter End Yacht Club.

Mad Dogs and Englishmen

Van Rudyard Kipling komt de uitdrukking: "Only mad dogs and Englishmen go out in the midday sun". Deze foto van "Mad Dog II" en, links, een Engelse boot, is genomen in de vroege morgen vanuit mijn ankerplaats bij Virgin Gorda, Britse Maagdeneilanden.

Virgin Gorda is voor het merendeel tropisch en groen; op een lange wandeling kom ik een helling tegen die droog is en met prachtige bloeiende cacteeën begroeid is. Ik steek de baai over naar Leverick Bay. Hier is wat meer leven rond "Jumbies" bar en restaurant. Maar wat ik mis, is wat aanspraak met de "bevolking". Heeft Crew me dit afgeleerd?

Ik ga het verderop zoeken. Het is prachtig tropisch winterweer en met de ruime oost passaatwind zeil ik op een rustige zee naar Road Town op Tortola, BVI. Ik anker niet ver van de enorme "Moorings" chartervloot haven. De Amerikaanse malaise is hier goed zichtbaar, de Moorings haven is tjokvol met huurboten. Maar onze nieuwe president zal dat wel weer in orde maken.

Een Nederlands echtpaar op een Wharram catamaran kits nodigt me aan boord. Ik had het net over Obama en nu ben ik in de "T"-party beland. De bootnaam is "T̲into", de schipper T̲heo en zijn vrouw T̲hea, de mooie rode kater heet T̲om. Hij heeft de boot in zuid Spanje gebouwd en ze zijn vandaar naar Zuid- Amerika gezeild.

Iets later komt een drietal stevige Hollanders langszij in een opblaasbootje. Zij hebben een zeiljacht bij de Moorings gecharterd, voor twee weken. De vrouwen zijn de stad in. Marinus Hoogendoorn is de leider. Ik vertel dat ik van plan ben in de zomer naar Nederland over te steken. Rinus vraagt: "En daarna?" Ik vertel hem dat ik de Donau af wil naar de Zwarte Zee, maar dat ik nog moet uitzoeken of mijn diepgang dat zal toelaten. Hij bevestigt dat dit moet lukken maar vraagt me wat mijn plan is om tegen de stroom in de Rijn op te varen. Ik heb het boek gelezen van Negley Farson "Sailing Across Europe". Een prachtig verhaal, Farson voer in een 8 meter zeiljacht van Rotterdam naar de Zwarte Zee in 1925. Hij werd gesleept op de Rijn in een sleep van beroepsvaart lichters.

Nu blijkt Marinus de schipper/eigenaar te zijn van de "Glissando", een 110 m, 3.000 ton rijnaak. Hij biedt me aan om me de Rijn op te trekken.

Daar heb ik zeker oren naar, maar ik denk: "Dit is te mooi, hij zal wel een beetje indruk willen maken op mij en het gezelschap".

De volgende morgen, 26 januari, als ik vroeg vertrek, komt Marinus me achterna in de buitenboordmotor annexe om me uit te zwaaien. "Zit misschien toch wel goed"[25] denk ik dan.

Road Town, Tortola, BVI

---

[25] Het zat inderdaad helemaal goed en we zijn nog altijd dikke vrienden.

Ik anker in Maho Bay bij St. John's Island. Dit komt het dichtste bij de beroemde witte stranden van de Seychellen en heeft daarom misschien ook iets te maken met de namen Maho Bay en Mahe Island in de voorgenoemde eilandengroep.

Maho Bay, St. John

Jaren geleden kocht ik een senioren "Golden Passport" van het U.S. National Park system. Hiermee betaal ik nu de helft van de dagelijkse $15 ankerboeikosten. De 28^e januari anker ik in de haven van Cruz Bay om op de Amerikaanse Maagdeneilanden in te klaren. Het is hier een komen en gaan van veerboten met toeristen van St. Thomas. Cruz Bay is een aantrekkelijk stadje. Ik blijf er niet en steek over naar Charlotte Amalie op St. Thomas. Dit is het centrum voor de Maagdeneilanden. Er liggen honderden jachten op de rede van de stad en knotsen van luxe motorjachten. Ik herken de Deense invloed in de gebouwen en straatnamen. De drie eilanden St. Thomas, St. John en St. Croix werden in 1917 door Denemarken aan de Verenigde Staten verkocht.

Ik verwacht hier een paar pakjes met onderdelen en een nieuwe bankpas omdat ik hier geen douaneproblemen zal hebben.

Dit zou ook een goede connectie zijn met het vasteland voor Crew, maar zij heeft ondertussen een auto-ongeluk gehad en letsel aan haar borstbeen opgelopen. Mijn vouwfiets komt goed van pas, de waterkant is een eind van de winkels en het postkantoor vandaan. Op het spitsuur sukkelt het gemotoriseerde verkeer stapvoets langs de kade.

"Greenhouse" restaurant aan de baai van Charlotte Amalie.

Net voordat ik het Greenhouse restaurant in ga, om mijn e-mail te doen, wordt mijn aandacht getrokken door een vrouw, gekleed in een mooie turquoise blouse, die langs het strand loopt. "The Girl from Ipanema" denk ik, en een mooie voorgrond voor een foto van de baai. Maar ze glipt door mijn vingers voordat ik het fototoestel uit de rugzak heb. Als ik eenmaal mijn biertje voor me heb staan en mijn e-mail lees, zie ik haar schuin tegenover me zitten.

"But instead, when she walks to the sea, she looks straight ahead, not at me."

Als ik iets later weer aan boord klim nodigt mijn buurman, van de catamaran "Iato", me uit om straks bij hun een borrel te drinken. Als ik, met mijn vers gepofte kroepoek voor bij de borrel, aan boord klim, word ik voorgesteld aan …. "The Girl from Ipanema". Haar naam is Ce Ce, kort voor Ceresa. Zij is een week aan boord bij Rick en Linda Wilson. Het is haar verjaardag. Morgen vliegt ze terug naar Atlanta.

The girl from Ipanema

Ik ga die zaterdag met Rick wat boodschappen doen en naar de jachtwerf. Zondag ga ik naar de mis in de Sint Petrus en Pauluskathedraal. De post en pakjes zijn goed aangekomen en het anker wordt weer gelicht, met Puerto Rico als volgende bestemming.

Sint Petrus en Paulus kathedraal, Charlotte Amalie, St. Thomas.

54. Puerto Rico

Ik blijf twee nachten in Culebra, op de Spaanse Maagdeneilanden, en zeil dan door naar de zuidkust van het hoofdeiland van Puerto Rico. Ik wil uiteindelijk naar de Dominicaanse Republiek en de zuidkust van P.R., die beter beschermde havens en baaien heeft dan de noordkust, waar de hoofdstad San Juan is. Mijn derde bestemming aan de zuidkust is Salinas. Van daar wil ik San Juan bezoeken. De baai van Salinas ligt achter een nauwe opening: de Boca del Infierno (Hel-mond). Ik anker dicht bij de Marina de Salinas. Hier in de Drake's Bar is de enige Wi-Fi connectie en daardoor ook de plek waar al mijn lotgenoten te vinden zijn. Een gezellig tentje waar een Amerikaans-Spaans echtpaar Nancy en Miguel de baas zijn. Hier vind ik voor het eerst weer eens een internationaal gezelschap van zwerfzeilers.

De graffiti op de muren in de Drake's Bar van de bezoekers, met mijn bijdrage.

De vouwfiets komt weer goed van pas. De baai is een flink eind van de binnenstad. Het landschap is veranderd in vergelijking met de Maagdeneilanden. Dit lijkt meer op Spanje, vijftig jaar geleden, en Mexico. Het betaalmiddel is de US-dollar en in de supermarkten waan je jezelf in de VS.

Ik huur een auto voor een dag en neem mijn vouwfiets mee om de binnenstad van San Juan beter te kunnen verkennen. Het is een mooie tocht over een prachtig eiland. Het zou op zijn minst een week kosten om alle bezienswaardigheden hier te zien uit de rijke geschiedenis van een van de eerste Europese koloniën in Amerika.

Salsa klinkt uit de open ramen in de nauwe straatjes. De stad ligt op een hoge heuvelrug in de N.O.-hoek van het eiland en biedt een prachtig uitzicht over de Atlantische Oceaan.

Fort San Felipe del Moro bewaakt de haveningang van San Juan.

De landgrens van oud San Juan wordt beschermd door Fort San Cristobal. Mijn goed bewaarde "Golden Passport" pas komt weer goed van "pas", het biedt gratis toegang tot beide forten, die onder het beheer van het U.S. National Park system vallen. Het museum toont een interessante terugblik in de constructie en geschiedenis vanaf het begin van de 16^e eeuw.

Terug in Salinas hoor ik, op het contactuur met Herb Hilgenberg, dat Terry de Engelsman uiteindelijk gevonden is in het wrak van de "Marygold", aangespoeld op een onbewoond gedeelte van Trinidads noordkust. Een tragisch einde van een bejaarde solozeiler.

Ik zie hier voor het eerst een paar zeekoeien. In Florida, waar ik aan de boot werkte, zijn ze geregeld te zien, maar ik had ze nog nooit eerder meegemaakt.

Ponce is de op een na grootste stad op Puerto Rico. De stad staat bekend om haar carnaval. Na mijn tien dagen in Salinas vind ik een ankerplek in Ponce op 18 februari. De jachtclub hier laat alleen maar leden door de poort en je moet $10 betalen als je er van je ankerplaats wil landen met je annexe.

Ik lig hier goed, maar het is een pleisterplaats voor toeristen en de Salsa en Merengue blèren tot laat in de nacht, vooral tijdens het weekend. Het is twintig minuten naar het centrum van Ponce. Een mooie stad met parken, pleinen en brede boulevards.

Ze zijn al bezig met het versieren en tribunes bouwen voor het carnaval. Ponce heeft als stad voor mij een primeur: er is hier gratis Wi-Fi in het park en zelfs stopcontacten onder de parkbanken. In de schaduw zit ik hier mijn e-mail te schrijven op de Plaza Las Delicias bij de prachtige kathedraal OLV van Guadeloupe.

Kathedraal O.L.V. van Guadaloupe en Plaza de Las Delicias.

Een etnisch correcte afbeelding van de hel in de Kathedraal in Ponce en de Carnaval Koningin.

Tijdens de zondagsdienst in de kathedraal snauwt mijn achterbuurman mij af: "No respect!" omdat ik een korte broek draag, terwijl de vrouw vóór mij constant met haar I-pod bezig is. Ze vangt hier de gratis Wi-Fi uit het park. En, wat weet ik ervan? Mogelijk vangt ze hier ook Gods zegen.

De carnavalsoptocht is vandaag, op zondag. Aanstaande dinsdag is Vastenavond.

Na de mis op Aswoensdag doe ik mijn laatste inkopen voor de zeiltocht naar Boqueron. Donderdag de 26^e overnacht ik in de baai bij Jorobato. Het was de donderdag na Aswoensdag in 2005 toen ik de huissleutels inleverde en van Gig Harbor vertrok.

Er staat een flinke wind als ik de hoek omdraai bij Cabo Rojo met de Los Morillos vuurtoren, de zuidwestelijke punt van Puerto Rico waar de Monapas het eiland van de Dominicaanse Republiek scheidt.

Ik anker dicht aan de kust voor Boqueron.

Zaterdag, de 28^e vier ik de verjaardag van mijn tweelingbroer met mijn Canadese ankerburen, Duncan en Abbey, van Dawson City, Yukon. Zondag komt Randy Register van de "Moonshine" mij opzoeken en vieren we mijn verjaardag nóg een keer met avondeten in een van de vele bodegas aan de waterkant. Ik leerde Randy kennen in het voorjaar in de Green Cove Springs Marina in Florida.

Hij is op weg in de tegenovergestelde richting naar Sint-Maarten. In plaats van de vouwfiets heen en weer te slepen in mijn rubberduck had ik de fiets aan de ketting liggen op de dinghy aanlegsteiger. Maandagmorgen is de fiets foetsie.

Laatste foto van mijn trouwe vouwfiets, met kettingslot. "Fleetwood" rechts.

55. Hispaniola

Het kan tekeergaan in de Monapas, maar ik had een mooie overtocht gedurende de eerste honderd van de 150 mijl oversteek naar Samana. Nu zijn het harde regenbuien en windstoten. Ik zie de onmiskenbare staart van een bultrug in de verte. Iets later komt er een boven water, 50 meter van me vandaan. Het enorme beest is wel tweemaal de lengte van de "Fleetwood". En zoals gewoonlijk, als ik eenmaal mijn camera in de aanslag breng, blijven ze weg.

Ik kom vroeg in de morgen aan en na ingeklaard te zijn ontmoet ik tijdens mijn lunch de Canadese zeilers Richard en Karen Van Appelen van "Snowaway". Volgens Richard kreeg zijn grootvader de achternaam in het Hollandse weeshuis, waar hij in een appelkistje te vondeling was gelegd. Zij introduceren mij diezelfde avond[26] aan een groep van zeilers waarmee zij hier bevriend zijn geraakt. Wij zijn met zijn negenen in een Italiaans restaurant. Behalve de Van Appelen is er een Frans, Canadees, Zwitsers, en een Amerikaans echtpaar. Zij trekken al vanaf de Bahama's via Luperon met elkaar op.

De volgende dag gaan we met het hele stel op excursie naar de waterval "El Salto de Limon". Samana is door Amerikaanse bevrijde slaven gegrondvest in de 19^e eeuw. De gids tijdens dit uitstapje, Martin, vertelt mij dat zijn grootouders thuis Engels spraken. Zaterdag, 7 maart, zeilen we naar San Lorenzo aan de zuidkant van Samana Bay, naar het natuurreservaat Los Haitises.

---

[26] In dit restaurant ontmoet ik later die avond Jack (Joakim) en Victoria, Zweedse zeilers uit Smögen, die een appartement in Santo Domingo hebben. Zij hebben mij rond de Kerst 2013 hun appartement in Palma de Mallorca laten gebruiken, na mijn schipbreuk.

De waterval "El Salto de Limon"

Pre-Colombiaans rots-houwwerk

"Paraiso" in Caño Hondo

We bezoeken de spelonken met precolumbiaanse hiëroglyfen en in de rotsen uitgehouwde beelden.

Maandag gaan we in de gemotoriseerde bijbootjes de rivier op door de Mangroven naar het Eco ressort "Paraiso" in Caño Hondo.

We lunchen in het restaurant en mogen het zwembad en de douches gebruiken.
De baas geeft ons een rondleiding door het appartementencomplex.

Het is sprookjesachtig mooi, met een prachtig uitzicht over de baai naar de Atlantische Oceaan; ver van de bewoonde wereld, midden in de tropische natuur. Het complex is gebouwd op een enorme haciënda met rijstvelden en een melkveehouderij.

Dinsdagmorgen zeilen we weer terug naar Samana. Vier van de boten zeilen naar Boqueron en de Zwitsers en ik naar Luperon aan de Noordkust van de Dominicaanse Republiek. De wind is over windkracht zes, uit het Noordoosten en als we de baai uit in open water zijn is het moeilijk tegen de hoge golven en de harde wind te zeilen. De Zwitsers in "Midnight Sun" kunnen meer zeil zetten dan ik in mijn lichtere boot en daardoor dichter aan de wind zeilen. Maar ik zet door want als ik eenmaal om de hoek van de Mona pas kom kan ik de schoten vieren. Later hoor ik dat de vier boten, die de wind mee hadden naar Boqueron, weer teruggekeerd zijn naar Samana om een kalmere zee af te wachten.

Ik verlies de windvaan van mijn zelfstuurinrichting. Dit was mijn reservevaanblad.
Ik moet nu handsturen totdat ik de hoek om ben, dan kan ik de schoten vieren en kan de elektrische autopiloot de boot sturen.

Nu heb ik de mogelijkheid een nieuw blad te zagen uit een 6 mm multiplex plaat over de kasten onder mijn kooi. Het werkt redelijk maar in lichte wind is het te zwaar.

Vroeg in de morgen, in het donker word ik omringd door groen en rode masttop navigatielichten. Het is een konvooi van zeiljachten op weg van Luperon naar het oosten om gebruik te maken van de nachtelijke landwind in plaats van tegen de oostpassaat wind te zeilen die overdag het sterkste is.

De baai van Luperon ligt goed beschermt tegen de zomerse orkaan stormen omringd door mangrove bossen. De weg van de kust naar binnen slingert door de mangroven. De bebakening doet me denken aan de Filipijnen met bamboestokken in de modder, ik kom net voor de binnen baai goed vast te zitten. Ik had goede en slechte commentaren gelezen over Luperon. Er liggen hier wel een honderd jachten. Omdat het een "Hurricane Hole" is hebben meerdere ankers hier wortels geschoten. Het twee straten dorpje heeft weinig te bieden.

In de baai is een kleine jachthaven en een jachtclub met restaurant. Er is een druk programma met wekelijkse Karaoke, dansavond, vlooienmarkt, 's morgen weer- en nieuwsprogramma over de Marifoon, et cetera. Dave, de Karaoke Master of Ceremonies, van het zeiljacht met de passende naam "Carrry Okies", van Oklahoma City, Oklahoma is hier een semipermanente inwoner.

Dave van "Carry Oakies

De naam Okies komt uit de tijd van de massale landverhuizing uit de Oklahoma dust bowl, meest naar Californië, tijdens de depressie. John Steinbeck schrijft over dit volk in "Cannery Row" en "Grapes of Wrath".

Dave doet dit met hart en ziel en stem en mondharmonica, ik heb moeite om aan mijn beurt te komen. Hij heeft zeer zeker gevoel voor humor. Het blijkt dat zijn boot naam is geïnspireerd bij het antwoord op de volgende vraag:
"What do you call a Pall Bearer (doodskist drager) in Oklahoma?" (De uitspraak van Kareoke en Carry Okie klinkt hetzelfde in het Amerikaans.)

Ik neem de lokale bus voor een uitstapje naar de hoofdstad Santo Domingo, dwars over het centrale plateau, naar de zuidkust.

Op de vruchtbare hooglanden wordt tabak, mais, suikerriet verbouwd en fruit geoogst. In scherp contrast met de armzalige opbrengst bij de roofbouw verarmde buren, op hetzelfde eiland, in Haïti.

Ik kijk mijn ogen uit in Santo Domingo, er is hier nog veel goed bewaarde historische architectuur te bewonderen, zonder er her en der moderne gebouwen tussen te zien staan.

De wieg van de Nieuwe Wereld, hier werd de eerste kathedraal, het klooster en ziekenhuis gebouwd. Er is een ruime keus van musea. Ik blijf een paar dagen en geniet van een echt bed en douche in mijn hotelkamer, voor het eerst sinds mijn Kerst bezoek in Virginia.

Basiliek Santa María la Menor, eerste kathedraal in Amerika.

Op de terugweg ben ik weer de enige Gringo in de bus.
Schuin voor me staat een man op en zegt iets tegen de buschauffeur. De chauffeur vraagt zijn passagiers of iemand bezwaar zou hebben als de man ons wat uit de Bijbel voorleest. Niemand heeft er bezwaar tegen.

Mijn contact met de omgeving is voor een groot deel uit de radio. Je kan altijd een Christelijke omroep vinden. In de Maagden Eilanden was het meest African-American, hier heb je zenders die hun spirituals in Salsa zingen.

56. Terugreis naar Florida

Het wordt tijd de terugweg te nemen. Deze keer neem ik geen risico's de oversteek naar Nederland te laat te beginnen. Mijn plan is om nog weer in Greencove Springs de boot te "Knippen en Scheren". Ik had graag een kijkje in Cuba genomen en Haïti, maar dat moet dan maar uitgesteld tot na mijn bezoek in Europa. De 26^e maart neem ik afscheid van de vrienden die ik hier heb leren kennen voor de 680 mijlen naar Fort Lauderdale. Ik heb de wind en stroom mee. Aan het begin van de Old Bahama's Channel komt een Coast Guarda cutter langs en vragen mijn gegevens over de marifoon. De volgende morgen vliegt een helikopter over en kort daarna zie ik een Coast Guard cutter over de horizon op me afkomen.

Over de marifoon word ik verzocht stil te liggen en een boarding party komt langszij in een bijboot. 's Avonds krijg ik het derde bezoek van de Coast Guard, maar deze keer kan ik het nummer van het rapport aflezen van mijn eerdere bezoekers en word ik verder met rust gelaten.

De laatste twee dagen ben ik midden in de Golfstroom die vlak langs de kust van Florida loopt. Ik vlieg langs Miami en krijg ik een kort beeld van een stad waar ik nog nooit eerder was, behalve voor een tussenlanding. De nacht van de 31^e op 1 april moet ik oppassen dat de stroom me niet te vroeg, voor zonsopgang voor Fort Lauderdale brengt. Ik registreer geregeld snelheden van rond de 9 knopen, over de grond.

57. Florida

Het is nog te vroeg om te bellen. Greg en Marlys Clark zijn hier in Fort Lauderdale. Greg is de kapitein op het luxe motorjacht "Lohengrin". Marlys was mijn rechter en linkerhand in de laatste jaren van mijn houtexport bedrijf. Zij woonden toen aan boord van hun motorjacht in Gig Harbor. Tot eind 1993 had ik mijn kantoor aan het water van de Gig Harbor baai en Marlys ging van en naar werk in haar bijboot.

De 49 meter "Lohengrin" is afgemeerd aan een steiger van een villa aan de zuidkant van Ft. Lauderdale. Het jacht is verkocht aan nieuwe eigenaars en ondertussen mag de negen koppige bemanning het huis van de verhuurder gebruiken. Greg geeft me een prachtig hoekje aan de steiger.

Greg en Marlys links met de rest van de bemanning.

De bemanning is een internationaal gezelschap, Engels, Australisch, Zuid-Afrikaans en Amerikaans.

De volgende morgen staat er een knots van een kartonnen doos naast de boot. Gewoon te gek. De Clarks hoorden van mijn gestolen vouwfiets en geven mij een splinternieuwe voor mijn verjaardagscadeau. Het eerste dat ik doe is naar de ijzerhandel te fietsen voor een extra zware ketting en slot die niet met een tang doorgeknipt kan worden.

Ik krijg een glimp te zien in de wereld van de varende miljardairs. En een proefje van wat de scheepskok voor hen op tafel brengt. De Clarks nemen me mee naar de jaarlijkse party die gegeven wordt voor de jacht crews door de beroepsorganisatie van de scheepsbouwers, makelaars, crewhunters, et cetera. Ik verzamel een goede voorraad in reclame petjes, T-shirts, en de bekende reclame snuisterijen voor ruilhandel en goodwill bij de inboorlingen.

Ft. Lauderdale jaarlijkse crew party

De 12e april is Pasen en Jeannines 40e verjaardag. Ik vlieg heen en weer naar Virginia voor een kort bezoek.

De 15e april zeil ik naar het noorden. Voor het grootste gedeelte buiten in de Golfstroom en een gedeelte op de Intra Coastal Waterway.

19 april, een tonijn.

De 24e staat de "Fleetwood" weer op de kant in de Green Cove Springs Marina op de St. Johns River. Na 29 jaar lang de blanke lak bijgehouden te hebben slik ik mijn ijdelheid weg en verdwijnt de Afrikaanse mahonie romp onder een paar lagen epoxy verf. Ik ben net op tijd voor de jaarlijkse Mug Race[27] en de onvergetelijke Mug race party die de marina geeft voor de zeilers en de klanten.

---

[27] Dia-show: www.cometosea.us/albums/albums/MugRace2009.pdf

Paul de werf baas met klant Dale.

De 2ᵉ juni ga ik weer stroomafwaarts naar Jacksonville en anker de 8ᵉ juni in Beaufort N.C. Dit gaat heel wat vlotter dan op de heenweg, op de ICW in december, toen ik bijna een maand onderweg was van Beaufort naar St. Augustine. Ik huur een auto en pak de spulletjes, die Crew op de boot had achtergelaten, om ze naar Urbanna terug te brengen. Crew heeft ondertussen weer een ander doel in haar leven gevonden. Ik rijd door naar Annapolis, Maryland om een tweedehands Molenaar zeil af te halen dat ik gekocht heb om de zware 145% genua fok te vervangen. De Monitor windvaan bladen worden naar Beaufort gestuurd om mijn tijdelijke handwerk te vervangen. En er zijn nog een stel onderdelen onderweg voordat ik de oversteek naar Europa maak.

Bij de familie van mijn dochter in Virginia, krijg ik mijn eerste achterkleindochter te bewonderen, Madison eind april geboren, het nichtje van Mark die al in januari geboren is. Zij logeert vannacht bij haar grootouders en slaapt in mijn gastkamer. Ik geef haar in de nacht haar fles en verschoon haar luier. Ik vind het prachtig. De laatste keer dat ik dit mocht doen was in 1980 met mijn jongste zoon. Mijn dochters hebben me dit nooit met mijn kleinkinderen laten doen.

Madison Amora Leon 27 april 2009

58. De oversteek naar Holland

De 14ᵉ juni ben ik weer terug op de boot in Beaufort. Ik gebruik de huurauto nog een dag om te provianderen. Wat ik hier mis zijn winkels met ingrediënten voor mijn Aziatische keuken.

De volgende dag fiets ik naar Morehead City. Verleden jaar legde ik hieraan in Morehead City bij de "Sanitary Restaurant and Fish Market". Jan de Hartog beschreef zijn bezoek hier in zijn boek "Waters of the New World". Nu is het restaaurant open en gezellig druk. Ik maak een praatje met de eigenaar John Tunnel. Hij kent het verhaal van Jan de Hartog niet. Maar hij heeft wel een connectie met Nederland aan me te laten zien. In de bar hangt een grote foto van de toenmalige eigenaar, die dit restaurant in 1938 opende, Tony (Captain) Seamon. In de foto schudt hij de hand met een zware man in een zwartfluwelen jasje, Nicolaas Kroese, de baas in de "d'Vijff Vlieghen" dat in 1939 de deur opende achter het paleis op de Dam, in Amsterdam. Beide restaurants floreren dus al meer dan zeventig jaren.

De 18ᵉ juni gaat het anker omhoog van mijn vertrouwde plekje voor de Towne Creek Marina. Ik haal om 8 uur het openen van de brug. Het is zes uur motorzeilen tegen een oostelijke wind als ik eenmaal voorbij Cape Look Out de schoten kan vieren en de motor stopzetten. Mijn nieuwe aanwinst, de zware # 2 fok, bevalt goed. Herb geeft me een waypoint zuidelijker dan de directe route. Als ik Herb vertel dat ik van plan ben de 35ᵉ breedtegraad te volgen reageert hij dat ik verkeerde boeken lees. Dit zal wel een steek zijn in de richting van "The World Cruising Routes" dat op de meeste zwerfzeilers' boten te vinden is, naast de Bijbel.

Keerkringvogel

Vrijdag middag de 26ᵉ juni anker ik in Saint George Harbour, Bermuda. Het is een langzame reis geworden. Om stormen te ontwijken heb ik de remmen moeten gebruiken. Het is me niet helemaal gelukt, woensdag ging het te keer, zonder zeil en alles dicht. Daarna te weinig wind met nog reuzen golven waarin het onmogelijk is de zeilen vol te houden. Daarvoor en erna toch ook wel lekker kunnen zeilen. Ik was weer in het zeewier en daardoor was het moeilijk een vislijn te trekken. Gisteren had ik een kleine 25 cm tonijn te pakken. Mooi donkerrood vlees dat ik voor het grootste deel rauw at.

Dit is een kruispunt voor zeilers die hier stoppen op de terugweg van de Caraïben naar Noord-Amerika en die, zoals ik, oversteken naar "the Old World". Als ik aan land ga krijg een verrassing.

In St. George, Bermuda

Zoals ik al eerder opmerkte vond ik de meeste Britse voormalige koloniën op mijn pad tot nog toe onaantrekkelijk. De architectuur hier is vrolijk en harmonieert met het mooie landschap. De muren van de traditionele huizen zijn opgetrokken uit vulkanisch gesteente en geplamuurd met witte gips dat op de kust aanspoelt. De daken zijn bedekt met kalkstenen pannen die door dezelfde plamuur waterdicht zijn gemaakt.

Zondagmorgen ga ik naar de 9 uur mis in de "Stella Maris" kerk. De kerkgangers zijn voor een groot deel Portugezen, daarnaast zijn er ook verschillende Filipino families. De pater is een Canadees, van zuid Ontario.

Ik heb de afstand naar Hamilton, de hoofdstad, onderschat.

Tweeënhalf uur later, na tegen een harde wind in gefietst te hebben, vind ik de Royal Bermuda Yacht Club. Ik heb hier een afspraak voor een reparatie van de automatische stuurinrichting en voor het in ontvangst nemen van een tuigage-onderdeel. Chique club. Vijftig centimeter brede Pitch Pine plankenvloer, die wel over 100 jaar oud zal zijn. Volgend jaar, rond deze datum, zit het hier weer vol met de "who is who" in de Yankee zeilerswereld, na de finish van de Newport-Bermuda race. Crew heeft de race ook een paar keer meegezeild.

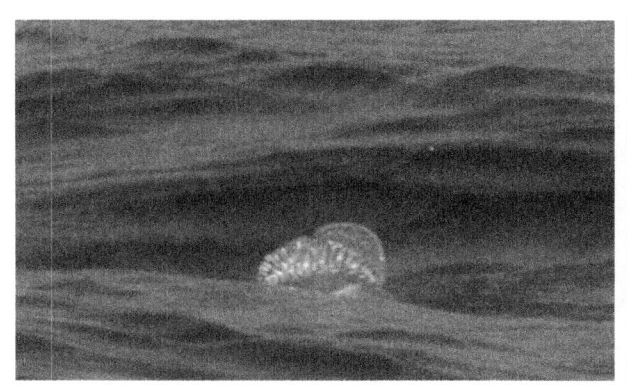

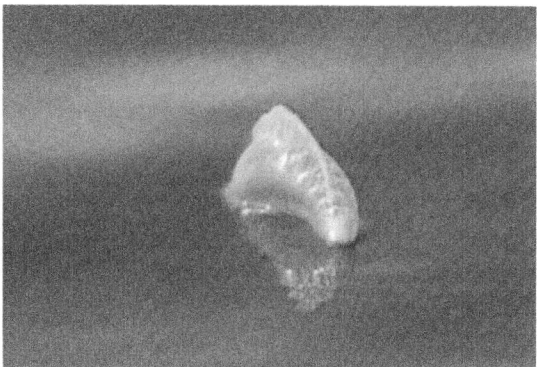

De prachtige kleuren van de Portugese Krijgsman zeilen geregeld langs. Portugese Krijgsman of Portugees Oorlogsschip.

Op het ogenblik vertoeven hier de deelnemers aan de Marion-Bermuda-Marion race voor cruising zeiljachten, die op de oneven jaren gehouden wordt. Dinsdag de 30^e juni vul ik mijn watertank en neem mijn beurt voor diesel. De schipper op een grote boot dacht dat ik voor wilde kruipen en snauwde me af. Eenmaal buitengaats zeilde ik hem voorbij. Maar toen hij eindelijk zijn genaker had staan, verloor ik hem snel uit het oog.

De eerste week na vertrek uit Bermuda haal ik een gemiddelde van over de 100 mijl; ruime wind met meestal alleen een uitgeboomde fok in windkracht 5 tot 6.

Met uitgeboomde genua "wing on wing"

Voor de tweede keer zie ik een zeiljacht in het midden van de oceaan: de "Isis" van Antigua onderweg naar Malta, met een jonge Duitser en een Spanjaard als huurbemanning aan boord. Ik heb een stel foto's genomen en over de marifoon een e-mailadres van de schipper genoteerd.

Herb houdt me aan een strikte koers, een keer iets naar het zuiden en dan weer meer naar het noorden om te weinig of te veel wind te omzeilen.

Einde van een stormachtige dag.

Er zijn een stuk of vijf jachten in mijn buurt die naar de Azoren of de Straat van Gibraltar onderweg zijn en hun beurt krijgen op het avondspreekuur met Herb Hilgenberg. Omdat ik een vrij sterke ontvanger heb, goed geaard in mijn houten boot met ijzeren kiel, kan ik geregeld "relays" doen van en naar Herb voor boten die buiten zijn ontvangstbereik komen.

Met af en toe een vliegende vis op het deurmatje, naast de morgenkrant, spaar ik weer een ei voor mijn ontbijt. De verse groenten raken op en het is nu witte bonen en blikgroenten.

Radio Nederland houdt me op de hoogte met de Tour de France. Tot nog toe geen spectaculaire prestaties van onze postbode.

De gang zit erin.

Het wekelijkse Cryptogram is verhuisd van vrijdag- naar zaterdagavond.

In de laatste paar dagen redelijk vooruitgang gemaakt: 110-mijl-dagen. Ik zag de snelheid op de GPS tijdens een surf van een stevige golf eventjes klimmen naar 10 ½ knopen. De 11^e juli had ik een 131-mijl-etmaal.

De 18^e juli bereik ik Horta, de zon komt net op achter Pico, het eiland ten oosten van het hoofdeiland Faial. Eerst naar de douanesteiger om in te klaren en daarna krijg ik een aanlegplaats toegewezen in de jachthaven.

De volgende dag komt mijn opstapper aan vanuit Amerika, via Lissabon. Wij hadden elkaar ontmoet in Green Cove Springs. Een oud buurvriendje, Gerrit, uit de Griftstraat, kwam me daar opzoeken en had deze kameraad bij zich. Ik vond het meteen een aardige kerel, we hadden ook het een en ander gemeen: fanatiek Rooms-Katholiek, ook driemaal getrouwd, dat moet goed gaan, dacht ik, toen hij fantaseerde om zoiets mee te maken. Ik stelde toen voor het stuk van de Azoren naar Bretagne mee te zeilen. Ik had al een afspraak met mijn neef voor het drukbevaren gedeelte van Frankrijk naar Amsterdam. Maar ik begon me al af te vragen wat ik aangehaald had toen de kopieën van e-mails aan zijn vrienden binnenkwamen. Hij scheen veel meer te verwachten dan ik bedoeld had. Na de ruwe en moeilijke tocht naar Bermuda heb ik geprobeerd om het terug te draaien, maar daar wilde hij niet van horen, was zelfs overtuigd dat ik zo blij met hem zou zijn dat hij zelfs mee zou varen de Donau af naar de Middellandse Zee.

Tot mijn grote verbazing zie ik 's avonds het 12,5 meter zeiljacht waarmee ik in Bermuda diesel had getankt en toen voorbijzeilde, bij de douane pier aanleggen. Ik had verwacht dat ze al lang op weg waren van de Azoren naar de Middellandse Zee. De schipper complimenteert me en vertelt me dat zij in windstiltes terechtkwamen en de motor niet konden gebruiken. Ik heb hem nooit op het spreekuur van Herb Hilgenberg gehoord en nu blijkt het dat hij de (betaalde) diensten van een bekende Florida weergoeroe gebruikt.

De twee bedevaartsoorden in Horta voor zwerfzeilers zijn Peter's Bar en de "Muur". Ik loop 's middags tegen Aad en Hella Twigt aan. Aad is tien jaar jonger maar heeft veel meer zeemijlen onder de kiel. Zaterdagavond zing ik met Aad het "Ketelbinkie" in Peter's Bar. De bar is behangen met souvenirs van de zeilers die hier hun sterke verhalen vertellen en zoals, in ons geval, smartlappen zingen. Aad had me al gewaarschuwd dat, alhoewel de meeste klanten geen woord Hollands verstaan, tranen rollen bij het trieste lot van het straatjongetje uit Rotterdam.

Met Aad Twigt in de Peter's bar. De laatste foto van mijn Polynesië hoornschelp Talisman.

Er is geen plekje meer vrij op de kilometer lange "Muur" om de "Fleetwood" bij te zetten.
    Zondagmorgen ga ik met de opstapper naar de mis in de Sao Salvador kathedraal, gebouwd in het begin van de 17e eeuw door de Jezuïeten. In de kerk ontmoet ik José Cândido Duarte da Silveira die hier op bezoek is in zijn geboortestad. Hij is de Portugese consul in San Juan, Puerto Rico, hij spreekt vloeiend Spaans en Engels. Hij weet me heel wat over de geschiedenis, de relieken en kunstwerken van de kerk te vertellen.

Sao Salvador kathedraal.

Maandag huren we een auto om wat meer van het eiland te zien. Er zijn prachtige uitzichten. Blauwe en witte hortensia's vormen de heggen die de weilanden en akkers scheiden.

We brengen een paar uur zoet in het museum onder de vuurtoren op de noordwestelijke punt van Faial. Hier zien we, aan de hand van foto's en video's, de gevolgen van de aardbeving in 1957, waardoor de vuurtoren niet langer aan de rand van de Atlantische Oceaan staat.

De havenburen, Eric en Michelle met zoon Thibault en vrienden Xavier en Cathy, komen van Concarneau in Bretagne. Zij geven mij waardevolle gegevens voor mijn volgende bestemming: de haven van Loctudy. Wij smullen die avond van de verse papegaaivissen die zij eerder die dag, op de weg hierheen, gevangen hebben.

We doen onze laatste inkopen. Vrijdagmorgen gaan de trossen los voor de ongeveer 1300 mijl lange zeereis.

Er is weinig wind en de motor doet het werk. Als ik de prachtige groene hellingen zie van de omringende eilanden, Pico, Sao Jorge en Graciosa, doet het me denken aan de Markiezenarchipel.

Ik heb toch wel een beetje spijt dat ik niet wat meer van deze eilanden gezien heb.

Maar de boot moet de stal beginnen te ruiken. Ik begin een beetje ongeduldig te worden Amsterdam binnen te zeilen. Mijn jarenlange Nederlands-Canadese vriend, Paul, vliegt eind augustus weer uit Nederland. Ik maak de opstapper wegwijs met de navigatie en het zeilen. Nog dicht bij de Azoren zien we geregeld walvissen, waarschijnlijk zijn het noordkapers.

De opstapper heeft mijn spinhengel gevonden en is er druk mee bezig. We hebben nu 20 knopen wind en zeilen weer met een uitgeboomde kleine fok en gereefd grootzeil. Hij ontdekt aspecten van het zeezeilen die ik al veel te lang als dagelijkse routine beschouw. Bijvoorbeeld de duizenden sterren die je zelden aan land te zien krijgt.

Zondag de 26^e juli, om half drie in de morgen, is de wind 180 graden gedraaid. Hard op de neus. Het is ook kouder geworden en het regent geregeld.

De opstapper heeft tegelijkertijd dezelfde soort vis aan de hengel en de treklijn. Deze vis heb ik nog nooit eerder gezien. Ongeveer 30 cm, zonder schubben en met stevig wit vlees.

Ik lees "Salty Dreams", dat ik in Horta kocht, vertaald uit het Nederlands van "Zoute Dromen" van Aad Twigt. Prachtig verhaal hoe hij en Hella in de midden jaren zeventig op een 7 ½ meter zeiljachtje wegzeilden van Nederland, de Middellandse Zee in en later de oversteek maakten, zonder motor, naar de Caraïben; geschreven net zoals ik hem verleden week hoorde praten.

Woensdag wakkert de wind aan tot rond de 20/25 knopen, gelukkig niet meer op de neus. We zeilen onder de kleine stormfok. 's Avonds vraagt de opstapper om het zeeanker uit te brengen. Ik leg hem uit dat dit niet nodig is, dat er niets aan de hand is. Dan suggereert hij dat we wacht moeten houden voor eventuele scheepvaart. Gisteren zagen we een containerschip in de verte. Maar we zijn nog niet bij de route van het Kanaal naar Gibraltar.

Hij besluit om aangelijnd in de regen in de kuip te zitten met foulies, zwemvest en harnas.

Ik ben nu boven de 40^e breedtegraad, het verste van de evenaar sinds ik in 2005 vanuit San Francisco vertrok. De eieren zijn op. Ik heb een vissoep gemaakt met een bouillonblokje, bloemkool en ui, en de gedroogde visoverblijfselen van een paar dagen geleden. Ik heb een SailMail gestuurd naar de Nederlandse zeilvrienden voor suggesties voor een ligplaats in de buurt van Amsterdam.

Het weer blijft wisselvallig, te veel of te weinig wind.

Ik krijg van mijn zeilvrienden in Nederland verschillende aanbevelingen voor een ligplaats. Er is een suggestie die me te goed om te geloven klinkt.

Ik had verwacht iets specifieks over Durgerdam of Sixhaven te horen. Watersportvereniging "De Schinkel" komt uit de bus. Heel fijne herinneringen. Mijn oom Ate van Ommen was daar lid en ik heb met hem op zijn 16 Kwadraat mijn eerste zeilervaringen gehad, toen ik twaalf was. Ik had nooit verwacht dat een zeegaand zeiljacht daar kon afmeren. Dit is niet ver van mijn oude buurt waar ik opgroeide, in de Rivierenbuurt. Bij het Amsterdamse Bos. Ik noem het nog altijd Bosplan. Het is een 20 minuten op de fiets naar mijn zus, in Badhoevedorp. Mijn oude vriendin, Evelyn, woont in Buitenveldert, vijf minuten op de fiets.

De 4^e augustus, een 125 mijl van Loctudy, kruisen we de scheepvaartroute vanuit het Kanaal. Binnen een half uur tellen we een twintigtal vrachtschepen.

Vanavond is er een nieuwe boot die zich meldt op Herbs spreekuur: "The Frenchman". De schipper heeft een Nederlands accent. Na het spreekuur roep ik hem op. Het is Bart Boosman en de bootnaam is "De Franschman", genoemd naar het restaurant in Bergen N.H. waar hij de 9 meter boot in de achtertuin heeft gebouwd. Bart is op de terugweg van de single handed Ostar race van Plymouth naar Newport. Hij heeft het goed gedaan, maar op de terugweg, dicht bij Newport, is al zijn elektronica door bliksteminslag vernield. We wisselen e-mailadressen uit. Woensdag komt de Franse kust in zicht en gaat de Franse beleefdheidsvlag naar boven onder de stuurboord zaling.

Loctudy

  Dit is mijn meest gebruikte beleefdheidsvlag op deze reis. De laatste keer was in mei 2007, in Frans-Guyana.
  Er gaan een hoop emoties door mijn hoofd: weer een lang gekoesterde wens gewaargeworden: met mijn eigen zeiljacht terug op het Europese vasteland. En Frankrijk, het land waar ik me altijd thuis voel, waar ik de taal redelijk meester ben, waar oude en nieuwe vrienden wonen.
Er is hier geen douane. Ik bel het dichtstbijzijnde douanekantoor in Quimper, maar die hebben geen belangstelling en vinden het helemaal niet nodig om me er druk om te maken. Weer een staaltje van wat Richard me uitlegde op Wallis, toen de Gendarmes een uur aan de telefoon waren om de vrouw van Pascal, de eigenaar van de catamaran "Perle des Îles", te sussen. "En service de la population". Ik vind het best.
  Carol, mijn neef, komt aan met de trein uit Amsterdam om voor de laatste etappe aan te monsteren. Maar de opstapper schijnt geen haast te hebben met me te verlaten. Hij is op een enkele reis naar Horta gevlogen. In tegenstelling met de ervaring die ik verleden jaar had met Crew, ging dit helemaal fout. Ik neem een goed gedeelte van de teleurstelling voor mijn rekening. Hij was enthousiast, vriendelijk, dankbaar, maar hij irriteerde me, liep altijd in de weg, en was klungelig. En dan zijn vijftien dagen, in zo'n kleine ruimte, vijftien dagen te veel.
Ik maak contact met Klaus en Flo(rence) Krömer. Zij wonen in Guilvinec, net ten westen van Loctudy.
  Zij komen de volgende dag naar de boot en halen ons drieën af voor een etentje bij hen aan huis. Klaus komt uit Bremen en, zoals ik al in het begin van het boek schreef, ontmoette Flo in Frans-Guyana. Ik ontmoette hen in Nuka Hiva aan het begin van mijn Polynesië-bezoek. En daarna in Papeete, Huaini en Raiatea. Het is louter toeval dat het precies vier jaar geleden is, 6 augustus 2005, dat ik de avond bij Klaus en Flo aan boord was op "Wanderlust", in de sprookjesachtige baai van Avea op Huaini.

Sylvestre Langevin, de ontwerper van mijn NAJA, beantwoordt mijn e-mail die ik hem stuurde om zijn reactie te horen over de afstanden die zijn negen meter bootje had gepresteerd. En ik had gehoopt hem hier weer te ontmoeten. Zijn kantoor is in Parijs. Ik had Sylvestre ontmoet in 1980 in Montreal op de boat show.

Sylvestre is een paar jaar ouder dan ik, dus op zijn minst midden zeventig, maar nog altijd aan het ontwerpen. Hij geeft me een "chapeau", maar hij waarschuwt me dit niet publiek te maken, dat je in een "Mouille Cul"[28] de wereld om kan zeilen. Want dan wil straks niemand meer zijn grotere ontwerpen kopen. Dus, houd dit alsjeblieft onder de pet.

Zondag fiets ik naar de mis in een prachtig oud kerkje. Er worden drie baby'tjes gedoopt en de kerk is stampvol. De opstapper neemt de trein van 12 uur naar Parijs. Na de mis ontmoet ik Cathy, die we in Horta leerden kennen, op de boot van de buren. Zij rijdt mij net voor de 13 uur sluitingstijd naar de supermarché om nog wat inkopen te doen. Daarna halen we Carol af en neemt zij ons mee naar het huis van haar vriend Francois in Lesconsil.

Als God in Frankrijk is de toepasselijke vergelijking voor hoe verwend ik me hier voel door deze lieve mensen en de omgeving. Een prachtig oud gerestaureerd huis in dit slaperige havenstadje; een barbecue op de binnenplaats, de geur van kamperfoelie.

Op zondagavond, acht uur, vertrekken we van Loctudy richting Amsterdam. Neef Carol is de zesde generatie mastmaker sinds Sybolt Ottes, de eerste De Vries, die een mastmakerij begon in Woudsend in 1805. Carol is vijf jaar jonger dan ik. Hij kent zijn weg op een zeiljacht.

In plaats van dicht langs de kust te zeilen en de gunstige stroomrichting te benutten kies ik buiten om te gaan. De eerste optie betekent dat je bij daglicht op tijd een goede ankerplaats moet vinden als de stroom tegen draait. We worstelen langzaam rond île d'Ouessant, hobbelend in een centrifuge.

---

[28] "Mouille Cul" betekent letterlijk Natte Kont, maar figuurlijk dat je met weinig tevreden bent.

We zijn nu in de 'Kalverstraat' van het scheepsverkeer beland. Maar het valt wel mee. De optocht volgt keurig de voorgeschreven routes en wij zeilen ernaast, op het trottoir.

Met de eb en vloed door het Kanaal is het stapvoets of rennen. We zien Boulogne sur Mer en Oostende urenlang en dan gaat het weer met de vloed in galop verder. Vrijdag de 14^e passeren we Zuid-Beveland en ik zend een e-mail naar mijn zus dat we verwachten laat vanavond in IJmuiden aan te komen. Ik moet wennen aan de afstanden. Thuis is het van Gig Harbor naar Vancouver twee dagen varen. Hier ben je in een dag van de Belgische grens in IJmuiden. Het zal wel een overblijfsel zijn uit mijn jeugd, dat ik afstanden in Nederland nog altijd vanaf de fiets bereken.

59. In Nederland

Er staat een sterke wind en ik heb moeite me te oriënteren, met al het tegenlicht van de Hoogovens. Ik begin aan de GPS kaart te twijfelen. Gelukkig weet Carol hier de weg en loodst me keurig IJmuiden binnen. We meren af in de nieuwe jachthaven in de buitenhaven. Het is al laat en we kruipen in onze kooien.

De volgende zaterdagmorgen vul ik het inklaringsformulier in en schuif het in de aangewezen kast.

Mijn opmerking aan mijn jongste zoon, jaren geleden aan het water van Gig Harbor, is dus werkelijkheid geworden; de "Fleetwood" is op datzelfde zoute water, zonder stoplichten, bruggen of sluizen in Nederland terecht gekomen.

De oudste van mijn zus, mijn neef Dirk Jan, haalt ons af en brengt ons thuis bij hem in Haarlem voor de koffie. Hij en zijn twee zonen komen mee op de boot naar Amsterdam. Ik hijs voor het eerst de Nederlandse beleefdheidsvlag. Mijn zus en zwager komen mij verwelkomen in de IJmuider sluis. Met een stevige westwind zeilen we door het Noordzeekanaal.

Controle op het Noordzeekanaal

Mijn neef en neefjes nemen afscheid aan de houthaven, bij de brug aan de Houtmankade.

Wij moeten wachten tot na het spitsuur voor de brugopening. Ik wandel naar de plek, pal naast onze wachtplaats, waar wij als jongetjes in de mastkrullen speelde. Het volkskoffiehuis en de mastmakerij zijn er al lang niet meer.

Er ligt al een vijftiental jachten aan de westkant van de Houtmankade waar wij bij aansluiten voor de spoorbrug opening, na middernacht. Carol en ik lopen door de Haarlemmerstraat naar zijn huis op het Singel. Carol woont nog altijd in het huis met de Spaanse gevel dat van 1605 dateert. Waar ik eerder overschreef, de scheepsartikelen winkel is er niet meer. Waar vroeger staaldraad werd gesplitst tapt nu het café "Kobalt" Amstel bier.

Carol neemt zijn fiets mee om weer van de Schinkel naar huis te fietsen. Een volle maan komt op over de daken aan de oostkant van de Houtmankade. Over nummer 27 waar Opa een tagrijn winkel had. De winkel is in 1961 gesloten. Ik kan me nog goed herinneren, als kind, daar mevrouw Rijpkema achter de toonbank te zien staan. Haar man was de baas in de mastmakerij, zij woonden achter de winkel.

De staande mastroute is een nieuwe ervaring voor mij. Door een stad die niet slaapt op een zomeravond. Sloepen met uitbundige jongelui, en te luide stereo's, de Amsterdamse blauwe trams.

De laatste brug is de Zeilbrug. Dat brengt weer herinneringen terug. Toen moeder werd gearresteerd in april 1944 zijn mijn broer en ik eerst beiden bij onze oom en tante op het Singel ingekwartierd. Carol was toen twee jaar. Maar al kort daarna hebben mijn oom Ate van Ommen en tante Mimie mij in huis genomen op de Westlandsgracht. Ik liep elke schooldag over de Zeilbrug naar de eerst klas in de Sportstraat. Ik liep dan langs de Amstelveensweggevangenis waar moeder zat totdat ze naar het concentratiekamp Vught werd gestuurd in begin mei '44.

Op Hemelvaartsdag, toen vader net was vrijgelaten, nam vader ons mee met het treintje van het Haarlemmermeer station, tegenover de gevangenis, naar onze oom en tante in Uithoorn.

Ik zal mijn leven nooit vergeten dat vader toen voor dat getralied, schijnbaar ondoordringbaar, gebouw in de midden van de straat stond en heel hard schreeuwde: "Rennie, Rennie".

Ook blijft de herinnering in me gegrift dat op een dag als ik de Amstelveenseweg overstak, ik mijn broer Jan in een winkel zag. Ik had hem al een tijd niet gezien. Als gewoonlijk droeg hij precies dezelfde kleren als ik. Ik steek enthousiast mijn hand op, "Hee, Jan!" En terzelfdertijd gaat zijn arm omhoog. Het was mijn spiegelbeeld....

De "Stars and Stripes" in de club mast voor de "Fleetwood" en ik toon de Nederlandse en Amsterdamse beleefdheidsvlag.

Ik krijg een prachtig plekje toegewezen in de Watersportvereniging "De Schinkel". De Amerikaanse beleefdheidsvlag wordt in de vlaggenmast gehesen en de koffie staat klaar in het clubhuis. Carol fietst terug de stad door naar huis.

Zondag fiets ik naar de dienst in de Augustinus kerk, op de hoek van de Kalfjeslaan en de Amstelveenseweg.

Deze hoek vormde een van de hoeken van het vierkantje dat ik vaak als teenager, alleen, liep; de Amstel langs, rechtsaf de Kalfjeslaan en weer rechtsaf de Amstelveenseweg op. Dat waren toen weilanden waar de Kalfjeslaan door liep. In de winter schaatsten we hier vanaf het randje van Amsterdam, door het Amsterdamse Bos naar "de Poel", een klein meer voor Bovenkerk.

De Augustinuskerk is nog niet halfvol en meest grijs haar.

Er is een goed koor en Pater Ambro Bakker geeft een inspirerende preek. Een Amerikaanse parochie zou de hemel te rijk zijn met zo'n mooie kerk, koor en voorganger en de doorsnee leeftijd een 20 jaar lager liggen. Waar ik ook aan moet wennen is het nog altijd horen van munten in de collecte schaal. Daar kocht je vroeger een ijsje voor.

Een stel van de oudere leden op de Schinkel herinnert zich mijn oom nog goed. Ik ontmoet Flip Brommet weer, die hier een halve eeuw lid is. Hij komt ook uit de Alblasstraat en heeft ook gewerkt voor Maatschappij de Fijnhouthandel waar ik mijn loopbaan in de houtwereld begon in 1955. Het is een leuke club met een goede variatie van interesses en sociale oriëntaties.

Maandag zoek ik Evelyn op. Zij woont hier zeven minuten fietsen vandaan. Zij was 15 en ik 18 toen wij elkaar leerden kennen. In 2003 ontmoette ik haar weer voor het eerst. 's Middags komt Evert Slijper langs. Hij blijkt hier kind aan huis te zijn.

Evert woont in Eugene, Oregon, waar ik hem in 1972 voor het eerst ontmoette. Hij is op familie-bezoek in Nederland. De Schinkel staat bekend voor de ongeveer vijftien boten "Vrijheid" vloot. Iedere donderdagavond in het seizoen houdt de club een wedstrijd op het Nieuwe Meer. Evert is een verwoede zeiler en heeft heel wat prijzen gewonnen in Amerika in zijn "Thistle" klas, vergelijkbaar met een "Vrijheid". Evert zeilt hier ook nog wel eens wedstrijd met zijn jongere broer.

Bart Boosman, van de "Franschman", belt me dat hij net uit Plymouth in IJmuiden is aangekomen en we spreken af om elkaar in de Sixhaven, aan het IJ, te ontmoeten. Hij is op weg naar zijn thuishaven in Makkum.

Zaterdag komt een stel van de familie voor een picknick naar de boot. Mijn zus, Karolien haar man Herman, Twee van haar drie kinderen, vier van de vijf kleinkinderen en haar schoondochter.

Met zus Karolien en haar man Herman en kroost op de WSV "de Schinkel"

Ik kan voor de eerste keer, sinds ik in 1970 uit België vertrok, weer als gastheer optreden in plaats van altijd de gast te zijn.

Mijn zus heeft Frenk der Nederlanden, die een column schrijft in "Het Parool" over Amsterdam, naar de Schinkel gestuurd. Hij heeft een heel mooi artikel geschreven in het 3 september nummer. In mijn blog van dezelfde datum schreef ik dat ik van plan ben om a.s. zondag met mijn tweelingbroer naar de 65 jaar herdenking van de ontruiming van kamp Vught te gaan.

Toen de geallieerden in de buurt van Antwerpen opgerukt waren heeft de SS het concentratiekamp ontruimd. Onze moeder is met 650 vrouwelijke politieke gevangen in 85 vrouwen per veewagon naar Ravensbrück geëvacueerd.

Bart Boosman leest dit en zendt me een e-mail dat zijn oma, Tiny Boosman, ook in dit transport was. Ik zend hem de foto die ik bij het vertrek van Santa Barbara in 2005 van Sjoerd Koppert had gekregen. De foto van een van de eerste jaarlijkse reünies, in 1947, die de overlevenden jarenlang hebben bijgewoond. Daarop krijg ik een telefoontje van zijn tante, Bep Boosman, de dochter van, de al enige jaren overleden, Tiny Boosman. Zij is vaak mee geweest naar de reünies en visites bij de kampvriendinnen van haar moeder. In het telefoongesprek noemt zij de naam Henk Dienske.

Dienske was de leider van het verzet, de L.O. (Landelijke Organisatie voor onderduikers), in het westen van het land. Hij was een diaken in onze kerk, de Gereformeerde Waalkerk in Amsterdam zuid. Ik ben al jaren aan het zoeken wie er verder nog voor Henk Dienske uit onze kerk gewerkt heeft. Pas na mijn moeders sterven, eind 1993, werd dat een opdracht voor me. Henk Dienske werd een week voor onze moeder, door verraad, gearresteerd en overleed twee maanden voor het einde van de oorlog in het concentratiekamp Neuengamme. In 2003 ontmoette ik de oudste dochter van Dienske op een school reünie, zij kon me niet helpen. Dus je kan begrijpen dat mijn oren spitsen nu ik haar die naam hoor noemen. Tiny had niets met de Waalkerk te maken. Maar we spreken af om elkaar te ontmoeten. Kort daarna stuurt Bart mij een keurig gebonden getypte memoires van zijn Oma die zij schreef binnen een jaar na haar bevrijding. Zij was meer dan een jaar in revalidatie, door de ontberingen in haar gevangenschap, in een sanatorium in Switzerland. Zij en twee lotgenoten uit de Dienske groep hadden precies dezelfde processen en kampen gevolgd als onze moeder. Ik was al bezig met een biografie over onze moeder te schrijven, moeder sprak weinig over haar dagelijkse ervaringen in haar gevangenschap. Ze had het een en ander geschreven en verteld over de steun die zij en anderen hadden van hun geloof in God. En ik heb de memoires van Kiky Heinsius dat een meer filosofische reflectie is over haar ervaringen.

Een week later komt Bep, met haar broer en schoonzus, me afhalen om Lies Bueninck te ontmoeten. Zij is een van de laatste overlevenden. Lies is honderd jaar oud. Maar nog kras. Zij herinnert zich onze moeder. In de laatste dagen voor de bevrijding, in een satelliet kamp van Dachau, hebben de vrouwen adressen uitgewisseld, op kleine ronde kartonnetjes uit de fabriek waar zij tewerk waren gesteld, op de achterkant was vaak een opbeurende wens geschreven. Een ervan was door moeder voor Lies gemaakt.

Van moeder voor Lies eind april '45

Het weekend van 18 september doet de Schinkel een jaarlijks uitstapje naar Marken. Met een stel boten gaan we dondernacht door de grachten op de staande mastroute. En door de Oranjesluizen naar Marken. Op zaterdag wordt een informele regatta gezeild. Er is weinig wind en ik ben 9^e van de 13 zeilers. Nederlanders weten hoe plezier te maken rond het water, zeker de Schinkelaars.

Jaap en Cisca Homan op "Rampallion"

We eten 's avonds, met een veertig man, buiten op het terras van "De Verkeerde Wereld" voor de prijsuitreiking. Ik blijf zondagavond in Durgerdam hangen met motorpech. Een nieuwe koppakking moet uit Ierland gestuurd worden. Ik ben er een paar weken zoet mee.
Marinus Hoogendoorn, de schipper van de "Glissando", is aan het laden in de Coenhaven en komt me opzoeken in Durgerdam. Hij wil een kijkje nemen hoe hij mij het beste de Rijn op kan slepen. Hij heeft een plan. Ik heb ondertussen ook eindelijk bevestigd gekregen dat ik met mijn diepgang naar de Zwarte Zee kan varen. Henk en Hanny Nauta uit Sneek hebben een goed reisverhaal geschreven over hun rondje door de Rijn-Donau-Zwarte Zee-Gibraltar en terug in 2005. Zij hebben bijna dezelfde diepgang.

In oktober is er groot feest op de Schinkel, 90 jaar jubileum.
Er is veel werk van gemaakt en ik sta verbaasd van het toneel, muziek en kunsttalent van de leden. Het Amsterdamse Havenkoor laat mij met hen "Op de Woelige Baren" meezingen.

De 30ᵉ oktober geef ik een dia projectie van een gedeelte van mijn reis voor vrienden en familie in het Schinkel clubhuis. Tien dagen eerder had ik eenzelfde projectie gegeven voor de club leden. Vier Nederlandse zeilers die ik onderweg ontmoet heb zijn ook van de partij.

Ik heb besloten een gedeelte van deze winter in Indochina door te brengen. De winter in Holland, liever niet. Ik wil op zijn minst een maand in Nhatrang rustig in een hotelletje zitten om aan mijn boek "De Mastmakersdochters" te werken. In het voorjaar kom ik dan weer terug en verwacht dan bezoek van mijn kinderen om hen mijn geboorteland van de boot af te kunnen laten zien.

Een van mijn beste vrienden in Tacoma, Roman Wydra, is ernstig ziek.

Hij is 97, wij hadden een weddenschap dat hij 100 zou worden. Hij is een ouderwetse Europese Renaissance man. Roman vocht in de tweede wereldoorlog met de Joegoslavische partizanen in Slovenië. Hij spreekt vloeiend acht talen. Zijn schoonvader was de hovenier voor Prins Radziwill in Polen, zijn tante een hofdame voor de keizerin Elizabeth in het hof van Frans Jozef I, in Wenen. Toen mijn bank mijn krediet introk heeft Roman me geregeld als bankier geholpen, zonder condities of vragen. Hij wist dat ik begin april weer terug zou zijn in Nederland. Een paar dagen voor mijn vertrek is zijn bed leeg in het verzorgingshuis. Ik heb zijn begrafenis mee kunnen maken.

De 1ᵉ mei ben ik weer terug in de Schinkel. De 5ᵉ mei trekken de club Vrijheid boten door de grachten voor een 65 jaar jubileum van de bevrijding en de Vrijheid klasse. 24 boten uit het hele land nemen deel.

Het laatste weekend van mei is er weer het halfjaarlijkse uitstapje naar Marken. Deze keer hebben we meer wind dan in september. Ik heb weer dezelfde bemanning, mijn neef Dirk Jan en Judith van de club. Zaterdagavond zingen wij shanties, met drie trekzakken, "de Zoute Zee", "West Zuidwest van Ameland" en een paar mooie Franse zeemansliedjes.

Zondag neem ik afscheid van mijn nieuwe Schinkel vrienden. Van nu tot mijn vertrek, het eind van de zomer, naar de Zwarte Zee heb ik een ligplaats in Monnickendam. Van hieruit verwacht ik met mijn Amerikaanse familie te zeilen.

Dat wordt een teleurstelling. Van mijn vijf kinderen lukt het alleen Jeannine met mijn kleindochter Gabrielle, me te bezoeken.

De 22e juni neem ik de trein naar Den Haag. Ik heb toestemming gekregen om op het Rijksarchief het proces tegen Sonja van Hesteren door te lezen.

Ik hoop hier namen te vinden van medewerkers van Henk Dienske die mogelijk met mijn moeder hebben samengewerkt in het verzet. Op 30 december 1946 vroeg de aanklager de doodstraf voor Sonja van Hesteren. 13 januari 1947 werd zij gevonnist tot dertien jaar gevangenisstraf. Zij werkte voor de SD[29] op de Euterpestraat in Amsterdam en heeft, onder anderen, Dienske in de val gelokt. Ik vind hier geen enkele connectie met onze moeder of met de Waalkerk na bijna een volle dag door de stapels van rapporten te zoeken. Maar wel een schokkende verrassing in wat zich heeft afgespeeld rond de arrestaties van onze ouders en meerdere verraden leden van de Dienske groep. Hier, diep begraven, ontdek ik de naam van de persoon die de SD op het spoor bracht van Dienske en uiteindelijk zijn dood veroorzaakte. Mijn ouders en de familie hebben dit nooit geweten. Deze persoon hebben wij, en de Dienske familie, allemaal goed gekend en heeft dit geheim in het graf meegenomen. In de garderobe van het Rijksarchief, aan het eind van mijn onderzoek, vraag ik een mooie vrouw, die ik al eerder had gezien, wat haar hier naar het Archief brengt. Zij vond gegevens voor een artikel waar zij mee bezig is over Oegstgeest. Een ongetrouwde nicht van mijn moeder, Hanna van der Meer, had een verpleeg/rusthuis in Oegstgeest en daar wilde ik meer over weten. Ik heb haar gevraagd of zij eens in het gemeentearchief van Oegstgeest onderzoek voor me kon doen. Dat heeft ze gedaan en daar kwamen een reeks van interessante nieuwe familiegegevens uit naar boven. In "De mastmakersdochters" beschrijft moeder hoe zij speelde met deze nicht en haar oudste zusje in de mastmakerij. De meisjes waren in de kost bij Opoe, boven de mastmakerij, hun ouders waren onderweg op de paviljoentjalk "De Onderneming".

Nu vond mijn nieuwe vriendin, Sylvia Braat, dat er nog twee zussen waren en een broer. Aan een van de zusters heeft Sylvia Engelse lesgegeven. De paviljoentjalk werd ingeruild voor een tweemast klipper en door de broer van Hanna van der Meer overgenomen. Door deze gegevens kwam ik in contact met mijn generatie neef Karel van der Meer. Hij heeft ook jaren gevaren. Hij had foto's van de twee "Onderneming"-en. De Paviljoentjalk zeilt nog altijd in de bruine vloot als "De Onderneming"[30] vanuit de Lemmer en de klipper als "Iselmar"[31] vanuit Harlingen. Om het nog mooier te maken en weer eens een staaltje van de kleine wereld tegen te komen: de ouders van mijn nieuwe kennis waren dikke vrienden van de ouders van mijn vriend, sinds 1973, Arthur Wijnans, die in Oegstgeest opgroeide. Sylvia heeft mij ook geholpen met de redactie van "De Mastmakersdochters" en wij zijn nog altijd goede vrienden.

---

[29] Sicherheits Dienst

[30] www.Zeilonderneming.nl
[31] www.Iselmar.info

De laatste week van juni zeil ik via Hoorn naar Enkhuizen.

De stuurvrouw van de "Søren Larsen", Astrid Lurweg, ontmoet ik weer in Enkhuizen. Ik leerde haar kennen na mijn allereerste lange oversteek in 2005 in Hiva Oa in de Markiezen en ontmoette haar later weer in Papeete, Fiji en Vanuatu. Zij heeft haar stuurvrouw pet verwisseld voor een bakkersmuts[32].

Astrid was de eerste die het ijs voor me brak nadat ik al besloten had dat een SoloMan moeilijk contact zou leggen met de "normale" zeilers.

Zij heeft al heel wat gepresteerd als jonge alleenstaande vrouw, als Duitse een nieuwe taal geleerd, haar strepen voor stuurvrouw op windjammers verdiend in de Enkhuizen zeevaartschool. Ze voer in de Stille en Atlantische Oceaan en in Arctica. Astrid heeft net een moeilijke fysieke periode achter de rug waardoor ze niet langer haar beroep kan uitoefenen; nu pakt ze weer een nieuwe uitdaging aan.

Van Enkhuizen zeil ik naar de Lemmer om daar ook weer een lang gekoesterde droom werkelijkheid te maken. Ik meer de "Fleetwood" af aan de Polderdijk voor de mastmakerij van mijn Opa, waar mijn moeder opgegroeid is.

Moeder woonde achter de oranje zonneschermen.

Mast wordt gezet op UK 151 rond 1917 [33]

De zeilmakerij van M.F. de Vries was pal naast de mastmakerij van S.J. de Vries, maar was geen familie. Nadat de klanten het rondhout besteld hadden nam opa de klant mee naar de buren met: "nu gaan we nog even naar de zeilmakerij."

---

[32] www.Spelthuys.nl
[33] De Mastmakerij is nu een historisch monument. En onderdeel van het hotel "Het Lemster Veerschip" http://www.hotellemmer.nl/

Ik was wel eens eerder in de mastmakerij van der Neut geweest. Er is nog steeds niets veranderd sinds mijn Opa hier de baas was.

Dit is hoe de jongste zuster van moeder, Rientje van den Boogaard-de Vries zich haar jeugd hier herinnerde:

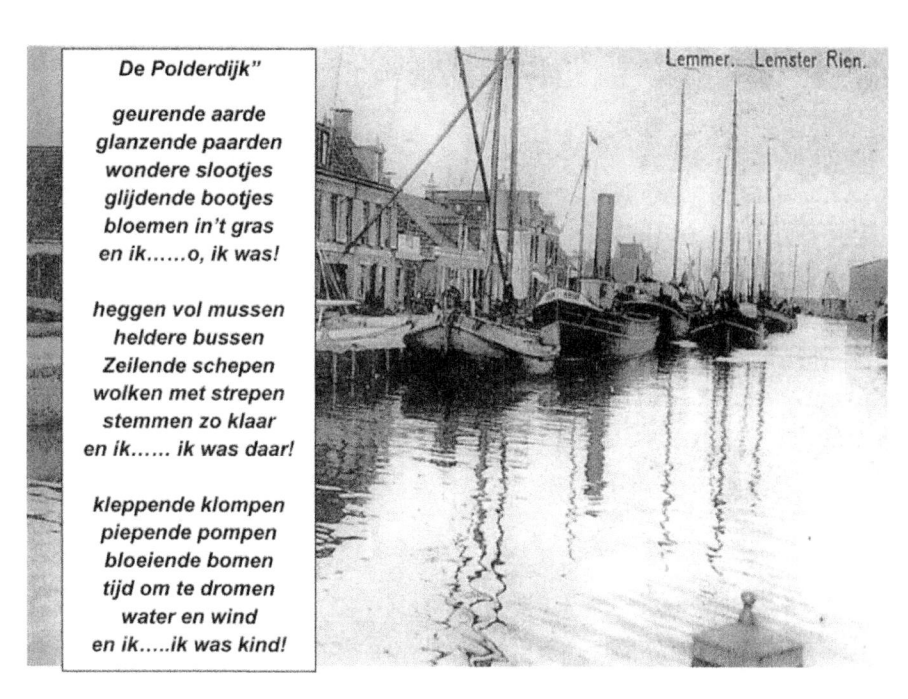

De Polderdijk"

geurende aarde
glanzende paarden
wondere slootjes
glijdende bootjes
bloemen in 't gras
en ik......o, ik was!

heggen vol mussen
heldere bussen
Zeilende schepen
wolken met strepen
stemmen zo klaar
en ik...... ik was daar!

kleppende klompen
piepende pompen
bloeiende bomen
tijd om te dromen
water en wind
en ik.....ik was kind!

Over de Fluessen zeil ik naar Sneek voor een bezoek aan mijn neef Siebold Hartkamp en zijn vrouw en het Fries Scheepvaartmuseum. Mijn zeilende Friese stedentocht brengt mij door IJlst waar ook een tak van mijn de Vries voorvaders masten maakten en Sybold Okke de Vries een belangrijke houthandel had. Langs Heeg waar mijn moeder geboren is en weer het IJsselmeer op in Stavoren.

Jeannine, mijn derde dochter, en Gabrielle komen uit Virginia voor een bezoek van twee weken. De Europese familie heeft Jeannine voor het laatst in december 1969 gezien. Toen zij acht maanden oud was. Haar oudere zusters en jongste broer zijn meerdere malen hier op bezoek geweest.

We maken een uitstapje naar Brugge en ik laat haar het mooie stadje van Halle zien waar zij geboren is en waar wij woonden ten zuiden van Brussel, in Ittre.

Van Monnickendam zeilen we naar Hoorn en bezoeken het Zuiderzee museum in Enkhuizen. Vandaar naar Urk. Als we in de haven gemeerd zijn horen we kerkzang. Het blijkt het wekelijkse "Zingen in de Zomer" te zijn in de Bethelkerk. Ik kan de meeste gezangen nog goed meezingen.

Mijn overgrootvader Jan van Anken was hier de dominee van 1891 tot 1906. Moeder heeft heel wat anekdotes in haar memoires staan van haar logeerpartijen in de pastorie.

Opa vond hier zijn bruid omdat hij hier geregeld op het weekend kwam om zijn centjes te incasseren van de Urker botter vissers. Door de week waren ze op zee, zaterdag in de tobbe en zondag naar de kerk.

1904 Urk. L.R.: Mijn oom Jan, Oma Karolien, Moeder Rennie en Opa Jan de Vries.
De Urkerdracht is waarschijnlijk door de fotograaf verzorgd.

Terug in Monnickendam maak ik de finales mee van de Wereld Cup. Het botterjacht "de Groote Beer" zeilt mee in de Jan Haring race. Mijn oom, Siebold de Vries, had tijdens de oorlog het rondhout en tuigage geleverd voor dit historisch jacht. In Amerika was het bekend als het Hermann Goering jacht. Van Janus Kok, de scheepsbouwer in Huizen en de makelaar van de opdrachtgever, kwam ik achter de ware identiteit van de Duitse klant.

Ik heb verschillende van de Amerikaanse eigenaren ontmoet en, nadat de Groote Beer" bij Nieuwboer in Spakenburg gerestaureerd was, het hoofdartikel in de "Spiegel der Zeilvaart" van juli/augustus 2003[34] over de kleurrijke achtergrond van dit jacht gepubliceerd.

Groote Beer Gerestaureerd, tewaterlating 4 juli 2003   foto Koos Janssen.

60. Van Noordzee naar de Zwarte Zee.

Nu moet ik echt wel op pad gaan om nog voor het eind van de herfst in de Zwarte Zee aan te komen. De mast gaat neer en ik neem afscheid van de vrienden en familie. De 25e juli vertrek ik door de Amsterdamse grachten, het IJ, naar de Amstel.

Dit is de speeltuin van mijn jeugd. Onder de Berlagebrug door, de verbinding tussen de Rivierenbuurt en de Watergraafsmeer waar Opa en Oma woonden. Hier zag ik de intocht van de Canadezen in 1945. Dan door de Weespertrekvaart, waar wij langs wandelden en op schaatsten naar Diemen en Duivendrecht. Vervolgens de Vecht op. Ik ben nu minder dan een kilometer van waar ik geboren ben en ik vertrok in 1957 naar Amerika. Tussen hier en mijn thuishaven aan de Amerikaanse westkust was de sluis in IJmuiden het enige obstakel op mijn route via Kaap de Goede Hoop.

De tweede nacht breng ik door in Wijk bij Duurstede. Met Marinus Hoogendoorn spreek ik af dat we elkaar zaterdag ontmoeten in Lobith aan de Duitse grens op de Rijn.

---

[34] www.cometosea.us/albums/GrooteBeer.htm

Genomen van uit de autokraan door Marinus Hoogendoorn

Marinus heeft het precies uitgekiend. Zoals de foto laat zien. Ik zet mijn roer zo dat de boot een beetje naar stuurboord stuurt en de boot buiten de golf van de schroefslag blijft. Een tweede sleeptros gaat van mijn boot naar de bakboord bolder op de "Glissando" teneinde mijn boot in toom te houden als het te veel naar stuurboord zou gaan. Zaterdag stoppen we in Düsseldorf om de Sabbat te vieren. We zijn met zijn elven aan boord. Marinus heeft een lading zout in Rotterdam geladen die in Koblenz gelost wordt. Zijn oudere broer Kees is met auto vrouw en twee dochters mee gekomen voor de rit. De jongste zoon Arie vaart mee tot Keulen.

Marinus, De fotograaf in de Kraan.

De tweede zoon, Jan is met zijn verloofde en auto meegekomen en gaat hier in Düsseldorf zondagavond van boord en neemt zijn zusje mee naar zeilkamp.

Marinus en zijn broer Kees en schoonzus Anja met hun twee dochters gaan met me mee naar de mis in de Sankt Andreas Dominicaanse kloosterkerk. Daarna doen we nog weer een viering aan boord. Marinus heeft een zondagsdienst op een DVD. Wij volgen het met een Bijbel en zangboek voor het elftal. Ik ben diep onder de indruk van hoe deze nieuwe vrienden hun geloof belijden en de rijkdom die ze hier delen. Het roept fijne herinneringen op aan mijn jeugd thuis en bij mijn grootouders en ooms en tantes. In mijn generatie, onder mijn neven en nichten vind ik er weinig meer van terug.

L.R.: Jan met Joline, Anja met Kees, Marinus, Marilène, Leonie, Natalie, Leni. Arie.

Het is eindelijk weer een prachtige zomerdag. De waterski bijboot gaat het water in en de jongelui laten het stadspubliek langs de Rijn zien waar deze schippersjongens mee opgegroeid zijn.

In 2003 ontdekte ik dat ik nog een achterneef in Düsseldorf had. Zijn grootvader was de jongere broer van mijn Opa en zijn moeder de tweede Mastmakersdochter in mijn boek. Onze moeders waren beiden naar hun grootmoeder, Rennie de Vries vernoemd.

Zijn opa Jentje de Vries begon een mastmakerij in Holtenau, bij Kiel aan het nieuwe Kaiser Wilhelm kanaal, in 1906. Zijn vader August Arendt werkte voor zijn grootvader in Holtenau. In de depressie kwamen zij naar Nederland terug.

De Duitse Rennie Arendt de Vries vluchtte terug naar Duitsland met haar twee zonen op Dolle Dinsdag. Zij was een Nazi lid. In 2004 ontmoette ik Georg, hij bracht mij op de hoogte met zijn belevenissen en foto's van een verloren familietak. Dit werd ook de reden om zijn moeder bij de memoires van mijn moeder te voegen. Georg overleed toen ik onderweg was van Californië naar de Markiezen in 2005. Ik had zijn zoon Hubert in 2007 leren kennen.

Hij had een stapels brieven van zijn "Beppe" die zij aan zijn vader had geschreven, in haar laatste jaren. Nu komen hij en zijn vrouw Manuela me hier aan boord opzoeken.

Dinsdagmorgen vroeg meren we af in Koblenz. "Glissando" vaart niet verder de Rijn op. Wat nu?

Wonder boven wonder komt laat in de middag het vrachtschip "Avensis" uit dezelfde thuishaven, Werkendam, voor ons aanleggen voor de nacht. Marinus kent Rinus de schipper en hij gaat accoord om mij tot Mainz te slepen. Bij daglicht knopen we de "Fleetwood" op dezelfde manier aan de "Avensis".

Rinus komt mee om 4 uur in de morgen voor een stukje om zeker te zijn dat alles goed loopt. Leni haalt hem dan af in de bijboot. Mijn nieuwe sleep vaart sneller en ik hoop dat het allemaal goed loopt. In de stroomversnellingen bij de Lorelei wordt het echt spannend. Waar de Main rivier in de Rijn loopt, bij Mainz, gooit de matroos me los. Wat heb ik weer geboft!

Na de wolkenkrabbers van Frankfort, aan de driesprong van de twee rivieren, verandert het landschap snel. De Main is prachtig varen, maar langzaam. 384 km met 34 sluizen. Er is een knoop tegenstroom en met mijn 30 jaar oude Renault motor halen fietsers en hardlopers me in. Ik kan de vrachtvaart niet bijhouden en dat betekent vaak dat zij voor mijn neus de sluis ingaan en ik moet wachten op de volgende schutting.

Ik klim naar het slot Henneburg, in Stadtprozelten voor dit prachtige uitzicht over de Main en het Spessart berglandschap. Elke bocht van de rivier brengt een nieuwe verrassing. Een oud kasteel boven op een bergrug, dennen en loofboom bossen, wijngaarden, koeien die afkoelen in het water. Reigers en zwanen en illegale ganzen.

De "Fleetwood" achter in het haventje van Stadtprozelten.

Vaak zijn de jachthavens te ondiep voor een zeil(kiel)boot. De meeste plezierbootjes zijn kleine motorboten. De Main biedt weinig ruimte om te ankeren voor de nacht.
Af en toe is er een gratis aanlegplaats voor passanten in de grotere plaatsen.
In Würzburg wil ik wat klusjes doen. Er is een probleem met mijn laptop en de starter.

Vanmorgen in Wernfeld moest ik de motor met de hand starten. Er is geen aanlegplaats voor een sportboot en de tanker boot verkoopt alleen aan de beroepsvaart. Ik vraag waar ik een nieuwe starter kan vinden. Zij verwijzen me naar een oude aak, de "Rödelsee".

Het schip ligt hier al een paar maanden met motorpech. Martin, de jonge schipper heeft eindelijk de motor weer aan de gang gekregen maar heeft geen geluk met het vinden van een vracht voor deze langzame schuit gebouwd 1925. De vrachtmarkt ligt in elkaar en verschepers huiveren voor oudere schepen, door hogere verzekering risico's. De enige inkomsten waar hij en zijn moeder de laatste maanden van leven, is zijn moeders €535 staatspensioen.

Martin heeft de onderdelen en lost mijn start probleem snel op. Hij weet ook alles van computers en vindt het probleem. De krasse schippers weduwe neemt me mee de stad in om mijn boodschappen te doen.

In mijn blog van de 11ᵉ augustus vraag ik mijn lezers een gebedje te zeggen voor Martin en zijn moeder. De volgende dag passeert de "Rödelsee" me. Martin stapt het stuurhuis uit en wuift met een brede lach. Op de marifoon vertelt hij mij dat hij een lading heeft in Kitzingen voor Rotterdam. Als ik later door Kitzingen vaar is het schip al half vol met een lading cement.

In de laatste sluis voor Schweinfurth komen twee politieagenten op me af. "Wat heb ik nu weer uitgespookt?" Het blijkt nieuwsgierigheid te zijn. Als ik iets later aan de stadskade aanleg, komt een van de twee, in burgerkleren me nog weer opzoeken, om me te vertellen dat hij een verslaggever van het lokale dagblad naar me toestuurt. Een sympathieke man, Hannes Helferich. Hij vertelt me dat tijdens de oorlog hier veel Nederlandse dwangarbeiders gewerkt hebben in de drie grootste Europese rollager fabrieken. Zijn verhaal staat de volgende dag in de Main Post.[35] Zaterdag overnacht ik in Viereth, net voor Bamberg.

Het is Maria Hemelvaart de volgende zondag, een kleurrijke mis in de Sankt Jakobs kerk. Een prachtig Barok Beiers kerkje. De kruiden oogst, die deze winter te drogen hangt, wordt door de pastoor gezegend. De kerkbanken zijn er mee versierd en bossen vol staan voor het altaar.
De rest van de zondag fiets ik door Bamberg. Er is hier veel te bewonderen in historische architectuur en prachtige uitzichten over de Main en de Regnitz vallei.
De beroemde domkerk valt me een beetje tegen, somber; de Sankt Michael Kirche vind ik schitterend.

---

[35] http://www.cometosea.us/albums/MainPost.pdf

De meeste Bambergers weten niet dat in de muurschildering op het stadhuis, links, de Vrouw met de Vier Borsten verscholen is.

Van hieraf aan gaat het nog verder bergopwaarts door het Main-Donau kanaal.

Sinds voor Würzburg is mijn laptop kapot. Het heeft geen zin hier een laptop te kopen want met een Duits toetsenbord kan ik niet overweg. In Nürnberg blijf ik een dag liggen om een internetcafé en een oogarts te vinden. Mijn rechteroog heeft weer dezelfde infectie als ik in de Filipijnen had in 2006. Dit komt waarschijnlijk door een verkoudheid en een lelijke val die ik in Bamberg maakte met de fiets. Geen dokter is vrij en ik heb weinig zin hier een paar weken te liggen voor de eerste beschikbare afspraak.

Ik was nog nooit eerder in Nürnberg. De Sankt Lorenz kerk vind ik een van de mooiste gotische kerken die ik tot nu toe bezocht heb; sfeervol en indrukwekkend.

Het is kippensoep bij de Chinees, want ik voel me niet zo lekker, met mijn oogpijn en het donkere regenweer. Maar de soep en het fortune cookie beloven betere vooruitzichten: *"Power Total, tolle Aussichten! Mit Ausdauer kommen Sie zum Zuge"......*

De laatste sluizen stroomopwaarts zijn net onder 25 meter diep. Het vullen van de sluizen gaat met een enorme stroming gepaard. En nu komen er weer grote cruiseschepen bij die de moeite niet nemen om aan te leggen maar met de schroeven zich in het midden van de sluis balanceren. Dit geeft mij grote moeilijkheden om mijn boot in de teugels te houden. Als de boeg begint weg te lopen dan is er geen houden meer aan en het is me al gebeurd dat dan de lang uitstekende mast vast komt te zitten. De Oosterijkers Jozef en Margiet zagen mijn probleem twee sluizen terug en laten me bij hun langszij vast maken.

Rond de 100 km paal ben ik zo'n 200 meter naar boven geklommen vanaf Bamberg en ben nu op het hoogste punt van deze reis, 406 meter boven de zeespiegel. Nu wordt het een stuk makkelijker om de boot in bedwang te houden. Gelukkig zijn er hier de drijvende bolders in plaats van elke paar meter stijging weer aan de volgende vaste bolder vast te maken.

Laatste stroomopwaartse sluis. Ik lig langszij het motorjacht van Jozef en Margiet. De wilde stroming is hier goed te zien.

De eerste 120 km van het kanaal is saai, door een vlak hoogland maar het wordt weer mooier in het oude Altmühle rivierbed en het Ludwigskanal.

In de laatste sluis maak ik een praatje met de schipper van de "Wijkerzand". Hij is de zwager van Leendert, de broer van Marinus Hoogendoorn. De schipper vertelt me dat ik Leendert wel zal tegenkomen want hij lost verder op de Donau.

Regensburg is de eerste grote stad aan de Donau. Hier ben ik wel eens eerder geweest. Een apotheker helpt me aan een middeltje voor mijn oog als ik haar uitleg wat er precies aan de hand is.

Deggendorf is een prachtige oude stad. Ik vind hier in de jachthaven mijn Oostenrijkse vrienden Jozef en Margiet terug.

Het zomerweer is eindelijk weer terug, weekend vakantiegangers hebben hun tenten opgezet langs het water, er wordt gewaterskied en gezwommen. Zondag ga ik naar de mis in de prachtige barok Pfarr Kirche O.L.V. Hemelvaart, bijzonder is het gouden altaar. De organist speelt met bravoure en fortissimo op het mooie orgel.

Ik vertrek pas om 4 uur 's middags, er is zo veel te zien in Deggendorf.
Met de stroom mee kom ik toch nog een heel eind. Er is geen aanlegplaats in de stad Passau net zoals in Bamberg. Net voor Passau in Heinig overnacht ik in de jachthaven en fiets maandagmorgen naar Passau.

Pfarr Kirche O.L.V. Hemelvaart, met goud altaar, in Deggendorf.

Hier kijk ik mijn ogen uit. Ik kan hier een paar maanden doorbrengen en elke zondag een andere kerk bezoeken.

De Inn stroomt hier de Donau in en de rivier wordt breder en het wordt van hieraf aan druk bevaren door cruiseschepen. Deze zware diepe schepen maken een enorme boeggolf die enige keren terugkaatst van wal tot wal. Net als het water weer een beetje tot rust komt vaart de volgende monsterboot langs. Vandaag werd het zo wild dat een gemene golf over het voordek spoelde en door het voorluik de kajuit in kwam.

De vrachtschepen lopen minder snel en veroorzaken minder last. De tweede categorie van waterzondaren zijn de grote diepe plezier motorboten. De meeste hebben geen sjoegen wat een moeite ik heb met de mast op de boot te houden door hun boeggolf. Ze hebben geen idee wat er zich achter hun boot afspeelt. Tunnelvisie. Die pret begon al meteen op het Amsterdam-Rijnkanaal.

Ik zag mijn Oostenrijkse vrienden Jozef en Mariet op "Oliver" voor het laatst net voor de Oostenrijkse grens in een nieuwe jachthaven in Vilshofen.

Morgen passeer ik de Duits-Oostenrijkse grens.

Vanavond kom ik vast te zitten in de haveningang van Grein, Oostenrijk. Het is te laat om verder te varen. Ik zet mijn anker niet ver van de havenmond, vlak voor de stadsoever.

Grein.

Terwijl ik op mijn beurt wacht voor de sluis, net voor Wenen, vraag ik de sluiswachter, over de marifoon, aan welke kant de enige aangegeven drijvende bolder is. Een Oostenrijkse kleine motorboot moet de marifoon conversatie gehoord hebben, in plaats van zijn beurt af te wachten gaat hij rechtstreeks snel om me heen op die enige drijvende bolder af. Ik moet nu tien keer alleen mijn landvasten verplaatsen. In de harde wind neemt dat al mijn kracht en oplettendheid. Voor dat kleine bootje met drie man aan boord was dat weinig moeite geweest. Af en toe kom je dat soort mensen tegen. Maar bij de volgende sluis maakt, Peter, een zestig jarige Oostenrijker het weer helemaal goed voor de Oostenrijkers Hij geeft me een zak vol tomaten die hij die middag bij zijn zuster geplukt heeft.

De gekanaliseerde Donau neemt een ommetje om Wenen en ik laat de stad rechts liggen.

Ik ben er al meerdere malen geweest en ik ben van plan om mijn culturele interesse voor Bratislava en Boedapest te sparen.

Wat ik van Wenen te zien krijg is een rij van hoge appartementen en kantoorgebouwen aan de stad kant en aan de andere kant een eiland dat klaarblijkelijk een mannelijke nudisten of homo kolonie is, waar zij de aandacht van de passerende boten trekken met hun blote kanissen. Een vreemd, armzalig schouwspel.

Een Nederlandse rijnaak komt me tegen. De "Volonta", dat is Leendert de broer van Marinus Hoogendoorn. De schipper komt naar buiten, ik roep dat ik een vriend van zijn broer ben, maar hij schijnt me niet te horen of te begrijpen.

Volgens mijn water Baedeker is het te ver om de jachthaven van Bratislava te bereiken. Ik laat mijn Danforth anker neer buiten de vaargeul maar de stroming is sterk en het anker slipt op de kiezelstenen. Ik kom vast te zitten en de boot begint snel slagzij te maken. De schroef is boven water. Maar als ik op het punt sta de marifoon te grijpen om hulp te bellen, duwt de stroming me weer in dieper water. Het wordt al donker als ik een diepe inham vind in een grindgroeve. Een duwboot kapitein laat me langszij aanleggen.

Dit is het eerste land op deze tocht waar ik de taal niet spreek. Marosi Frantisek spreekt een paar woorden riviervaart Duits, maar daar hebben we weinig aan. Met een pen en papier en fles cognac hebben we een gezellige avond. Hij heeft net zijn 27-jarige zoon verloren. Mijn jongste zoon is verleden week 29 geworden. Marosi laat mij de machinekamer zien van deze krachtpatser, twee twaalf cilinder diesels, die zo'n zes grote aken de rivier op duwt. 's Morgens heeft hij een uitgebreid ontbijt voor me klaar staan. Wat een geweldige vent. "Dakujen Pekne!"

Bratislava

De Jachthaven voor Bratislava is 10 km stroomafwaarts van de stad. Er zijn geen fietspaden en het is gevaarlijk fietsen op de slechte smalle wegen. Dit is de tweede keer dat ik achter het voormalige IJzeren Gordijn ben. In 1991 reed ik van Berlijn via Dresden naar Praag

Bratislava heeft een schat van historische gebouwen maar ze zijn al jarenlang verwaarloosd. Tot het eind van de eerste wereldoorlog was Bratislava de hoofdstad van het Oostenrijks-Hongaarse rijk.

De Sint-Maarten domkerk is indrukwekkend. Hier zijn, tussen 1563 en 1830, elf vorsten en vorstinnen gekroond, onder wie keizerin Maria Theresia. In de gewelven onder de kerk is een bijzonder mooie expositie van, bijvoorbeeld, de paramenten, liturgische priesterkledij, et cetera.

De Sint-Maarten domkerk in Bratislava.

Op de terugweg regent het hard, ik ben kletsnat en de weg kwijt. Als ik aan een man, die net een winkel uitkomt, de weg vraag biedt hij mij aan om me naar de boot te rijden. De vouwfiets gaat de koffer in.

Zondag fiets ik weer de stad in en maak de hoogmis mee in de Sint-Maarten domkerk. De liturgie is in het Latijns en de lezingen en preek in het Slowaaks. Wat een voorrecht om in deze mooie kerk de dienst mee te maken.

Om half twee vertrek ik van Bratislava en stop in Horny Bar. Als een Hongaar uit dit plaatsje ooit met zijn boot, met deze thuishaven, een reisje in de tegenovergestelde richting zou maken, zou hij aardig wat lachen achter zijn rug horen in Amerika. Het lukt me de 150 km van hier naar Budapest in een dag te varen, er was slechts een sluis en de snellere stroming helpt. Ik lig onder de Pad Arpad brug in de Wiking Marina.

Budapest

Het Koninklijke paleis waar Negley het over heeft.

Negley Farson schreef in zijn boek "Sailing Across Europe" in 1925 het volgende: *"You are now on the edge of Civilization" I was told in Vienna.*
Sitting down here in Budapest hearing the laughter and life of the gay evening parade on the Corso and seeing across the clean tree shaded Danube the stupendous grey pile of the Royal Palace I am wondering on which edge they meant. Surely the savants of Vienna knew what they were talking about, this part of the world is their playground. Yet this city is infinitely more beautiful than Vienna, refreshingly cleaner and gives me a feeling of security, contentment and wellbeing almost unknown in the Austrian capital. A writer has to watch his superlatives when describing this pearl of the Danube for Budapest seems to be the most adorable, bewitching and intoxicating city in Europe. It is all that Vienna might have been and isn't."

En hoewel dit 85 jaar geleden is, kan ik het me toch nog goed voorstellen. Dit is een prachtige stad en nog niet doorzaait met nieuwe onpersoonlijke kantoorgebouwen en torenflats. Het weer werkt niet mee, donker en regen. Jammer wat de foto's van al dit moois betreft. Mijn vier dagen hier zijn lang niet genoeg om alles te kunnen zien. Boeda aan de westoever is hoog en van hier heb ik een prachtig uitzicht over de Donau en Pest.

De 2^e september anker ik weer in een grindgroeve, rustig buiten de stroming. Het landschap is vlakker geworden. Er is weinig afwisseling aan de oevers, wilgen en Amerikaanse populieren plantages. Het heeft veel weg van de Columbia rivier tussen Oregon en Washington of de Po in Lombardije. Ik zie nu witte koereigers en nog altijd aalscholvers, ganzen en sterns en af en toe een havik.

Mijn laatste en tevens uitklaar haven in Hongarije is Mohacs. Het plaatsje ligt in de bocht van de Donau waar de stroming het sterkste is. Het vergt drie pogingen om vast te maken aan de ponton. Bela, de eigenaar van de ponton is voor de vijfde keer herkozen als burgemeester. Het is een idyllisch plaatsje met mooie in pastelkleuren gepleisterde huisjes. Bela wil geen liggeld nadat hij mijn blog heeft gelezen. Met rijpe pruimen en verse groenten wuif ik adieu aan Mohacs.

Zaterdagmorgen had ik ontbijt in Mohacs Hongarije, lunch in Servië bij mijn inklaring en avondeten geankerd in een rustige bocht van de rivier aan de oever van Borovo, Kroatië.

Servië en Kroatië

Bij zonsopgang vertrek ik om in de vroege morgen in Vukovar naar de Rooms Katholieke kerk te gaan. De enige aanleg mogelijkheid in het kleine haventje met een nauwe opening is de politieboot steiger. De douane ponton is iets verder stroomopwaarts. Toen ik hen opriep op de marifoon kreeg ik geen antwoord. Ik ontvouw de fiets om er naartoe te fietsen maar de politie hier vertelt me dat ik terug moet varen, tegen de sterke stroom in om daar met de boot in te klaren. Ik schud de Kroatische stof van mijn voeten en vaar verder naar de Servische Orthodoxe broeders.

1999 oorlogsschade in Kroatië door de Servische buren

Bij Borovo, Kroatië.

Zondagmiddag leg ik aan in een rustieke jachthaven van Novi Sad, Servië. Hier ligt weer een stel gestrande zeiljachten die onderweg waren naar de Zwarte Zee. Dat wordt mijn volgende verhaal nadat ik de eigenaren opgespoord heb. Wat is er gebeurd? Muiterij, ontrouw, geld?

Het is hier weer behelpen met de taal, ik heb een beperkte woordschat van Servo-Kroatisch, geleerd van Roman Wydra. Een stel van de clubleden nodigt me uit aan de lunch en de slivovitsj vloeit rijkelijk.

Novi Sad, Miss Goga en Natasja

Met de fiets ga ik later de stad in. Mooie parken, pleinen en historische barokstijl gebouwen. Wat mij hier weer opvalt, is de rust, kerktorens en vriendelijke mensen. Net zoals ik jaren geleden zag op weg naar Dachau, de kapelletjes, crucifixen in het Beierse landschap. Zou ik ook een Milošević kunnen zijn? Ik werd ook weer gewaarschuwd, net zoals in Vietnam, dat de Serviërs mijn Amerikaanse vlag liever niet zagen. Maar dat schijnt ook weer vergeten te zijn en de bruggen die wij over de Donau verwoest hebben zijn weer herbouwd.

Het lukt me niet voor donker Belgrado te bereiken en anker een 10 km stroomopwaarts.

Het blijkt de volgende morgen dat ik er goed aan gedaan heb om niet laat in Belgrado naar een aanlegplaats te zoeken.

Dit is hoe Servië het vuilnis probleem oplost. Strauss zou in zijn graf omdraaien.

Volgens het handboek dat ik gebruik "Die Donau"[36], is er een uitstekende ligplaats hier. Maar de tijd stopt hier niet sinds "Die Donau" twee jaar geleden werd uitgegeven. Er is geen ziel te bekennen en het gebouw is al in gevorderde staat van verval. Na een uur zoeken naar een andere ligplaats en op het laatste moment terug te trekken uit een ondiepe havenmond, geef ik Belgrado op. Achteraf heb ik niet veel gemist. Belgrado is een paar keer afgebrand en in de tweede wereldoorlog zwaar beschadigd. Er zijn weinig gebouwen in de stad die ouder dan vijftig jaar zijn.

Op KM 1075, waar de Nera in de Donau vloeit en de grens wordt tussen Servië en Roemenië, klaar ik uit van Servië en aan de overkant van de Donau zet ik voor het eerst voet in Moldova Veche, Roemenië. Eerst moet ik €13 betalen om aan te mogen leggen voor de grensformaliteiten. Het kantoor lijkt op de haveloze armoede die ik tegenkwam in Madagaskar. Drie verschillende ellenlange formulieren moeten worden ingevuld.

Hier begint de beroemde, vroeger beruchte, IJzeren Poort, het nauwe ravijn door het Karpaten gebergte, waar de Donau door stroomt. Toen Negley Farson hier in 1925 door heen voer was het nog een wilde ongetemde gevaarlijke onderneming. Honderd kilometers door zes onstuimige stroomversnellingen. Het is nu getemd met twee stuwdammen. In het nauwste gedeelte in de Kazan kloof is de rivier 150 meter breed en de kaarsrechte rotswand stijgt tot 300 meter boven de rivier. Mijn diepte meter gaf iets eerder al een diepte van rond 85 meter. Ik schiet door de kloof heen. Het is jammer dat het mistig en donker is.

Een Orthodox klooster aan de Roemeense oever van de IJzeren Poort.

Ik kan het Trajanus plaket bijna aanraken. Dit is tijdens de veroveringen van de Romeinse keizer Trajanus rond het jaar 60 in de IJzeren Poort aangebracht. Toen de stuwdam werd gebouwd is het naar boven de nieuwe waterspiegel verplaatst.

---

[36] van Melanie Haselhorst en Kenneth Dittmann

Trajanus plaket

Net voor de sluis van de hoge IJzeren Poort stuwdam begint mijn motor zwart te roken en te sputteren. Ik kom met moeite de sluis in, maar er eenmaal door gaat het weer beter. Er was een lange wachttijd in de sluis en het loopt tegen donker maar er is weinig keus voor een beschutte anker plaats. Een gemene zuidoostelijke wind die af en toe net iets sterker is dan de stroming draait de boot rond de ankerlijn. De ankerlijn zit nu vast rond de kiel en begint het anker los te trekken. De boot slipt naar de ondiepe oever. Het is onmogelijk met de kracht van de stroom en de lijn rond de kiel het anker op te trekken. Wat nu?

Maar dan zie ik een politiepatrouille bootje op me af komen. Ik probeer hen uit te leggen de boot een slag terug te draaien, maar het is een totale spraakverwarring.

Ze maken een lijn vast en beginnen met de boot van de achtersteven naar dieper water te trekken. Veel te snel. Water gutst over de spiegel de kuip in. Ik houd mijn hard vast. In dieper water, bind ik een stootkussen aan het eind van de ankerlijn en laat anker met ketting en lijn schieten. Mijn Roemeense redders pikken het stootkussen op en halen het anker op en brengen me naar een betere anker plaats.

Mijn aanlegplaats in Calafat bij de Capitania ponton.

Calafat

De volgende dag, zaterdag 11 september, leg ik aan in Calafat aan een ponton van de Roemeense rivierpolitie. Sinds woensdag, in Moldova Veche, heb ik geen voet aan land gezet. Ik zie eruit alsof ik van zee kom, ongeschoren met schrammen en blauwe plekken van de worsteling in het anker avontuur. Ik durf niet de laatste 795 km naar de Zwarte Zee te varen voordat ik de motor vertrouw.

Ons woord "opkalefateren" komt van deze stad. De Genuaanse handelaars kwamen hier het hars halen voor het breeuwen van de schepen. Van hier tot het eind van de Donau zijn er zo goed als geen plezierboot reparatie mogelijkheden en ook geen scheepsartikelen te koop. Marian, mijn diesel mecanicien vindt een gebroken tuimelaar. Ik ontdek ook weer water in de olie. Dit is hoogstwaarschijnlijk veroorzaakt door het achteruitslepen de nacht voor Calafat, waardoor water de inlaat werd ingeperst. Er is maar een adres in Ierland waar nog sommige onderdelen te krijgen zijn voor de dertig jaar oude Renault Couach dieselmotor, de prijzen zijn aangepast aan de exclusiviteit.

De druiven pluk is hard aan de gang.

Terwijl ik wacht op de onderdelen fiets ik in de omgeving. Ik moet wennen aan de losse honden die achter me aan zitten. Des te harder ik fiets des te meer dreigen ze in mijn enkels te bijten. Totdat ik leer van de Donau trekfietsers dat ik moet stoppen en ze terug dreigen. De honden lopen in kuddes van tussen de tien en twintig stuk. Men vertelt dat dit is ontstaan onder het beheer van Ceaușescu. Boeren en huisbezitters werden gedwongen hun woningen te verlaten en in die afgrijselijke betonnen appartementen in de steden te hokken. Daar was geen plaats voor Bruno en zo kwamen ze in deze hordes terecht die zich vermenigvuldigen in het wild.

Op de markt vindt je alles. Geweldige assortiment van mijn favoriete groenten, maar zelden sla.

Maar ik leer lekkere sla's uit witte kool te maken. "When in Romania do as the Romanians do". Mijn zeilpak lekt en ik koop een goedkoop camouflage jagerspak. De koopman spreekt wat gebroken Engels maar dan schiet er een Nederlands woord tussen door. Ik schakel over. Hij kijkt me stomverbaasd aan: "U bent toch Amerikaan?" Hij werkte enige jaren in Voorburg. Nu moeten al zijn marktstalburen horen dat hij ook Nederlands spreekt. Hij gloeit van trots.

Een dorpeling perst zijn winter voorraad wijndruiven in de kelder.

Behalve in Boekarest vindt je weinig anders dan Orthodoxe zondagdiensten. Ik begrijp er weinig van. Meestal gaan er meer dan een priester voor in prachtige gewaden, met de rug naar me toe en dan verdwijnen ze achter een dubbele deur en gordijn en even later zijn ze weer terug. Een paar Baboesjka's zingen de liturgie a capella.

En er is een komen en gaan van meestal vrouwen, die de Iconen kussen en kaarsen branden. Men zegt me dat als ik het begreep, ik het wel zou waarderen. Hetzelfde is me bezweerd door de ingewijden van American Football en vliegtuigspotters.

De onderdelen arriveren eindelijk op de 23^e september. Maar het lukt niet de motor aan de gang te krijgen.

Marion schijnt er genoeg van te hebben en ik krijg een naam van een tweede monteur, Fare, die een 10 km verder stroomafwaarts woont. Het is een prachtig fietstochtje. Hij heeft een piep klein werkplaatsje maar hij schijnt het vak te kennen. Met een fietspomp apparaat test hij de injectoren. Maar hij is nu al twee verschillende afspraken niet nagekomen.

Een veerpont onderhoudt de verbinding tussen Calafat en Vidin op de Bulgaarse oever. De eerste zondag neem ik de fiets Vidin in. Het heeft een rijke historie. Maar een groot deel is hier ook weer in de Communistische jaren in verval geraakt. Een brug tussen de twee Donau oevers is onder constructie door een Spaanse aannemer. Ik zet alles op alles om op zijn minst Galati te kunnen bereiken met deze motor.

Uiteindelijk vind ik een monteur met een drukmeter die zijn hoofd schudt en me vertelt dat een van de zuigers niet meer te repareren is.

Ik heb weinig keus, het lukt me niet om een tweedehands motor te vinden die past in de bekrompen ruimte. De beslissing is de 8^e oktober genomen. Van mijn laatste spaarcenten, laat ik een nieuwe motor uit Nederland komen. Deze heeft precies dezelfde breedte als mijn Renault. Een week later is de nieuwe motor in Calafat. Er is nog een hoop werk te doen.

R.L.: chauffeur, Marion, Christi met nieuwe motor.

Marion is weer terug in het proces. Christi helpt, hij werkt in de Capitania van de rivierpolitie, waar ik lig. Zijn vrouw, Lavinia, is een schat; Christi brengt mij geregeld geweckte fruit en groenten uit haar keuken.

De 26^e oktober ben ik eindelijk weer op weg.

Van Calafat gezicht op Vidin

Gisteravond hebben we met Christi, Marion en Neru een afscheid party gevierd. Tschwika, de Roemeense naam voor pruim brandewijn, vloeide rijkelijk. Neru werkt en woont op de ponton. Ik heb zijn douche mogen gebruiken. De laatste douche daarvoor was in Budapest op 2 september. Ik heb het sinds die tijd geregeld in de kuip met een puts moeten doen. Intussen is de zomer zondermeer overgegaan in winter in begin oktober. De zon warmt het wel weer op in de middag, maar er is al nachtvorst. Gistermiddag heb ik afscheid genomen van Geta en Denisa de lieve dames die me bedienden in "O.K. restaurant", en van Claudio de eigenaar, waar ik dagelijks kwam voor internet en lunch.

De nieuwe motor loopt lekker, maar met meer vibratie. Ik besluit dit toch maar even na te kijken. Het anker naar beneden en weer in het motor gat gekropen om de schroefas koppeling aan de transmissie te controleren. Het loopt iets beter. Maar ik doe het kalm aan als het nodig is kan ik in Galati er nog wat meer aandacht aan geven voordat ik de Zwarte Zee op ga. Die eerste avond anker ik bij Lom aan de Bulgaarse kant. De derde dag kies ik een ankerplaats bij km 647, voor Vadim, een 10 km voorbij Swisthov. Een mooie rustige inham. Maar ik kom vast te zitten en het lukt me niet weer los te komen, met alle bekende trucjes. Dan komt de schroefas los van de transmissie door het hard in achteruit draaien van de motor. En de stroming duwt me nu nog verder de ondiepte op. De boot begint slagzij te maken. Ik pak de marifoon en vraag om hulp op kanaal 16. Een Bulgaarse politieboot lukt het uiteindelijk om me naar dieper water te slepen en brengt me dan terug naar Swisthov. Eerst moet ik nu de boot in Bulgarije inklaren.

Met een 32mm Engelse sleutel lukt het me om de transmissie kopppeling weer vast te zetten. Ik neem een kijkje in deze grote stad en doe mijn inkopen.

Zimnicea

Maar beproevingen komen in drievoud. Kort na mijn vertrek van Swisthov begint de boot langzamer te lopen maar de motor draait normaal. Als ik het luik boven de motor open, in de kuipvloer, zie ik water naar binnen stromen en de schroefas is verdwenen. Water stroomt naar binnen door het gat waar de schroefas uitkwam. Ik pak de gereedliggende pluggen, maar ze zijn te lang voor de ruimte tussen de transmissie en het gat. Ik vind een champagnekurk. Een zenuwen werk terwijl het water door het 25mm gat spuit. Dit is een tijdelijke oplossing want die kurk kan er met wat druk zo weer uitspringen. Met een handzaag maak ik een van de tapse pluggen korter en hamer het vast.

Nu kan ik even op adem komen en dan gaat het anker naar beneden. De marifoon er weer bij. De "Fleetwood" moet hier nu een huishoudnaam zijn.

Deze keer is het de Roemeense rivierpolitie die me te hulp schiet. De boot begint er onderhand uit te zien alsof het aan een Destruction Derby deelgenomen heeft. Mijn teak stootranden krijgen het weer goed te verduren.

Ze brengen me aan de ponton van de Zimnicea Capitania. Wat nu?

Zimnicea is nog kleiner dan Calafat en het is een 7 km van de rivier af. De taalkloof is een probleem. Mijn plan is om een sleep te vinden naar Galati daar kan ik mogelijk een nieuwe schroefas en schroef vinden. Hier in Zimnicea leggen weinig schepen aan. Swishtov heeft betere mogelijkheden. Ik neem de pont naar Swishtov. De havenmeester kijkt wel even op als hij me weer ziet opdagen. Op de terugweg op de pont maakt Auril, een van de matrozen, een praatje met me. Hij weet al van mijn probleem. Hij haalt er een andere pont passagier bij, een rivier vrachtschip kapitein.

Maar het lukt me niet om mijn plan aan hem uit te leggen. Ik hoor Engels spreken. Het blijkt een Zimnicea middelbare schoolhoofd te zijn die met een stel buitenlandse leraren een dagje naar Swishtov was.

Zij helpt met vertolken. Maar het vooruitzicht van een sleep ziet er niet goed uit.
Auril loodst mij naar de kombuis. Hij plant me achter een bord met bonensoep en een glas bier.

Het schoolhoofd, neemt mij mee naar de baas van de rivierpolitie. Zij schijnt iedereen in Zimnicea te kennen. Hij raadt aan om een praatje te maken met de directeur van de naast gelegen ijzeren pijp fabriek.

Misschien kunnen zij de boot met hun laadkraan op de wal zetten. Ik heb in deze vrouw, Camelia Turcan, een echte engel gevonden. Een combinatie van moeder, burgemeester en reisleidster. Zij neemt haar mobieltje en er wordt naar haar geluisterd. Ik moet tien dagen wachten tot dat de kraan vrij is. De baas van Zim Tube regelt een special tarief van €9 voor mij in het hotel van de fabriek in Zimnicea. Er is geen internet voor de boot in de rivier en geen stroom aansluiting voor mijn elektrisch kacheltje. Camelia is weduwe. Zij en haar man hebben na de val van communisme het appartement van de staat gekocht. Het kostte het tweetal ieder een maand salaris. De lelijke onpersoonlijke cement blokken gebouwen worden door niemand onderhouden of schoongemaakt. Van buiten en op de donkere vuile trappen ziet het er triest uit. Maar als je eenmaal door de deur van het appartement naar binnen stapt, is het warm en gezellig.

Camelia verwarmt en kookt met een betegelde kacheloven. Ze heeft er plezier in om voor me te koken en nodigt geregeld haar vrienden erbij. Ze woont een paar straten van mijn hotel. Ik heb de wachttijd goed gebruikt om de omgeving te verkennen en een paar uitstapjes naar Swishtov te maken. Swishtov heeft een universiteit en daardoor wat meer vertier en cultuur.

Je hoort wel eens negatieve opmerkingen over Roemenen. Maar ik heb hier alleen hulp en vriendelijkheid ontmoet. Het is me al een paar keer overkomen dat ik me vergiste en een biljet te veel betaalde en men dit altijd keurig corrigeerde.

De ploegende Roemeen had een lang verhaal voor me, de enige woorden die ik herkende waren Amerika, Lenin, Communisme, Industrialisatie. Maar ik kon er geen woord tussen krijgen. Ik knikte maar en maakte de man blij dat hij me overtuigd had. Wat ik al niet doe voor een foto van een paard en een ploeg.

Ondertussen heb ik een afspraak gemaakt voor de kosten en stalling tot mei. Het heeft weinig zin het nu, zo laat in de winter, proberen te repareren en naar de Zwarte Zee te varen.

Er werken een paar scheepsbouwers met fabriek personeel die een groot aluminium plezierjacht bouwen voor de fabriekseigenaar, een van de rijkste Roemenen.

Al hoewel ze hier nog nooit een jacht met de kraan gelicht hebben, is het allemaal heel professioneel voorbereid. Maar op de dag, 8 november, ben ik toch wel nerveus, het is moeilijk de boot goed stil te leggen in de stroming en het is een hijs van wel een 100 meter, de hoge rivieroever op.

Maar mijn mond valt open als de boot langzaam boven water komt. De schroefas en schroef hangen er nog; tegengehouden door het roer. Had ik kunnen weten. De boot is klaar voor een koude winter. Antivries in de motor, et cetera. Ik boek een retourtje Boekarest-Amsterdam. De 4^e mei kom ik hier weer terug.

L>R.: Manager of Zim Tube, Camelia, kapitein van de Capitania

Winterstalling

Na een week in Nederland vlieg ik naar Virginia voor Thanksgiving. Mijn derde achter kleinkind is net twee weken oud. Ze logeert bij oma en slaapt bij mij in de logeerkamer. Mijn dochters lieten mij nooit luiers wisselen voor mijn kleinkinderen, maar nu mag overgrootvader het wel en midden in de nacht de fles. Ik vind het geweldig. Lily is een heel makkelijke lieve schat.

Voor de Kerstdagen en Nieuwjaar vlieg ik naar de westkust om mijn twee dochters te bezoeken. Ik ben nu hard bezig met mijn boek "De Mastmakersdochters". In februari ben ik weer terug in Virginia en 15 maart land ik op Schiphol.

Alles wat ik nodig heb om de boot te "knippen en scheren" moet ik van hier naar Roemenië per vrachtrijder versturen. Ik kan hier niet even op de fiets naar de verfwinkel om nog een liter verf, epoxy, of wat dan ook, te halen.

Het is hier Holland op zijn mooist met prachtig zonnig weer. Ik logeer bij mijn neef Gido in Heemstede en fiets geregeld naar de bollenvelden om te zien welke bloembollen er aan de beurt zijn beginnend met de krokussen.

Het is voor het eerst in de laatste veertig jaar dat ik met Pasen en Koninginnedag in Nederland ben. Mijn zus en ik zullen samen naar het concertgebouw gaan voor de Mattheus Passion. Ik heb geregeld in koren gezongen en dit blijft nog altijd voor mij het allermooiste in koormuziek.

Knippen en Scheren in Zimnicea

De 4^e mei vlieg ik naar Boekarest en ben die avond weer terug in Zimnicea. De drie grote kratten uit Holland voor de boot zijn goed aangekomen. Tot mijn verbazing staat de boot buiten. We hadden afgesproken dat de "Fleetwood" in de loods zou staan. Ik moet nu oppassen als het regent. Maar de boot schijnt geen noemenswaardige nadelige gevolgen te vertonen van het buiten staan. Er is een hoop epoxy werk te doen aan de ijzeren kiel als gevolg van het vastlopen op ondiepten. Ook is er wat schade aan de romp. In Calafat tijdens een paar stevige stormen uit het zuiden werd de boot ongenadig tegen een staalkabel tussen ponton en oever gedrukt. In die stormen, zat ik nachten lang op de rand van de boot om met mijn voeten de boot van de kabel af te houden. De "d" van Fleetwood is weg geschaafd en onder water is de antifouling weg.

De laatste weken heb ik een anker van de boeg gezet om de motor te kunnen installeren en dat lag veel beter, geen last meer met de staalkabel.

Het Zim Tube hotel heeft nieuwe eigenaars en mijn €9 is nu €50 geworden. Dat is 75% van mijn Social Security inkomsten. Maar, Camelia, bless her heart, springt weer in de bres. Ik verhuis naar een zomer vakantie kamp voor schoolkinderen, die pas in juli verwacht worden. €6,50 per dag. De huisjes hebben een slaapzaal met 13 bedden voor de kinderen en twee kleine kamertjes met twee bedden voor de leiders, in een zo'n kamertje ben ik de enige gast. Het echtpaar Aura en Marion woont hier als de conciërges. Ik zet mijn espresso in hun keuken. Ik kan hier niet koken, ik maak een sandwich voor mijn lunch en eet s 'avonds in Zimnicea bij Camelia of in het hotel restaurant.

Er is een grote douche zaal waar het water door de zon wordt verwarmd in een grote tank op het dak. Het kamp ligt prachtig op het platte land, halverwege van de rivier naar het stadje. Het is doodstil, 's nachts hoor ik een uil en nachtegalen en 's morgens de koekoek. Om half acht begint, wat verderop, het vuurpijl kanon te blaffen om de aalscholvers uit de visvijvers te jagen.

De natuur is in volle bloei, op mijn 20 minuten fietstocht naar de boot zie ik de progressie van kale bomen naar de vruchten.

Langs de weg van de rivier naar mijn huisje beginnen de Moerbeien te rijpen, donkerrood en iets later de groene vruchten. Ik pluk handenvol, mijn vingers zijn paars.

Het werk aan de boot vordert gestadig.

Mijn nieuw onderdak

De (Amerikaanse) populieren (Cottonwood) langs de Donau leggen een zacht wit dons tapijt op het water

De 25ᵉ mei maak ik een uitstapje naar Alexandria, een middelgrote stad, in de richting van Boekarest. Camelia en haar school sportleraar, Alex, hebben daar een afspraak en ik mag meerijden. Zij hadden me al veel verteld over het Zigeuner dorp, Buzescu, niet ver van Alexandria. Dit is waar de Roma groteske, pompeuze woningen bouwen de een nog mooier dan die van de buurman.

Het is 12 juni en Pinksteren. Nog weer eens geprobeerd om wat Geestdrift te ontwikkelen voor de onbegrijpelijke Orthodoxe dienst. Op de terugweg naar mijn vakantiehuisje hoor ik een schril fluitje en de accordeon spelen. Over een muurtje zie ik een stel jonge mannen die een volksdans aan het oefenen is. Het blijkt een oeroude traditie te zijn, oorspronkelijk uit een primitieve godsdienst. Het is het Căluş ritueel van de Rusalii (Pinkster) periode, als het voorjaar overgaat in de zomer. Volgens hun legende, is dit de periode waarin de Boze (Iele) geesten het meest actief zijn.

Het is nu in de middag al vaak te heet om te kunnen lakken; gisteren was het 38 graden. Daarom ben ik vandaag, 19 juni, al heel vroeg naar de boot gegaan om een laag twee componenten linear polyurethaan lak te rollen op de blank gelakte spiegel. Gisteravond, bij Camelia gegeten; daar vertelde een Bulgaarse vriendin van haar dat er echt wel een Rooms Katholieke kerk is in Swishtov. Maar als ik voor half negen bij veerboot afvaart aankom, zie ik de pont al halverwege op weg. Waarschijnlijk hebben ze een extra vaart ingelegd. Maar er gebeurt niets op de tweede pont. Dus fiets ik weer terug. Op de boot nu, zou ik nu alleen maar stof maken die al het voorbereidend werk en de nog natte laag lak zouden bederven.

Dan maar eens een bezoek brengen aan het kleine witte Pentecostal kerkje in Zimnicea. Ze moeten dit uit de Amerikaanse Bible Belt geïmporteerd hebben. Compleet met een mooi kort wit vinyl torentje er op. Jan de Hartog schrijft over precies zo'n kerkje op zijn reis door de Intra Coastal Waterway, op zijn Tjalk "Rival" in de vijftiger jaren. Hij zag het varen uit de verte, het stak net boven de rietrand uit; het bleek op een dekschuit naar een nieuwe gemeente te verhuizen. Er zijn maar een twaalftal gelovigen, de helft zijn Roma. De dienst verloopt als wat ik in Amerika wel eens meegemaakt had. Maar ik kan er weer niets van verstaan.

Het kruidenierwinkeltje in de hoofdstraat, tegenover het hotel, is open. Als ik met mijn boodschappen naar buiten loop zitten er twee mannen onder de parasol. De oudste groet me in perfect Amerikaans Engels. Het blijkt dat Dino en Michael, zijn Bulgaarse vriend, voor een dagje hier zijn gekomen vanuit Swishtov. Dino is geboren, als Constantino of Costas Ayiotis, op Cyprus en op jonge leeftijd naar Amerika geëmigreerd. Michael is een karakter uit een spy novel. Hij spreekt vloeiend Bulgaars, Roemeens, Russisch en Pools en nog wat Duits en Nederlands. Ik heb niets beter te doen in deze hitte. Ik luister naar hun verhalen en zij willen ook meer van mijn avontuur horen. Het is een vloeibare lunch met Vox Maris cognac en pilsjes. Costas is ook al drie keer getrouwd en heeft, klaarblijkelijk buiten echtelijk, een 28 jarige zoon in Swihstov en tweeling dochters in Nicosia van zijn Colombiaanse vrouw. Hij handelt, onder andere, in antieke Ikonen. Nu ook vanuit Bulgarije en er zal wel een reden zijn waarom hij ze niet meer uit Griekenland betrekt. Hij heeft een week achter de bar gestaan in Tacoma, in de "Spar Tavern", in de buurt waar ik twaalf jaar gewoond heb.

De ontmoeting wordt, gewoonte getrouw, op mijn blog beschreven van 19 juni. Hierop krijg ik het volgende commentaar:

"Hello.
I have been looking for my natural father for 41 years. His name is Constantino Aiyotis. He was with my mother in San Francisco. I was born in 1971. I am ever hopeful that the man you are speaking of in your blog is my father. Please, if you have any way to reach him, please, help me."

Dat is gelukt. Een happy ending. Ze[37] heeft haar vader ontmoet en nog een paar van haar half broers en zusters. Tacoma komt ook weer terug in haar leven want zij heeft daar haar man ontmoet en er enige jaren gewoond. En dit soort van toevallen maakt al het werk van het delen van deze ervaringen de moeite waard.

Zondag de 26ᵉ juni vind ik in Swishtov de Rooms Katholieke kerk. Een klein kerkje met ongeveer 150 zitplaatsen. De pater is een Italiaanse Passionist. De dienst is in het Bulgaars met Latijnse liturgische teksten.

Op de zondagsmarkt een kilo verse abrikozen gekocht voor 80 centen.

---

[37]. In mei 2016 heb ik Melina in Londen ontmoet. Otroerende gebeurtenis. Ik beschouw haar als een erelid van de familie.

Na al het schuren, plamuren en grondverven komt nu de beloning. De witte verf in de kuip was grijs geworden van de rokende uitlaat. Nu heb ik mijn zonnebril nodig bij het glanzende resultaat.

Donderdag de 30^e juni heb ik een afspraak om maandag weer te water te gaan. Een flexibele koppeling tussen de transmissie en de schroefas is net uit Nederland aangekomen. Dit zal hopelijk de vibratie, die ik op mijn korte tocht met de nieuwe motor had, verminderen.

Onder tussen zijn de wilde pruimen rijp, die ook weer over al langs de weg groeien, ze zijn net iets groter dan een kers. Ik weer smullen. Volgens Marion kan je daar een pittige Slivovitsj van distilleren.

Als ik voor een of andere reden mijn Social Security kwijt raak, kom ik hier terug met een katapult, vishengel, primus stelletje en een tentje. Hier hoef je geen honger te lijden.

Vandaag zag ik een zeiljacht richting Zwarte Zee voorbijvaren en daar heb ik onderhand ook weer veel zin in. Maar toch, nu het vaarwel komt, vind ik afscheid bitter zoet.

Een Zigeuner gezin

Zaterdagavond organiseer ik een afscheidsfeestje in het hotel voor de mannen die mij hier geregeld geholpen hebben. Ze hebben allemaal een steentje bijgedragen, vaak op het eerst niet altijd herkenbaar, met talent en vriendelijkheid.

Terug in de Donau bij de drijvende kraan.

De machinist van de duwboot "Mercur 304" laat me de motoren zien van deze krachtpatser. Twee Caterpillar motors van elk 1700 PK. Ze zijn geïnstalleerd door een Groningse firma.

Zondag maak ik mijn laatste veerbedevaart naar Swishtov en deze keer is er een Franse Passionisten pater aan de beurt.

Maandag, na uitklaren bij de Roemeense autoriteiten ben ik eindelijk weer onderweg na een acht maanden onderbreking.

Langzaam verdwijnt Zimnicea uit het zicht. Op het eerste gezicht zou ik nooit gekozen hebben voor dit ogenschijnlijke armoedige stukje langs de Donau. Vervallen woonblokken, weinig te doen, alles bij elkaar zijn er in totaal zoiets van vijf restaurants in Calafat en Zimnicea. Men kan zich dat hier niet veroorloven.

Ik ben hier tegen mijn zin blijven steken. Maar ik heb hier iets meegemaakt waar ik nog nooit eerder van heel dichtbij in betrokken ben geweest: de regelmaat van de seizoen veranderingen. In Calafat maakte ik de overgang van zomer naar herfst mee, het oogsten en wijnpersen. In Zimnicea het houtsprokkelen en ploegen en toen ik vroeg mei terug kwam zag ik de veranderingen bijna dagelijks op mijn fietstocht langs de beboste weg naar de boot; van kale takken naar groen, bloesem en vrucht.

De mensen passen in dit landschap. Ik ben van het geheel gaan houden. De rivier met het verkeer, snel stroomafwaarts en kruipend stroomopwaarts. Het, meest vlakke, land met wat meer glooiing tegen de horizon, zonder storende villa's of torenflats, ruig en eerlijk.
Weer een voorbeeld dat de Schepper van dit alles weer eens voor een onverwachte verrassing zorgde.

Bulgarije

Mijn eerste overnachting is in de marina van Rousse aan de Bulgaarse kant. De jonge havenmeester, Boiko, vertelt me dat ik hier mijn mast al kan zetten. Ik had verwacht het een drie honderd kilometer verder in Galati pas te kunnen doen. De laagste van de drie resterende bruggen is hier net ten zuiden van Rousse. En volgens Boiko kan ik daar onder door met de staande mast omdat het waterpeil uitzonderlijk laag is. Dat lijkt me geweldig om dan niet meer alleen op de motor aangewezen te zijn. Het kost me €40, zo goedkoop heb ik nog nooit de mast overeind kunnen zetten. Boiko gebruikt een oude haven kraan en ik heb mijn twijfels of dat wel goed zal gaan. Maar hij heeft allemaal keurig voorbereid. Ik moet ankeren onder de kraan. Zijn broer helpt mee. Het is precies een jaar geleden dat de mast plat ging aan het Nieuwe Meer in Amsterdam.

Rousse is een stad van ongeveer 175.000 inwoners. Het wordt wel eens het Bulgaarse Wenen genoemd. Het heeft mooie en imposante barok en neo-rococo gebouwen. Maar net zoals in Slovakia is alles in verval geraakt in de laatste 50 jaren. Een toeristengids neemt mij als haar enige klant mee naar de St. Dimitrii Bassarbovsk rots klooster, een 10 km buiten de stad. Het was een tempel gesticht door Griekse neolithische priesters 1000/2000 jaar voor Christus.

Daarna bezoeken we een tweede uit de rotsen gehakte kerk. De Heilige Maagd rots kerk. Dit is bezienswaardig voor de plafond fresco's van de 12^e eeuw.

Dit is het begin van de Dobroedzja, het noord oostelijk deel van Bulgarije dat over de Donau in Roemenië doorloopt tot aan Moldavië en Oekraïne. Rijk aan geschiedenis en door veel verschillende machten overheerst.

Buiten Rousse

Het is 19 juli. Er was heel wat werk te doen in de laatste dagen. De verstaging voor de mast is weer aangepast. Gisteren hebben Boiko en zijn broer me naar de top van de mast gehesen om de windvaan en het driekleur navigatie licht te installeren.

Een Duitse motorboot kapitein, op de terug weg van de Middellandse Zee, heeft me een stel zeekaarten verkocht van Turkije en Griekenland. Het is snik heet bijna 40 graden. Het waterpeil ging gisteren anderhalve meter naar beneden. Het wordt tijd om door te varen. Dit is iets anders dan Zimnicea of zelfs Shwistov, er is hier een Kaufmarkt en Carrefour supermarkt.

Ik zit hier achter een ijskoud Zagorka bier en gebakken sprotjes. Uit nieuwsgierigheid heb ik hier in het marina gastenboek gezocht of er ooit een Amerikaanse solozeiler de Donau heeft gedaan. Omdat er hier weinig andere jachthavens zijn stopt vrijwel ieder jacht hier. Ik vind twee Amerikaans gevlagde boten, een er van, de 13 meter "Maria Sorg Mutineer" is van een solozeiler, Alois Peyr, een Australiër die in Tsjechië geboren is. Hij heeft de boot in Amerika gekocht en het heeft hem 61 dagen gekost om de Atlantische oceaan over te steken. Volgens Boiko was hij een speciaal soort. De tweede boot "Island Girl", 8 meter, is in Florida geregistreerd maar klaarblijkelijk als vracht naar Europa verscheept, de eigenaar is een Pools-Amerikaan en zijn maat is een Pool.

De 20^e vertrek ik van Rousse. Het waterpeil is nog verder gezakt, Boiko helpt me met de boot uit de modder in de marina naar dieper water te duwen. Ik anker de nacht voor Tutrakan. Het is een teleurstelling dat van zeilen weinig komt. De wind is overwegend tegen en voor laveren is er niet genoeg ruimte tussen de ondieptes en zandbanken. Ik moet voortdurend oppassen dat ik de volgende boei vind in een slalom traject.

Logees in Rousse.

Turkse bevolking overblijfselen in Silistra, zonnebloem pitten pellen. De mannen werpen mij een "evil eye".

249

Mijn laatste Bulgaarse pleisterplaats aan de Donau is Silistra. Dit was al in 23 v. Chr de Romeinse nederzetting Durostorum. De ruïne van een Romeinse vesting ligt aan de rivier oever waar ik een ligplaats bemachtig. De jachthaven maakt deel uit van een hotel complex.

Negley Farson beschrijft het Silistra van 1925 als 65% Turks 25% Bulgaars en 10% Roemeens. Het was toen onder het bewind van Boekarest. Nu is er weinig meer van de Turken te bekennen.

Silistra heeft de heel mooie recent gerestaureerde orthodoxe Basilica St. Petrus en Paulus.

Een relikwie, een opperarmbeen van St. Dasius, werd in deze kerk teruggebracht door Paus Johannes Paulus II op zijn bezoek aan Silistra in 2002. St. Dasius stierf als martelaar tussen 303 en 313 n. Chr. in Silistra.

Als ik de straat oversteek word ik gegroet in het Engels. Wij maken een praatje. Roumen Chernev is een Mathematica leraar in Kansas City. Hij is hier op vakantie in zijn geboorte stad, met zijn vrouw. Hij heeft in de Bulgaarse marine gediend en op de grote vaart gevaren.

Van hier naar de Zwarte Zee via het Dunare Zwarte Zee Kanaal is de kortste weg, maar de Donau is nu te ondiep voor mijn diepgang. Dus sla ik links af, net voor bij Silistra, de Bala-Burcea zijtak van de Donau in. Het is een stuk smaller dan de Donau maar zeker dieper, geen sprake van zeilen. Het is goed opletten voor tegemoetkomend verkeer in de nauwe kronkelende waterweg. Er is ook meer te zien dan de verafgelegen Donau oevers.

Ik bof weer een keer; tegen het eind van de middag vraag ik me af hoe en waar te overnachten. Het is te ver voor Braila en de rivier is te nauw en de wind blaast hard tegen de stroom in. Net om een bocht zie ik een ponton met een pomp gemaal. Ik benader voorzichtig en vraag de man of ik er voor de nacht mag aanleggen. Dat is goed. Gigi (Giorgio) spreekt goed Engels. Hij heeft het zich zelf aangeleerd door te luisteren naar Voice of America en van Amerikaanse films.

De elektrisch aangedreven pompen brengen het rivier water in een irrigatie kanaal dat uitgestrekte rijstvelden irrigeert. Hij laat het systeem aan me zien en als ik niet beter wist stond ik weer in de Sacramento Rivier delta. Dit was aangelegd in de laatste jaren van het Ceausescu bewind en na de revolutie in verval geraakt. Twee Italianen hebben het systeem en de rijstvelden opgekocht en hersteld.

Braila was de allereerste stad waar de schipper van "Flame" in 1925 voor het eerst weer zeeschepen zag. Ik moet hier weer, voor de laatste keer, inklaren bij de Roemeense autoriteiten.

Het is een prachtige warme zomeravond. De jongelui flaneren langs de rivier oever, de geur van eetkraampjes en feestsfeer van muzikanten.

Ik vind een RK kerk en ben net op tijd voor de zaterdagavond mis. Braila heeft weer dezelfde ornamentale barok gebouwen. Veel haveloos maar ook een paar prachtige gerestaureerde herinneringen van de bloeitijd in de 19^e en begin 20^e eeuw.

Ik lig gratis aan een restaurant ponton. 's Nachts hoor ik geregeld voorwerpen langs de romp schuiven. In de bovenwateren van Donau zijn klaarblijkelijk zware onweersbuien geweest. De stortregen heeft de verzameling van huisvuil uit de Balkan op de bekende weg naar de Zwarte Zee losgezet. Het is maar een paar uur varen naar Galati. De scheepswerf Damen (Gorinchem) overschaduwd de rest van de haven. Ik mag afmeren aan de ponton van de universiteit. Vanuit Zimnicea had ik contact genomen met de Damen werf om een gedeelte van mijn beschadigde teak stootrand te vervangen. Zij brachten mij in contact met een Hollandse firma, Helmers, ook in Galati, die contract werk voor de werf doet. In mijn Vietnamverhaal heeft U gelezen over de kustwachtschepen die door Damen gebouwd zijn en mijn beschrijving van luxe de interieurs.

Helmers was de aannemer voor de interieurs. Ik heb een zes meter van de beschadigde rand in Zimncea verwijderd. Mark Geertsma van Elmers komt meteen naar de boot met zijn timmervoorman. Ze nemen de maat en een profiel van de lijst mee naar de werkplaats. Een paar uur later zijn ze weer terug. Keurig geprofileerd en pas klaar. Mark wil er niet voor betaald worden. Zo'n grapje had me in Nederland een klein kapitaal kunnen kosten. Ik ben er ontzettend blij mee.

Het valt niet mee het rond de dekrand te buigen, de teak schroefdoppen te maken en te installeren. Maar het is allemaal goed gelukt.

Galati is zwaar gebombardeerd in de tweede oorlog en herbouwd in de bekende Stalin appartement blokken. Maar het heeft toch ook nog een aardig historisch gedeelte.

Permanente schaakborden in de tafeltjes van het park

Op weg naar Tulcea haal ik Daniel in. Hij is van Leipzig en in zijn canvas vouwkano op weg naar de Zwarte Zee. Ik leerde hem kennen in Rousse en gisteren klopte hij aan in Galati. Hij doet de reis in drie jaarlijkse vakantie etappen.

Tulcea is het uitgangspunt voor excursies in de Donau Delta. Dit is een van de weinige, nog meest, ongerepte rivierdelta's in Europa. Hier in het doolhof tussen de ontelbare zijtakken van de Donau, verscholen zich misdadigers en rovers. In 1878, als beloning voor de hulp in het verdrijven van de Turken, kwam dit stuk Roemenië onder Russisch beheer. In 1918, in de verkaveling van zuid oost Europa, na de 1^e wereldoorlog, kreeg Roemenië dit met Dobroedzja weer terug.

In die onstuimige periode, sloegen rovers en piraten hun slag vanuit hun schuilplaatsen in deze moerassen. Er gaat een verhaal over Terenti, die vanaf de overkant van Galati zijn aanslagen pleegde in een opvouwbaar roeibootje. Vermommingen waren zijn specialiteit, als boer, matroos en soms als een kolonel.
Maar vooral een deftig zwart pak. Zo stapte hij eens binnen bij de bruiloft van een familielid. "Mag ik mij voorstellen?" "Mr. Terenti". Grote consternatie. Gasten probeerden door de vensters naar buiten te springen. Nadat hij de gasten had gerust gesteld vroeg hij om een fles champagne en dronk op de gezondheid van de bruid. Na zich te hebben goed gedaan aan de feestmaaltijd en de wijn, wenste hij het gezelschap: "Goede avond heren ik verlaat U in vrede."

De volgende avond herhaalde hij dit soort verrassing in een uniform van een marine officier. Hij gaf de helft van zijn buit aan de boeren, als een soort Robin Hood. Maar voor soldaten had hij geen mededogen. De Roemeense regering bracht 5.000 soldaten op de been om hem uit zijn schuilplaats te jagen. Maar dat bracht alleen maar meer dode soldaten.

Terenti was een Lipovaan, Russen die zich hier drie eeuwen terug vestigden. Ze waren het niet eens met de veranderingen die in 1652 door een nieuwe Patriarch in de Orthodoxe kerk werden geïntroduceerd. De Lipovanen spreken nog altijd, oud, Russisch. Als Terenti niet zo'n beest met de meisjes en vrouwen was geweest had hij onder de bevolking nog wel wat sympathie gevonden. Hij was een tijd spoorloos en toen hij klaarblijkelijk een luxe leventje in Hamburg had gevonden, wilde de Roemeense regering op uitlevering aandringen. Maar de bevolking hier smeekte dat absoluut niet te doen. Want dan zou hij zeker ontsnappen en op nieuw zou het nergens meer veilig zijn.

Ik lig langszij de in 1887 als "Linz" gebouwde stoom raderboot. De Roemenen hebben het in 1914 van de Oostenrijkers als buit meegenomen en tot "Republica", een fregat, omgedoopt. De trotse eigenaar laat me de machine kamer zien, het koper glimt. Je kan van de vloer eten.

Geit- en schaapherder

Sulina is het laatste stukje van de bewoonde wereld aan de Donau. De vuurtoren hier die vroeger aan het strand stond, staat nu een vijf km land inwaarts. Door het rivier slib groeit de kust steeds verder zeewaarts. Onderweg van Tulcea zag ik ooievaars, reigers, wilde paarden, koereigers, haviken en zelfs kieviten die ik nooit eerder buiten Nederland zag.

Buiten, aan de zeekant, ligt een kerkhof dat verhalen kan vertellen. Er moeten hier ook een paar beruchte rivier/zee piraten begraven liggen. Er is een Engelse, Duitse, Griekse, Bulgaarse, Lipovanen en een kinderen sectie. In het Engelse gedeelte vind ik datums die duidelijk uit de Krim oorlog van 1853-1856 zijn.

Drie Lipovaner zusters uit de Ukraine zoeken het graf van hun moeder.

Zwarte Ibis

Lepelaar

Typische Lipovaner woning.

Deze grafsteen is voor een Engelse 1^e machinist van het stoomschip "Kepler" gestorven in Sulina in 1875 op 36 jarige leeftijd.

Mijn nieuwsgierigheid brengt mij naar een biografie van Louis Moreau Gottschalk. Hij heeft op dit schip, de "Kepler" zijn laatste zeereis gemaakt van Montevideo naar Rio de Janeiro in 1868 en is op 40 jarige leeftijd in Brazilië in 1869 gestorven. Ik kan het boek niet wegleggen. Hij blijkt een van de eerste Amerikaanse componisten te zijn die naam maakte in Europa en Zuid Amerika. Een boeiend en fascinerend verhaal van een jonge piano virtuoos en later componist van klassieke muziek en opera met Noord- en Latijns-Amerikaanse invloeden. Geboren in New Orleans van een Joodse vader en een Creoolse moeder. Verbannen uit Amerika door een schandaal in een noviciaat in Oakland, Californië. Concerten voor vorsten; intriges en affaires.

Sinds Gottschalk en de machinist is de architectuur hier weinig veranderd. Met een beetje verf en plamuur kan ik me een goede voorstelling maken van hoe Gotschalk en zijn tijdgenoten, Liszt, Brahms, Chopin, Schumann, et cetera in dit toneel van de Romantische Periode pasten. Wij worden nu weliswaar ouder dan de machinist en de componist, maar als ik de verhalen over Negley en Gottschalk lees, zou ik deze periode graag meegemaakt hebben.

61. De Zwarte Zee

Constanta

De wind is ongunstig om de Zwarte Zee op te gaan en ik heb nog aardig wat klusjes op de boot te doen om zeewaardig uit-te-varen.

Zondagmiddag, 31 juli, neem ik afscheid van de Donau. Het is 81 zeemijlen naar Constanta. Naar schatting kan ik morgenochtend in de Roemeense havenstad binnenlopen.

Net voor zonsondergang, kom ik op maandagavond de Tomis marina van Constanta binnenvaren. De windrichting viel tegen en de Zwarte Zee heeft de ongenadige korte golfslag van het IJsselmeer.

Constanta's geschiedenis begon rond 1000 v.Chr., de Grieken waren hier al in 500 v.Chr. en noemden de stad Tomis. De Romeinen kwamen in de eerste eeuwen en noemden het land Dacia. De Turken overheersten de oostelijke Donau landen vanaf de 13^e eeuw tot 1877. Dit leer ik in een bezoek aan het plaatselijke historisch museum. Volgens de legende zocht Jason met zijn Argonauten het Gulden Vlies in Tomis.

Op de top van de heuvelrug, waar Constanta tegenaan gebouwd is, praalt de minaret van de Mahmudiye moskee. De kreet "Allahu Akbar" van de muezzin, de regelmatige oproep tot gebed vanaf de minaret, galmt over de baai. De klim naar de top van de minaret wordt beloont met een groots uitzicht.

De minaret en de maansikkel.

Gisteren en vandaag uren zoekgebracht met het laten afstempelen door de douane van de factuur van de nieuwe motor. Van het kastje naar de muur gestuurd. Hoe vaak zal de douane hier een niet EEG burger uitklaren die zijn BTW kan terugvorderen? Van het Douane kantoor in de zeehaven van Constanta word ik verwezen naar het kantoor in Agigea, 20 km verder aan de mond van het Donau-Zwarte Zee kanaal. In de hitte van de ene naar de andere kant van het havencomplex gestuurd. Nee, niks, so sorry!

Een grote Oostenrijkse aluminium Trimaran, de "Inzula", is net binnen gekomen. Ik drink een biertje met een gedeelte van de 8 koppige bemanning. In acht dagen hebben zij de tocht van Linz gemaakt. Dag en nacht gevaren, omdat de meeste opstappers hun vakantie dagen hiervoor gebruiken. Peter, de betaalde rivier loods, is een Serviër en hij heeft geen genade voor Amerikanen, Moslims en Nederlanders die moskeeën tolereren. Michael Jansenberger de 48 jarige, ontwerper, bouwer en nu eindelijk de eigenaar van de 17 x 9,5 meter trimaran heeft al heel wat meegemaakt. Vijftien jaar geleden begon Michael met twee vrienden de boot te bouwen in Venezuela. Alles ging fout. Michael en zijn vriend Ben zaten jarenlang in een Panamese gevangenis. Jansenberger beschrijft de ervaringen in zijn boek "Kolumbianische Krawatte". Het is moeilijk voor te stellen dat zulke toestanden, wreedheid en corruptie, nog altijd aan de orde van de dag zijn in Centraal Amerika.

Iedere dag staat een jonge man van een jaar of twintig te vissen bij de ingang van de marina. Hij is autistisch. Een aardige, leuke knul. Hij spreekt uitstekend Amerikaans Engels.

Hij kent al de namen van de Amerikaanse ijshockey en basketball teams uit zijn hoofd.

Zondag 7 augustus ga ik naar de mis van negen uur. Als ik mijn hand uitsteek voor de communie hostie laat de pater me weten dat ik mijn tong moet uitsteken. Dat werd vijftig jaar geleden afgeschaft in de rest van de beschaafde wereld.

Ik heb nieuwe buren in de marina. Een echtpaar uit Kiel op "Stella Maris", Inge en Wolfgang. Zij hebben een rondje Zwarte Zee gezeild vanuit Turkije en zijn nu op de terugweg naar Griekenland.

Eerst zijn ze langs de ruige Noordkust van Turkije gevaren en toen naar Georgia, Sebastopol, Krimea en Oekraïne. Inge is mijn leeftijd en Wolfgang is een vijf jaar ouder. Zij zijn twee jaar voor me uit rond Kaap de Goede Hoop gezeild. Voor het eerst in jaren heb ik weer aanspraak met zeilers die dezelfde weg kennen en dezelfde taal spreken. Wolfgang is de ingenieur met allerlei ingenieuze apparaten aan boord en Inge is de historicus. Zij verdiept zich diep in de geschiedenis en cultuur van al de plaatsen die zij bezoeken.

Dinsdag 9 augustus komt de douane/politie aan boord om uit te klaren. Hij heeft weer een stel papieren om in te vullen. Mijn paspoort is al gestempeld als de officier even de kuip in stapt om een sigaretje op te steken. Mijn buurvrouw, Inge, heeft een vraag voor hem. Zijn stempel machine staat op de tafel in de cabine. Snel grijp ik de factuur voor de motor en druk er netjes zijn stempel op af. Ik kan me zelf niet helpen, rijbewijs vervalsing in 2002, boete ontsnapt in Fiji in 2005. Maar ik ben nog niet door de wol geverfd want mijn hart bonst toch wel een paar slagen sneller.

Het is een prachtige dag zeilen naar Varna, de Bulgaarse zeehaven. De maan schijnt tot 2 uur s' morgens, dolfijnen begeleiden me. Ik moet een paar keer een rif in en weer uit het grootzeil slaan.

Varna

Varna is op twee na de grootste stad van Bulgarije met een kwart miljoen inwoners.

Het Mexicaanse marine opleidingsschip de "Cuauhtémoc" geeft een prachtige show bij het vertrek vanmorgen. De cadetten klimmen naar boven en staan keurig op de ra's, de luidsprekers spelen het Bulgaarse en Mexicaanse volkslied.

Zaterdag 13 augustus vertrek ik om half acht om de 45 zeemijlen voor donker gezeild te hebben naar Nessebar. Ik had nog best een paar uurtjes langer kunnen slapen want ik ben al om 3 uur 's middags in Nessebar. Het was een snelle tocht met geregeld tussen 6 en 7 knopen per uur. Het begon met vol grootzeil en de 90% fok. De wind wakkerde aan, van een rif naar twee, dan drie en uiteindelijk alleen de 90% fok.

Nessebar

Het is een goed bewaarde oude Griekse nederzetting en een UNESCO wereld erfgoed. Het bestaat al sinds 6.000 v.Chr. De marina's zijn vol tot vanavond als een 50 tal zeiljachten voor een lange afstand regatta vertrekken. Bij het zetten van mijn anker in het achteruitvaren gaat er iets mis. De klapschroef pakt niet.

Als ik een kijkje onderwater neem zijn beide schroefbladen van de kop weg. Bij ZIM Tube in Zimnicea had ik de klapschroef laten repareren. Er was over de jaren te veel speling in gekomen. Ik vermoed dat de pen er niet goed in terug gezet is. Wat nu? Met mijn opblaasbootje naar de wal gegaan om een oplossing te zoeken. Ik vermoed dat de pen los is gekomen toen ik in de achteruit schakelde. Dan moeten ze in de buurt van mijn ankerplaats liggen. Ik vind een duiker maar dat blijkt een hopeloze poging. Ik heb een reserve, vaste schroef in plaats van klapschroef aan boord. Er blijkt hier geen faciliteit te zijn om de boot uit het water te lichten. Dan toch maar eens het trucje proberen dat ik leerde van het (bijna) verliezen van mijn hele schroefas en schroef op de Donau, verleden najaar. Gelukkig is het water vrij helder en warm. Ik maak een lijn vast aan wat er nog van de schroef aan de as zit. Dan weer terug de boot in om de as los te maken van de versnelling koppeling. Dan een champagne kurk klaar leggen, weer het water in. Het blijkt niet zo makkelijk om de schroef met as er uit te trekken. Met een mannetje er bij in de boot zou dit beter gaan. Maar ik vertrouw weer op mijn SoloMan motto: "Waarom het makkelijk doen als het moeilijk kan?" Als het uiteindelijk los komt moet ik bliksem snel weer uit het water de boot in klauteren om de waterstroom te stoppen met de champagne kurk. Het lukt mij niet om de klapschroef overblijfselen te verwijderen. Een vakman neemt het hele spul en de vaste tweeblad schroef mee naar zijn werkplaats en komt de volgende morgen terug. Ik kan weer varen.

Van mijn ankerplaats in Nessebar

Maandag 15 augustus is OLV Hemelvaart en het wordt hier vandaag in een speciale mis gevierd in de, enige nog gebruikte van de 12 kerken in Nessebar, met de passende naam OLV Hemelvaartkerk.

Dit jaar is de kalender van de Roomse en Oosterse Orthodoxe kerk precies dezelfde datums. Na de mis is er een processie door het stadje langs de andere elf kerken, meest zijn oude ruïnes.

De processie weg is makkelijk te volgen door de witte papieren duiven die over de stegen hangen.

Een Griekse folkloristische dansgroep voert in het oude Romeinse amfitheater dansen op van verschillende streken in Griekenland.

Inge en Wolfgang op "Stella Maris" zijn net aangekomen uit Constanta. Zij hadden daar een auto gehuurd om Transsylvanië te verkennen, in het Noorden van Roemenië. Op 24 augustus steken wij de baai van Burgas over naar Sozopol.

Sozopol

Sozopol is de oudste Griekse nederzetting in Bulgarije, gesticht in 611 v.Chr.

Het heeft dezelfde bouwstijl als in Nessebar met natuurstenen muren voor het gelijkvloers en grenen planken voor de boven verdieping en de overhangende erkers, rode pannen daken. Sozopol is wat minder toeristisch dan Nessebar.

"Stella Maris" ligt al aan de steiger als ik aanleg in Sozopol. Er is ook een Canadese boot, een C&C 38, "Quickbeam" met Giovani en Roberta uit Ontario. De Duitsers hebben de Canadezen al eerder leren kennen. Zij waren ook in de Oekraïne. Als ik hun verhalen hoor spijt het me wel dat ik niet eerst links afgeslagen ben aan de mond van de Donau. Maar ik had veel negatieve ervaringen gelezen over de corruptie, onmogelijke vaarregels en hoge administratieve kosten in Oekraïne en Georgië. Zij spreken dit tegen. Die eerste avond worden we uitgenodigd aan boord van een motorboot waar mijn Kieler vrienden, Christof de kapitein kennen. Een vriend van de schipper, Peter, speelt accordeon.

Roberta of Bobby, de Canadeze, vertelt mij over haar ouders. Beiden zijn in Polen geboren. In de tweede wereldoorlog is haar moeder op 18 jarige leeftijd met haar broer door de Russen naar Siberië verbannen. Zij zijn uit het kamp ontsnapt om zich aan de onderkant van een vrachtwagen vast te maken. Via Perzië kwamen ze in Palestina terecht. De Britse bezetters hebben haar naar Engeland gestuurd waar zij gediend heeft in de RAF als flight controller. Daar heeft zij Bobby's vader ontmoet, een Pool in het Poolse militaire contingent. Na de oorlog zijn haar ouders naar Canada geëmigreerd. Giovani kwam als drie jarige met zijn familie van Italië naar Canada.

De Drie Musketiers in Sozopol

Ik tank voor de eerste keer sinds ik uit Zimnicea vertrok, het blijkt dat ik 45 liter gebruikt heb voor de 550 km op de Donau en het beetje dat ik gemotord heb op de Zwarte Zee.

Sozopol

De weersverwachtingen voor de aanstaande drie dagen zien er niet goed uit om naar het zuiden te zeilen. De Kielers hebben een plan. We huren een auto en op zaterdag 27 augustus is onze eerste bestemming de Neolithische opgravingen in Stara Zagora, een paar honderd kilometer het binnenland in. Dit zijn de oudste woningen die tot nog toe in Europa gevonden zijn. De overblijfselen dateren uit zes tot zevenduizend jaar v.Chr. Aan de andere kant van de Bosporus, in Turkije zijn nog iets oudere ontdekkingen gedaan.

We zien hier de woon en keukenvloer met vuurplaat en een oven alles uit bruine klei gebakken. Het museum heeft ook gereconstrueerde potten en vazen en ornamenten uit het steentijdperk. Van hier gaat het door de vallei waar de Damask rozen worden gekweekt, voor de parfum industrie. De volgende halte is in Shipka om de prachtige Orthodoxe Sint Nicolaaskerk te zien. Deze kerk werd als een monument gebouwd ter herinnering aan de Russen die gesneuveld zijn bij het uit Bulgarije verdrijven van de Turken in 1877. De dakkoepels zijn in puur goud verguld. Van ver konden wij de daken in de avondzon zien schitteren.

Inge en Wolfgang in Shipka.

We klimmen tot iets over 2.000 meter hoogte door de Shipka pas over het Stara Planina berg plateau en dalen weer tot 550 meter in een prachtig landschap dat veel lijkt op Tirol.

St. Nicholas, Shipka

We overnachten in Etara. De koelte op deze hoogte is een welkome verfrissing van de augustus hitte aan de Zwarte Zee. Zondag bewonderen we het werk van oude ambachten die in dit dorp in leven worden gehouden, zoals het verven van wol, een houtzagerij gedreven door een watermolen, et cetera. De volgende stop, op Inge's programma, is Tryavna dat eeuwenlang bekend stond voor houtsnijwerk. Met subsidies van de EEG lukt het om het ambacht hier nieuw leven in te blazen. Nu komt een bezoek aan de enorme vesting van Tsarevetts. Hoog op een bergrug overheerst het fort het landschap al sinds de Turken de versterking bouwden tussen de 5^e en 7^e eeuw. Vroeger stond hier het koninklijke paleis van waar successievelijk 22 Bulgaarse koningen het land geregeerd hebben.

Ons laatste bezoek, voordat we de terug weg naar Sozopol nemen, is in Arbasani. Dit is een middeleeuws stadje dat nog zo goed als in de originele staat gebleven is. Straten met kinderhoofdjes en zandpaden. Verborgen in de omringende bossen, prachtige oude kerken.

Met drie boten vertrekken we dinsdag naar Tsarevo. Er is genoeg wind voor mijn lichte boot de twintig mijlen te zeilen, meest onder spinaker. "Stella Maris" en "Quick Beam" gebruiken de motor. Dit is een van de beste zeiltochten sinds ik in 2009 voor het laatst op zee zeilde.

Op weg naar Tsarevo (Ja, ik weet het, die schoot zit fout....)

We klaren uit, Tsarevo is de laatste Bulgaarse haven aan de Turkse grens. Om half vijf zijn we onderweg voor een overnacht tocht van 87 mijlen naar de Bosporus. We hebben een redelijke wind. De "Stela Maris" en de "Fleetwood" blijven in elkaars zicht maar de snellere "Quick Beam" raken we kwijt.

Bosporus noordelijke ingang

62. Istanboel

Vroeg in de morgen van 31 augustus varen we de Bosporus in. De grote vaart is in een richting en komt me tegemoet. Ik hoef dus niet aldoor over mijn schouder te kijken. De stroom loopt altijd naar het zuiden in de nauwe Bosporus. Vannacht mag de grote vaart in eenrichting naar het zuiden varen

Istanboel heeft altijd iets magisch in mijn voorstellingen gehad. Maar, wat ik tot nu zie, valt het me tegen. Het zijn allemaal dezelfde vierkante huizenblokken, met dezelfde vensters. Beter nooit het nummer van je appartement vergeten. Zelfs de minaretten lijken uit dezelfde postordercatalogus te komen.
Maar als ik dichter bij de Gouden Hoorn van Istanboel kom, verander ik van opinie.

Ik wist dat jachthavens rond Istanboel duur zijn, maar ik moet wel even slikken als ik in de Atakoy Marina €60 moet betalen. Nou, vooruit dan maar, nadat ik morgen ingeklaard ben zo snel mogelijk een ankerplaats zien te vinden. Maar dat blijkt achteraf nog complicaties op te leveren omdat ik een transit log bij een marina moet laten afstempelen. En dan blijkt het dat de Shipping Authority nog twee dagen gesloten is wegens "Bayram" (Eid al-Fitr in Arabisch), een feest dat gevierd wordt na Ramadan. Maar ze doen een oogje dicht en stempelen het toch af bij de marina als ik ondertussen al een ankerplaats gevonden heb

Ik anker dicht voor de wal bij de Malecon van Kumkapi. De Engelse kits "Kirsten Jayne" ligt naast me. Ik had Keith en Carol al in Varna en later weer in Nessebar ontmoet. Zij zijn al heel wat jaren onderweg en kennen de Amerikaanse Oost- en Westkust; ze waren zelfs in mijn thuishaven, Gig Harbor. Ze hebben gasten aan boord en wij gaan die avond met zijn allen in Kumkapi eten. Deze buurt met al die restaurants en toeristen doet me denken aan Saint Germain des Prés in Parijs.

De volgende zondagmorgen ga ik vroeg de stad in; door de Soek waar de winkeltjes worden geopend, geuren van bekende en onbekende specerijen, mannen achter een waterpijp, over de brug van de Gouden Hoorn. Dan een klim de heuvels op in het Karakoy district. Ik kijk mijn ogen uit. De Rooms Katholieke mis in St. Antonius is in het Engels door een Nigeriaanse pater, de congregatie is ook voor een groot deel Nigeriaans en Filipino. Op de terugweg is er meer drukte in de winkelstraten en lopen de terrasjes vol. Ik krijg een heel ander beeld van Turkije.

Hier en daar zie ik ook wel de soort Turken die ik tegenkom in Duitsland en Nederland, maar voor het grootste deel maak ik hier kennis met een middenklasse die je in steden als Londen of Parijs tegenkomt. De stad, en vooral Karakoy, lijkt op San Francisco, de architectuur, gebouwd tegen de heuvels met een uitzicht over de baai.

Na dat ik eindelijk al mijn papieren, douane, politie, shipping authority en quarantaine heb, verhuis ik naar de Azië kant van de Bosporus, want ik heb hier anker problemen en er is te veel verkeer en lawaai.

Haga Sophia

Het is hier rustiger en beter houvast voor het anker, maar het is een stuk verder naar het centrum, via de veerpont en een groot stuk omlopen. De Blauwe Moskee valt me wat tegen. Het Topkapi Paleis is indrukwekkend. Het allermooiste is de Hagia Sophia kerk. Ik heb U al door heel wat kerken gesleept.

Dit beneemt me de adem weg. Al hoewel het vol met bezoekers is, is het muisstil, iedereen schijnt onder de indruk te zijn.

Het is een van de oudste Christelijke kerken, ingewijd in 537 n.Chr.

De koepel heeft een diameter van 33 meter en hoogte van 54 meter. Het hele gewelf is ondersteund door slechts vier reuze pilaren, die volgens zeggen uit een Griekse tempel in Epheze afkomstig zijn. Pas in de laatste jaren heeft men met de hulp van laser techniek en computer programma's de constructie techniek kunnen vaststellen, dat jarenlang onopgelost bleef. De kerk werd sinds 1453 als Moskee gebruikt maar is nu een staats museum.

Een zeiler uit Seattle, die ik een paar jaar geleden leerde kennen door een artikel over mijn avontuur, Hilmi Baran, groeide op een paar straten verder op van waar ik voor anker lig, bij de Kalamis marina. Wij ontmoeten elkaar bij Starbucks in de Marina. Gisteren is zijn moeder begraven. We lopen naar zijn ouderlijk huis, waar ik zijn zuster Sevgi ontmoet, die in Gig Harbor, mijn thuishaven, woont. En nog een neef en nicht van hun. We gaan met zijn allen de stad in. Azië-Europa, Europa-Azië, wel even wat anders dan de pont over het IJ, van Amsterdam Centrum naar Amsterdam Noord.

Keith en Carol nemen me mee van de ankerplaats, in hun annexe met buitenboordmotor, het riviertje op de stad in naar de MIGROS. Hij wijst naar een tankstation en zegt dat ze daar propaangas tanks vullen. Toevallig raakt de volgende dag mijn 11 liter tank leeg en roei ik dezelfde weg terug met de lege tank. Ik hoor mijn naam roepen. Het is Hannes Tilly "Der Musiker" die ik in juli in Rousse in de marina leerde kennen, sympathieke vent uit de buurt van Montabaur.

Hij ligt hier in het riviertje afgemeerd. Ik had hem sinds Rousse in Varna en Nessebar niet meer gezien. Hij is op reis in een motorboot van zes meter. De Turk kan mijn Nederlandse tank niet vullen. Mag niet. Ik moet voor de zoveelste keer weer een nieuwe tank kopen. Wat moet ik doen met de lege Nederlandse tank?

In Calafat mocht het wel. In Nederland konden ze mijn Zuid-Afrikaanse tank niet vullen. In Durban moest ik een Zuid-Afrikaanse tank kopen.

Na twee weken in Istanboel neem ik afscheid.

Ik anker bij een van de Prinses Eilanden in de zee van Marmara. Mijn buren, vier jonge Turken, hebben geen bijbootje en vragen mij om een van hen naar het strand te roeien, om brood te kopen. Zij vragen me daarna aan boord en bieden mij Raki te drinken aan. Maar, als moslims, drinken ze zelf geen alcohol.

Aan het strand maak ik een praatje met vier dames die op dit eilandje en rustige vakantie doorbrengen. Zij wonen in Algerije en zijn alle vier Berbers. Zij spreken Kabyle Berbers, Arabisch en Frans.

Kemel

Via een mooi rustig anker plekje bij het stadje Kemel, op het Turkse vasteland, lig ik nu in een baai van het Turkse eiland Marmara Adasi. Het is een grote marmer afgraving. 's Morgens vroeg weg om voor donker de Dardanellen door te komen.

Dat is gelukt. Maar het was een ruwe tocht met de stroom mee en een harde wind van rond de dertig knopen. Zelfs mijn 90 percent fok moest ik uiteindelijk innemen tot 60 percent. Op sommige plekken is er weinig ruimte tussen de twee oevers, de breedte varieert tussen 7.000 en 1.600 meter. Nu ben ik in de Egeïsche Zee. Voor het eerst, sinds ik in de zomer van 2009 naar Nederland zeilde ben ik weer onder de 40^e breedte graad,. Zaterdag de 20^e september kom ik laat, in het donker, de haven van Mitilini binnen, op het eiland Lesbos. Mijn eerste landing in Griekenland. Maar er is een onverwacht probleem. De Griekse administratie laat me hier niet blijven als ik geen bewijs van W.A. verzekering kan tonen. Dit is het eerste land van de 43 landen sinds ik de reis in 2005 begon waar ik dit probleem ontmoet. Ik kan het best begrijpen dat ik hier niet welkom ben als ik niet kan bewijzen dat ik betalen kan als ik hier brokken zou maken. Maar in de V.S. is het onmogelijk om voor een houten boot W.A.-verzekering te vinden buiten de territoriale wateren. De Grieken geven me een dag of zo de tijd om te proberen ergens een verzekeraar te vinden.

Zij weten ook de namen van een paar agenten. Maar ik vang overal bot. Dus dan maar weer terug naar Turkije.

Maneschijn over Mitilini. Midden, De "Wilde Zwaan" uit Harlingen met Henk en Ankie.

Chios, gezicht van uit de haven.

63. De Egeïsche Zee

Maandag de 20ᵉ september vertrek ik weer van Mitilini. Mijn plan is om naar Marmaris of Fethiye, aan de meest zuidelijke kust van Turkije, in Anatolia te zeilen en daar de winter door te brengen. De meest directe weg is tussen de Griekse eilanden Lesbos en Chios te zeilen. Volgens wat ik van andere zeilers gehoord heb is er een haven boven de stad Chios waar geen administratie is. Het is een paar jaren geleden aangelegd, met subsidies van de EEG, maar nooit afgemaakt. Er is geen stroom of water en niemand om liggeld te incasseren en hopelijk ook niemand die me weer naar zee stuurt zoals me net in Mitilini overkwam.

Er ligt hier een stel roest bakken die zich de gratis havenkosten kunnen veroorloven. Verder liggen hier een zestal zeiljachten, de meesten zijn op weg naar een werf vijf km noordelijk van hier waar zij de wal op gaan voor de winter; onder wie de Rotterdammers Rien en Gerda op "Marvin". Het lijkt me de moeite waard er een kijkje te nemen als een alternatief van liggeld in Zuid Turkije te betalen.

Het weer is veranderd, windkracht zes/zeven uit het noorden. Gewoonlijk zwakt de sterke Meltempi noordwind af aan het eind van de zomer. Mijn vouwfiets komt weer goed van pas, van de haven naar de stad is vijf km. Het is een gezellig oud stadje met een groot fort uit de Ottomaanse periode.

Homerus zou op dit eiland zijn gedichten geschreven hebben. De weinige toeristen zijn nu meest jonge gezinnen met kinderen onder de schoolleeftijd en gepensioneerden.

Terwijl ik op rustiger weer wacht ben ik begonnen met "De Mastmakersdochters" in het Engels te vertalen. Zaterdag 1 oktober, de storm huilt nog steeds door het wand en de toppen van de golven sproeien over de zeewal. Ik heb een autootje gehuurd om wat meer van het eiland te zien en ook om de faciliteit voor een mogelijk winterstalling te bekijken. Dat ziet er goed uit en de kosten zijn redelijk. Er zijn geen steigers om aan te leggen alleen maar een klein piertje vanwaar de boot op een slee kar op het droge wordt getrokken.

Mijn eerste bezoek is aan het klooster van Panagia Koyrna. Het zit hoog op een berg met een prachtig uitzicht over de Griekse eilanden en de Turkse kust. In totale isolatie. De monniken kweken groenten en houden kippen en geiten voor hun dagelijks onderhoud.
Twee dames hebben verfrissingen voor de bezoekers. Een van de vrouwen had jarenlang in Astoria, "Greektown" in Queens New York gewoond.

Het Nea Moni klooster ligt verder naar het Westen. Dit werd in de elfde eeuw gebouwd door de Byzantijnse keizer Constantijn IX Monomachos. De Turken hebben het 191 jaar geleden in de brand gestoken en de inwoners van het klooster en de omstreken vermoord.

THE MASSACRE OF CHIOS (1822)
Before the massacre, Chios had a population of 118.000 souls. The terrible massacre left only 1.800 people in the southern part of Chios, to take care of the production of mastic. It has been calculated that at least 25.000 people were slaughtered, about 47.000 people were taken to the slave markets of Cairo and Smyrna, and the rest escaped to other islands. In the monastery of Nea Moni, the local massacre took place on Good Friday of 1822. There were 600 monks and 3.500 women and children who had come to seek refuge in the monastery. They were all slaughtered by the Ottomans. Part of the bones of slaughtered monks and people are kept in this chapel of the Holy Cross.

Een Armeense Orthodoxe priester met drie leken, uit drie verschillende landen van de vorige Sovjet-Unie, zingen een gedeelte van een mis in het klooster. Ik geef hen een lift naar hun volgende bestemming.

L.R. Georgia, Oekraïne, Armenië, Moldavië.

Het landschap is droog en ruig met lage heesters en salie, afgewisseld met olijfgaarden en mastiekboomgaarden. Chios staat al eeuwen lang bekend voor mastiek, een hars uit een laag boompje dat vooral in kauwgom en cosmetica wordt verwerkt. Turken en Arabieren kwamen hier al eeuwenlang voor de mastiek.

Avgonyma een vestingstad aan de westkust van Chios.

In Pyrgy, een middeleeuws vestingstadje, zie ik de Xysta patronen. Een soort omgekeerd Batik proces. De muren worden met donker grijs-zwart vulkanisch zand gepleisterd en daar over een laag witte leemsteen-gips dat dan wordt afgekrabd in een symmetrisch patroon tot op de donkere ondergrond. De oorsprong van deze unieke decoraties blijft een raadsel en schijnt alleen maar in Pyrgy een traditie te zijn.

In dit plaatsje maakte ik een praatje met vijf oudere mannen die daar in de schaduw vergaderden. Alle vijf hadden een stuk van hun leven in New York gewoond.

Om zich van piraten en gespuis te beschermen woonden de bevolking in ommuurde dorpen op de hoogste punten in het landschap.

De enige poort werd bij zonsondergang gesloten.

De straatjes zijn net breed genoeg om een ezel te rijden. Katten sluipen langs me heen. Bij veel deuren staan kommetjes met water en kattenvoer.

Maandag morgen word ik uitgezwaaid door mijn Rotterdamse buren en Jo(seph) en Josianne Retif van de "Algieba"[38]. Een heel aardig Frans echtpaar uit Vannes, Bretagne, dat ook op betere condities wacht om naar Mitilini te varen en daar te overwinteren. Wij zijn goede vrienden geworden en heen en weer elkaars gastvrijheid en eettafel gedeeld. Er is staat nog een sterke wind. Ik anker in de kleine haven van Marathakambos op de zuidkust van het eiland Samos. Ik lig hier goed beschut tegen de noordenwind, onder de hoge bergrug. De hoogste piek is 1434 meter. De gids vertelt me dat je hier prachtige wandeltochten in het berglandschap kan maken.

---

[38] Pour ceux qui veulent suivre leur voyage: www.algiebamedit.blogspot.com:

Marathakambos

De volgende pleisterplaats is in een piep kleine baai op het vasteland van Turkije, in Gumusluk. Het was een uitstekende zeildag en na dat ik het anker gezet heb en mijn potje aan het koken ben klinkt de roep voor het gebed van zeven uur van de minaret, de echo kaatst heen en weer tussen de rotswanden van de baai.

Nu zie ik meer zeiljachten, als ik de volgende dag tussen Rodos en de kust van Turkije zeil. Mijn laatste overnachting voordat ik op mijn eindbestemming, Marmaris, aankom is in een kleine verstopte haven van Panoritis op het Griekse eiland Symi. Heen en weer van Griek naar Turk en maar hopen dat mijn bootnaam niet op een "most wanted" lijst komt te staan, zoals in Savu Savu, Fiji.

Hier en gisteren ben ik niet aan land gegaan. Achter mij ligt de 16 meter Halberg Rassey de "Elegast V" uit Noordwijk. De zeilers uit het kleinste landje wapperen de grootste vlaggen maar deze Noordwijkers vlag is werkelijk indrukwekkend.

Gisteravond was het de Muezzin in Gumusluk en vanochtend wordt ik om zes uur wakker van de kerkklokken op het Orthodoxe klooster.

Daleware i.p.v. Delaware en sinds wanneer is een staat een thuishaven?

Ik word waarschijnlijk wel eens voor een Turk aangezien. Een kwart van de Turkse motorjachten varen onder de Amerikaanse vlag. Maar het is meest een klein snotlapje dat in de envelop past met de registratie uit Delaware. Meestal is de thuishaven dan Wilmington en vaak Is de naam fout geschreven op de Turkse jachten.

Ik zeil vrij dicht langs de Anatolische kust te zeilen. De wind valt met regelmaat in harde vlagen van de hoge steile rotskust naar beneden. De boot ligt dan snel op zijn oor en accelereert als een renpaard.

Er zijn hier nog meer zeilers onderweg, we wuiven heen en weer net als of ik thuis ben op een zomerse dag op de Puget Sound of op het IJsselmeer. Waar is mijn "thuis" eigenlijk?

Die avond kom ik in de Netsel Marina in Marmaris aan. Er is niet veel meer in de kombuis kast en ik permiteer me de luxe om aan de kade te eten. Ik kies een bekende naam "Jan de Wit".

De Turkse baas heeft twee jaren in den Haag gewoond. Hij stelt zich voor als Jan de Bruin. Terwijl ik mijn biertje drink en op mijn eten wacht amuseert hij zijn klanten die op het terrasje zitten met zijn talenten in het binnen loodsen van langslopende toeristen. Hij kan van 25 meter de nationaliteit al vaststellen en heeft dan zijn praatje klaar in op zijn minst tien talen. Ik neem een doggy bag mee terug naar de boot en leg het op het koelste plekje weg, op het dak. Maar als ik er 's morgens naar zoek is het weg en een prachtige rode kater ligt opgerold in de kuip naar me te knipogen.

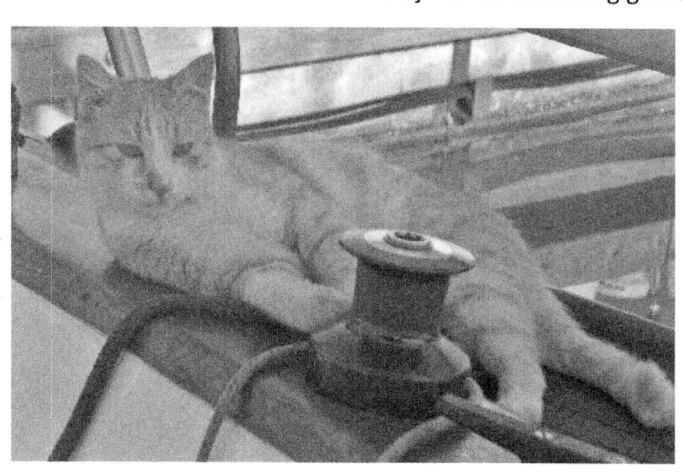

De Netsel Marina verlangt een W.A. verzekering polis te zien. Ik heb ondertussen een Duitse agentuur gevonden die me kan helpen. Ik gebruik mijn tweelingbroers adres in Duitsland. Wij hebben dezelfde initialen. Dat ook weer opgelost voor mijn volgende bezoek aan Griekenland. De Netsel jachthaven is enorm en er wordt hier van alles georganiseerd voor zeilers die hier blijven overwinteren. Ik heb er best zin in dan kan ik hier mijn Engelse vertaling van "De Mastmakersdochters" klaar krijgen.

In Saigon had ik verleden jaar een kroon laten zetten omdat het daar een kwart van de Amerikaanse prijs is. Maar goedkoop werd duurkoop want ik moest de kroon er weer in Amsterdam af laten halen en er een tijdelijke op laten zetten. Nu krijg ik hier een nieuwe.

Bij de bushalte maak ik een praatje met twee Amerikaanse zeilers, Ron en Dominique, zij liggen in de Marmaris Marina, iets verder weg. Het blijkt dat hij mijn ex kent. Hij heeft twintig jaar ski-les gegeven in Sun Valley, waar mijn laatste vrouw skilerares is.

Maar het liggeld is me hier toch te duur en ik heb ook niet het geduld om hier zo lang in een plek te blijven hangen. Ik zeil terug naar Chios om daar op de wal te gaan voor de winter en dan via Amsterdam naar huis (?) te vliegen voor de winter.

Op de terugweg anker ik de eerste nacht weer in het kleine haventje van Panoritis. Hier kom ik voor het eerst een paar vervelende zeilers tegen. Bij het langsvaren groet ik als gewoonlijk het echtpaar op een grote boot van San Francisco. Ze moeten mij voor een Turk met een Amerikaanse vlag genomen hebben, mijn groet wordt genegeerd. Iets later komt de Amerikaan aan boord bij de boot die dicht achter me geankerd ligt. Mijn buurman is een Canadese-Kiwi op "Slam Dunk". Ze zijn in druk gesprek, gebogen over de boeg, en dan roept de Amerikaan: "We may need to have you move your boat". Ik antwoord dat ik goed geankerd ben. Iets later hangt mijn buurman, heel demonstratief, vier grote stootzakken aan stuurboord. Er is weinig ruimte in dit haventje. Op de heenweg had ik de tegenovergestelde reactie van een Engelsman. Hij nam de moeite me te groeten en toen ik hem vroeg of ik hem genoeg ruimte gaf, het was minder dan deze keer, had hij er helemaal geen zorgen over. Different strokes for different folks.

De haveningang van Chios.

Ik lig weer in de "vrij"haven van Chios. En het is weer hondenweer. Het is geen doen om tegen de wind het kleine stukje naar de helling te varen. Een storm met windkracht acht.

Het zoutwater sproeit over de zeewal. Ik heb hier bijna tien dagen vast gezeten. Het is de 2^e november. Ik zit op de veerboot van Chios naar Piraeus te wachten. De "Fleetwood" zit hoog en droog op de wal. Ik heb een vlieg retourtje van Athene naar Amsterdam, terug op de 11^e april volgend jaar. De 16^e november vlieg ik naar Seattle van Schiphol, net op tijd voor Thanksgiving.

64. Middellandse Zee 2012

Ik ben weer terug in Chios. De winter in Amerika was geweldig met bezoeken aan familie en vrienden langs de Westkust van Seattle tot Los Angeles en op de Oostkust van Virginia tot noord Florida. Pasen in Nederland op 8 april, weer met Matheus Passion en nu hier op Chios nog een keer met de Orthodoxe kalender, een week later. "Χριστός ἀνέστη!" Cristo Anesti! Christus herrezen.

De Rooms Katholieke kerk hier volgt de Orthodoxe kalender. En nu heb ik ontdekt dat er hier toch ook een R.K. kerk is. De parochianen in de Sint Nicolaas kerk zijn grotendeels niet Grieken, zoals Filippino's, Portugezen en Polen.

De pastoor is een Griek, geassisteerd door pater Walter een Braziliaan van Duitse ouders. De kerk is in de 14^e eeuw gebouwd, door de Turken afgebrand en in de 17^e eeuw herbouwd.
Al de spullen die ik nodig heb voor het "knippen en scheren" van de boot moet ik meeslepen van de stad naar de werf. Er zijn ook geen levensmiddelen in fiets bereik, dat moet ook mee.

De werf in Tholos.

De 27ᵉ april ben ik weer terug in de Chios Marina. Dit was een van de beste in en uit het water ervaringen die ik op deze zwerftocht heb gehad. De baas Adonis en zijn vrouw Katina Chiotis maakten dit een pijnloze en prettige taak.

Mijn plan is nu van hier naar het zuiden te zeilen. Santorini, Kreta, dan de Adriatische Zee, Malta en dan in november/december van de Canarische eilanden naar de Caraïben over te steken.

Via Samos, Leros en Astapalaia overnachtingen kom ik de 3ᵉ mei aan in de enige jachthaven van Santorini, de Vikadha Marina, op het zuid oost punt van Santorini.

Het was een combinatie van heftig zeilen met drie riffen en een storm fok, tussen Leros en Astapalaia en het laatste stuk naar Santorini rustig met ruime wind.

Mijn Bulgaarse buren krijgen een groep Russische charterboot feestneuzen aan boord. Hun wodka is op en nu drinken we Raki. De Bulgaar is mijn tolk, hij spreekt vloeiend Russisch en Engels.

Het eiland is adembenemend mooi. Het contrast van de kleuren, de donkere steile vulkanische rots hellingen met de witgekalkte gebouwen en helblauwe daken. Er hangt een geur die ik eerst niet herken, het blijkt de bloesem van de Olijf bomen te zijn. In de vele voorjaren dat ik in Californië woonde en rond de Middellandse Zee reisde heb ik dat nog nooit eerder meegemaakt. Voor de fiets is het eiland te stijl en de afstand naar de twee stadjes, Fira en Oia, te groot. Ik huur een auto.

Zondag vind ik weer een R.K. dienst in de Johannes de Doper kerk. Een Mexicaanse pater doet de dienst in het Grieks. Een Peruaans echtpaar vernieuwd hun trouwbeloftes op hun 25ᵉ trouwdag. Een lief Latina meisje doet haar eerste communie.

Het wemelt van de toeristen, vooral van de cruiseschepen. Veel Aziaten komen hier voor hun huwelijksreis.

Een Japans huwelijks Idylle op Santorini.

Ik vertrek zondagmiddag voor de 100 mijl overnachtse tocht naar Kreta. Er is weinig wind en veel veerboot verkeer. Ik doe twintig minuten dutjes.

's Morgens komen de besneeuwde bergtoppen van Kreta in zicht. Maandag nacht haal ik mijn slaap in, geankerd bij Gramvousa, een eilandje aan de noord west hoek van Kreta.

In maart, ontmoette ik een Hollandse vrouw die geregeld op vakantie gaat in Loutro, aan de zuid kust Kreta. Zoals zij het beschreef van moet het een heel mooi plekje zijn. Daar wil ik naartoe. De zuidkust is steil en onherbergzaam en de paar nederzettingen hebben geen wegverbindingen, ze zijn alleen bij boot bereikbaar. Er is maar een redelijke haven, Paleochora, die bij weg verbonden is met de rest van het eiland.

De hoge bergen scheiden noord van zuid Kreta. Dat is de reden dat zeilers zelden aan de zuidkust te vinden zijn. Lange rijen van broeikassen schitteren in de zon in de vruchtbare valleien aan de westkust. Loutro overtreft mijn wildste voorstellingen. De rust, geen auto's, schilderachtig, het water is kristalhelder.

's Morgens klim ik met mijn Nederlandse vakantieganger langs een bergpaadje naar een stuk strand. Hier borrelt zoet water naar boven op een plek aan het strand. Het is al heet hier in mei maar het zeewater is nog koud.

De volgende dag licht ik het anker van dit sprookjesland met bestemming Paleochora. Ik hoorde vandaag van mijn oudste kleindochter, Corrine, zij studeert aan de Pacific Lutheran University in Tacoma. Zij gaat haar laatste jaar universiteit afmaken aan de Universiteit van Amsterdam. Ik heb besloten mijn reis naar Colombia een jaar uit te stellen om weer in het najaar terug te zijn in Nederland, via de Rhône. Dit is een kans die ik niet weer zo gemakkelijk zal krijgen om een van mijn kleinkinderen wat van hun "roots" te leren kennen. De tweede reden is dat ik net een uitgever heb gevonden voor "De Mastmakersdochters" en dat zal in Nederland makkelijker af te handelen zijn.

Het weekend huur ik een auto om naar Chania, aan de noordwest kust te rijden. De 10 uur mis in de R.K. kerk is in het Grieks maar een paar gezangen zijn in het Engels, o.a. "How great Thou art". Dit is voor de vele Engelse gepensioneerden die hier wonen. Een van de redenen voor mijn bezoek hier is het Archeologisch museum. Dit blijkt zeker de moeite waard, vooral de Minoïsche periode. Het is een interessante en mooie stad. Er is nog veel goed bewaard van de Genovese en Venetiaanse kolonisatie in de 14^e en 15^e eeuw.

Ik neem de gelegenheid te baat van een auto om te provianderen en diesel naar de boot te brengen. Maandagmorgen vertrek ik weer naar het noorden. Het was een stuk uit mijn route maar ik ben blij dat ik Kreta niet gemist heb. Hier wil ik nog weel eens terugkomen om nog wat meer van het eiland te zien.

Museum in Chania

Prehistorische spelonk woningen

De wind sterkt gestadig aan en van mijn grootste zeilen kom ik uiteindelijk met twee riffen en mijn stormfok aan in een baai aan de oostkant van Andikithera. Het is een onrustige nacht op anker. De williwaws vallen in harde vagen van de rotswanden naar beneden. Dinsdag zet ik koers voor het Peloponnesos schiereiland. Met een beetje geluk kan ik voor donker daar een ankerplaats vinden. Maar als ik dichter bij kaap Maleas kom wordt het echt een beetje te gek.

De wind is nu rond windkracht 8. Ik moet al mijn aandacht bij het stuur houden. Gelukkig is het ruime wind maar de zee is woest. Dit heb ik nog weinig meegemaakt. Water komt over de boot en de kuip in. Later hoor ik dat de beroepsvaart die dag werd omgeleid van Kaap Maleas. Eenmaal dichter bij het schiereiland en voorbij de kaap wordt het wat rustiger. Ik ben bekaf. Het lukt me in het donker de verborgen ingang van Ieraka te vinden. Om 10 uur lig ik voor anker. Het is bladstil. De volgende dag heb ik een prachtige zeiltocht op kalm water naar Hydra. Het is een typisch pittoresk Grieks eiland.

Het is dicht genoeg bij Athene voor de veer- en dagtocht-bootjes die hier constant bezoekers brengen. Op de kade worden ezels geladen om de binnenkomende vracht van de veerboten door de steile stegen naar boven te brengen.

De volgende dag loeit de wind door de haven. Boten worden heen en weer gesmeten alsof het luciferdoosjes zijn.

Ik heb het hier wel gezien en ga een beter beschutte plek zoeken. Maar dat wordt nog een worsteling naar Poros, tegen de wind en de ruwe zee in. Maar nu komt er nog een ander probleem bij.

Met het dichter bij Athene komen krijg ik met meer onervaren charter boot zeilers te doen. Een Fransman moet zich beslist inwringen in een onmogelijke ruimte naast mij.
Hij heeft weinig sjoegen van sturen en draait als een gek aan het stuurwiel. Opgewonden en buiten controle. Zijn passagiers hebben waarschijnlijk geen idee met wie ze ingescheept zijn. Hij negeert mijn en mijn buurmans advies het verder op te zoeken.

In de volgende haven, Aegina, is het een Brit. Hij sleept zijn anker zijdelings over mijn anker lijn. Als ik hem er opmerkzaam maak, haalt hij heel laconiek zijn schouders op. Mijn buurman uit Hoorn, op "Water Music", Hans Kuperus, die ik al eerder had leren kennen met zijn vrouw, Mimi, helpt mij om te proberen mijn anker weer vast te zetten. Maar de Brit heeft het onder de ketting van mijn Spaanse buurman gesleept. Nu moet ik wachten tot Domingo vertrekt voordat ik mijn anker kan lichten. Maar ik heb geen grote haast want ik wacht om te horen van de Zea Marina in Piraeus dat mijn nieuwe lopende bakstag uit Florida aangekomen is. Ik wacht hier liever dan in een dure marina bij Athene.

De "Fleetwood", met, rechts (donkerblauw) "Water Music" in Aegina.

Ik neem een lokale bus naar de ruïne van de Aphaia tempel. Er is een prachtig uitzicht. Het heeft geregend en er hangt een geur van salie, sparrenhars, en tijm. Dit eiland is bekend voor pistachio teelt. Als ik weer terug loop naar de bushalte is er pas in twee uur weer een bus. Ik mag mee terug rijden in een tourbus voor een groep senioren uit Stockholm met hun professor in klassieke geschiedenis.

Het nam een extra half uur om mijn anker los te krijgen van onder mijn buurmans ketting. Ik ben nu in de Zea Marina in Piraeus de haven van Athene.

Mijn gok dat de bakstag vandaag, maandag, zou aankomen is goed uitgekomen. Mijn Oekraïense buren, Boris en Alexis, hijsen mij de mast op. Zij hebben spieren maar weten nog weinig van zeiljachten. Piet een Friese zeiler geeft de jongens aanwijzingen op dek.

Als ik 's middags in de stad loop zie ik twee jongens, kort haar, zwarte broeken, witte overhemd met das en rugzak. Ik vraag: "What part of Utah are you from?" Zij antwoorden me keurig in Engels en ik heb het gedeeltelijk mis, ze zijn inderdaad Mormonen met een missie, maar de een is een Belg en de tweede Duitser. Mijn tweede vraag aan de Belg is waar hij vandaan komt in België. Hij, Florent de Meyere, blijkt van Ittre te komen. Een dorpje van minder dan duizend zielen, waar ik drie jaar woonde, waar Jeannine gedoopt is en Lisa naar de eerste klas ging.

Griekenland kan haar schulden aflossen met de verf busjes die gebruikt worden om Athene te ontsieren, werelds graffiti hoofdstad.

In de Engelse mis is het eerste communie. De Filipino's zijn hier in de meerderheid net zoals in Istanbul, gevolgd door Nigerianen. Het koor is 100% Filipino

In de Sint Dinosiyous Kathedraal in Athene.

De laatste dag van mei ga ik door het Kanaal van Korinthe en ben weer ten noorden van de 38^e breedte graad. Ik lig in de haven van Itea, op het vasteland, in de golf van Korinthe.

De volgende dag neem ik een lokale bus naar de tempel van Delphi. Het is een prachtige dag en een bijzondere omgeving, omringd door Sparrenbossen en Eucalyptus. Dit was het center van de Griekse bloeitijd van 650 tot 400 v. Chr.. Het museum geeft mij een snelcursus in de achtergronden van de Perzische, Egyptische, Griekse en Romeinse periodes.

Delphi

Ik heb de bus weer gemist en steek mijn duim op. Een V.W. busje stopt voor me. Een jong Latino echtpaar, hij is van Lima, Peru en zij van Barranquilla, Colombia. Zij zijn straatmuzikanten.

In de haven is net een Duitse boot aangekomen. Miguel en Brigitte wonen in Aachen. Het is vandaag zijn verjaardag, Brigitte heeft voor een taart met kaarsje gezorgd. Hij is in Buenos Aires geboren en opgegroeid. Zijn Joodse ouders zijn voor de tweede oorlog via Frankrijk uit Duitsland gevlucht.

Haar ouders komen uit Sudetenland. Haar vader was als 18 jarige opgeroepen en kwam in 1947 terug uit Russische krijgsgevangenschap om de ouderlijke boerderij totaal verwoest terug te vinden. Zij zijn beide op vervroegd pensioen. Zij was lerares en Miguel chirurg. Brigitte is een boek aan het schrijven over de geschiedenis van beide families.

Van Itea is het een heerlijke zeiltocht op het kalme water van de Golf van Korinthe naar Patras, onder de Rio Antirrio brug door. De brug heeft de werelds op een na langste tuibrugdek, iets korter dan het viaduct van Millau.

Het is het Pinksterfeest in de Orthodoxe kalender. De apostel Andreas is in Patras gekruisigd onder keizer Nero. Bij toeval heeft de Sint Andreas kathedraal vandaag de eerste Engels talige mis voor het toeristen seizoen. Een jonge Griekse pater geeft een uitstekende preek, uit het hoofd. De kerkgangers zijn weer, onder anderen, gastarbeiders uit de Filipijnen en Nigeria en Poolse toeristen.

Van oudheid is weinig in Patras terug te vinden omdat het een paar keer in de laatste 100 jaren door aardbevingen verwoest is. De Sint Andreas kathedraal en ik zijn van hetzelfde bouwjaar.

Patras.

De volgende nacht, na vertrek van Patras, lig ik voor anker op een eenzaam hoekje aan de mond van de Onoma rivier bij het eiland Oxia, en van daar zeil ik door naar Levka. Een kanaal leidt door de zout bedden naar Levka.

Ik had door willen varen maar ik miste net een brug opening aan het eind van het kanaal en toen ontdekte ik de boot "SiSo" van Timo en Nicole die ik in Poros had ontmoet. Timo is een Finse-Canadees van Campbell River op Vancouver Island waar hij zijn stalen jacht gebouwd heeft. Nicole is Duitse. Zij ontmoetten elkaar op Bali en komen hier via het Suezkanaal. Ik blijf bij "SiSo" aan de kade liggen en we eten samen mijn beroemde inktvis wok maal.

Amerika-Canada. Neus aan Neus.

De volgende dag, 10 km ten noorden van Levka, vaar ik langs Preveza, waar de Romeinse keizer Octovanius, in 31 B.C., een beslissende zeeslag won over Cleopatra en Marcus Antonius.
Die laatste nacht voor dat ik Corfu bereik anker ik in een rustige baai bij Mourtos.

65. De Adriatische Zee

Korfoe

     Ik lig langszij van een Zweeds zeiljacht in de oude haven van Korfoe. Havengeld in de jachthaven is €50. En ankeren betekent een eind roeien naar de kade. Het is hier gratis. De Zweed schijnt hier wortels geschoten te hebben. Hij babbelt allerlei onzin, iets over abstracte ontdekkingen die hij heeft gedaan met mathematische berekeningen tussen GPS en Google Earth in posities van schepen in de haven van Alexandrië. Ik vermoed dat hij zijn hersenen geschroeid heeft.
     Het is een prachtige stad.
     Romeinen, Turken, Venetianen, Napoleon en Engelsen hebben hier hun stempel achtergelaten. De Jacaranda bloeit en de Linden beginnen te geuren.
     Een oude Italiaanse pater gaat voor in de mis in de Sint Jakob en Christoffel kerk.
Bij het uitklaren wordt ik van west naar oost en terug over de haven gestuurd en dan krijg ik een bekeuring van €300 omdat de politie in Chios een stempel heeft vergeten te zetten op mijn cruising permit.

Ze geven mij een papiertje dat ik bij het belastingkantoor moet laten afstempelen en daar mijn €300 betalen. Ik weer door de stad sjouwen in de hitte. Maar de ambtenaren staken. Dan maar een Fiji afscheid van Griekenland nemen. Maar ik heb eerst nog een ander staaltje van de Griekse bureaucratie moeten verduren.

Mijn tweelingbroer heeft de volgende week zijn 50^e huwelijksfeest. Hij heeft het heel wat verder geschopt. Ik trouwde twee jaar eerder maar met alle drie huwelijken bij elkaar kom ik op een totaal van 21 jaar. Ik sta in de lijn bij het postkantoor met een cadeautje verpakt in een bubblepack. Er zijn twee lijnen, een voor brieven en een voor al het andere. Als ik na een uur eindelijk aan de buurt ben, snauwt de beambte dat ik weer een nummer moet trekken voor de brieven lijn……. Ik ben niet gauw kwaad maar ik verloor het wel even. Als ik weer ga zitten met mijn nieuwe nummer komt een man op me af en neemt mijn pakje (of is het brief?) als hij aan de beurt is. Conclusie: De Grieken zijn fijne mensen maar ze zijn begraven in bureaucratie, corruptie en graffiti.

θα δούμε αργότερα Tot Ziens

Als ik eenmaal de haven van Korfoe uit ben, werp ik wel weer af en toe een blik over mijn schouder voor de eventuele patrouilleboot. Ik ben al snel in de territoriale wateren van Albanië. In de baai van Palermos, Albanië anker ik voor de nacht. Er waait een stevige Zuidwind de volgende dag, ik besluit door te zeilen omdat de heersende wind van het noorden komt en er zijn weinig havens aan de Albanese kust. Het is een wilde snelle vaart met alleen een stormfok, windkracht zes, op zijn minst. Om half twee komt de maan, wat er nog van over is, op.

Het is 13 juni en ik zit in een bar in Bar, Montenegro. Maar ik mag hier niet blijven want ik heb geen vaar brevet. Dit is het allereerste land dat hier over struikelt, sinds ik deze zeven jaar onderweg ben. De vriendelijke havenmeester verontschuldigt zich, maar het is de regel. Hij laat mij een reparatie doen in de jachthaven. Hier zijn de pontons laag op het water en ideaal om een barst dicht te maken die ik ontdekte in Levka. In de lage late middag zon zag ik aan stuurboord op de romp een verticale haarscheur door de verflaag. Ik vermoed dat het daar al zat sinds juli 2010 toen ik in de Iresnesluizen tussen twee rijnaken kwam vast te zitten. Ik en de schipper, van de aak aan stuurboord, hoorden het kraken. Maar na veel zoeken heb ik nooit schade kunnen ontdekken. En zelfs bij het schuren en verven in Zimnicea en Chios ook niets gezien. Ik heb het hier nu goed schoon geschuurd en dichtgemaakt met verdikte epoxy.

Het bevalt me hier Bar goed.

Ik heb een kleine Servo Kroatische woordenschat geleerd van mijn vriend Roman Wydra die ik hier kan gebruiken. Bier is hier €1 een kwart van wat het in Griekenland kost. Haar knippen €4. De atmosfeer hier doet me denken aan Roemenië en Bulgarije maar het is wel wat welvarender. Ik zie hier aardig wat Russische nummerborden in de jachthaven parkeerplaats.

Als ik de havenmeester vroeg in de morgen vertel dat ik uitvaar vertelt hij mij dat ze toch maar een uitzondering voor me gemaakt hebben. Maar waarom nu €45 betalen voor een "vignette"? Op het strand hoor ik "Hit the road Jack" spelen. Ik kom nog wel eens terug.

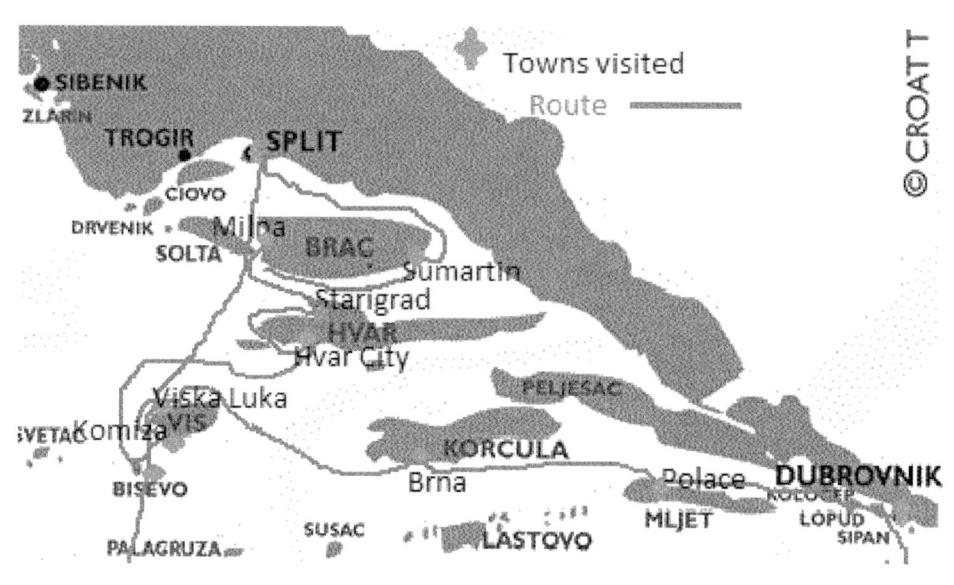

66. Kroatië

Dubrovnik is alles plus nog heel wat van wat ik er al over gehoord en in foto's gezien had. De recente oorlogsschade is voor het grootste deel hersteld.

Met twee honderd Euro minder op zak ben ik ingeklaard. Ik heb een aanlegplaats gevonden bij de jachtclub "Orsan" aan de noordkant van Dubrovnik. Het Italiaanse zeiltrainingschip "Amerigo Vespucci" ligt tegenover aan de kade.

Ik ben op een missie hier in Kroatië. Mijn thuishaven, Gig Harbor, werd door pioniers uit Kroatië op de kaart gezet. De kerk waar ik sinds 1984 lid ben, Saint Nicholas, werd door de Kroaten pioniers in 1914 gesticht. Ik ben van plan om het eerste eeuwfeest bij te wonen. En ik ben op zoek naar een kerk hier waar de meeste oprichters een band mee hebben.

Ik ben nu in Komiza op Vis. Gisteren op hetzelfde eiland, in Viska Luka, ving ik Bot. Ik heb hier niets te zoeken voor Gig Harbor maar ik weet dat er hier families zijn van Bellingham vissers. Bellingham ligt dicht tegen de Canadese grens. Vis is het meest zuid westelijke eiland van Kroatië. Er ligt hier een stel replica's van de traditionele zeil vissersboten, de Falkusa.

Ik hoor dat zaterdag een twaalftal Falkusa[39] replica's een race zeilen naar Palagruza.

Dit is een reanimatie van de jaarlijkse traditie toen de vissers, zodra het seizoen opende, het beste plekje probeerden te veroveren op de visgronden. Deze Falkusa's zijn werkelijk prachtige boten. Mijn houten boten hart klopt sneller. Het materiaal is voor het grootste deel inheems Grenen. De hoogte van de romp kan verlaagd worden, zo dat de boot ook geroeid kan worden. Het proces lijkt op Lego. Het past allemaal in elkaar zonder schroeven.

Vrijdag zeil ik mee op een Falkusa naar het dicht bijgelegen eilandje Bisevo. Dit is bekend voor de blauwe grotten.

---

[39] Een dia show: http://cometosea.us/albums/albums/Falkusa.wmv

Meezeilen naar Bisevo.

Zaterdagmorgen neem ik foto's bij de start van de race. Zij zeilen zuidwest ik zeil naar het noorden, naar Stari Grad op het eiland Hvar. En heel mooi rustig stadje. Buiten de stad, in de weggetjes door de olijfgaarden, waan ik mij in een andere wereld. Zondagmorgen ga ik naar de mis in de kerk van St. Peter de Martelaar in het eeuwen oude Dominicaanse klooster. Het mannenkoor zingt twee stemmig, het lijkt op Gregoriaans maar is melodieuzer.

Op het kerkhof, naast de kerk, herken ik namen van thuis; ik neem foto's van de grafstenen.

Na de mis, zeil ik terug naar Hvar City de hoofdstad van het eiland Hvar. De haven is tjokvol met grote jachten. Hier moet nog een oude tante wonen van kennissen. Eerst naar de kerk. Die weten van niets. Maar, zoals vroeger in de Nederlandse dorpen, is hier een leugenbank, op het stadsplein, waar de wijze mannen zitten tegen het avonduur.

Zorko Mauricic (midden) gaf me het nieuws dat de oude tante verleden jaar gestorven is. Hij kent nog een paar familieleden van mijn buurt mensen hier. Tony Busolich (2[e] van rechts, naast Zorko) heeft in Cairns, Australië, gewoond en is mijn tolk.

Mijn laatste eiland bezoek is Brac, het grootste eiland van deze groep. Eerst naar Milna en toen naar Sumartin op de Oosthoek, in zicht van het vaste land. In Sumartin maak ik contact met familieleden van drie Gig Harbor visser/bootbouwer families.

De allereerste ringzegervissersboot werd ontworpen door Simon Kazulin, uit Sumartin, en gebouwd als de "Oceania" in 1916 op de Skansie werf in Gig Harbor. Later heeft Simon Kazulin de eerste Europese ringzegerboot hier in Sumartin gebouwd.

Velko Kazulin met halfmodel van de "Oceania".

De werf bestaat nog altijd. Ik ontmoette Simons zoon, Velko, die opgegroeid is in Gig Harbor en jarenlang boten heeft gebouwd in Vancouver, Canada. Hij is hier nu gepensioneerd en heeft het ouderlijke huis gerestaureerd. Hij is 87.

Verder is er nog een stukje visserij geschiedenis gemaakt in Gig Harbor, door een Sumartinees, Mario Puretic, hij is de uitvinder van het "Power Block" een mechanisch systeem om de ringzegernetten binnen te halen. Het eerste Power block werd gemaakt op de Skansie werf in 1955. Dit revolutioneerde de ringzegervisserij.

Ik kreeg veel hulp van twee Skansi neven. Srdjan en Tomislav. De laatste woont in Virginia en brengt de zomers door in Sumartin. Srdjan was op de grote vaart en is verschillende keren op bezoek geweest bij zijn Gig harbor familie.

L>R: Tomislav en Srdjan Skansi

Van Sumartin ben ik naar Split gezeild en weer terug naar Komiza op Vis. In Komiza ben ik van Kroatië uitgeklaard en zaterdagmiddag vetrokken om naar Italië over te steken. Zondagmorgen kwam ik bij zonsopgang in Vieste, Puglia aan.

Het is de eerste juli, het werd vandaag veertig graden.

Ik heb veel voor zaken in Italië gereisd en kan aardig wat van de taal verstaan. Vanaf Vieste heb ik verschillende mooie havens bezocht, waaronder, Travi, Santa Maria de Leuca en Rocella Ionica. Het is de 11e juli en ik ben nu in Syracuse op Sicilië. Liggeld in de jachthaven is ontzettend duur voor dit kleine bootje van negen meter betaal ik €46. De anker plaats is een heel eind roeien naar de wal.

Ik tref het want de Amsterdamse capo van de Cosa Nostra is op bezoek.

Het enorme Romeinse amfitheater is een indrukwekkende bezienswaardigheid. De volgende middag vertrek ik voor een overnacht tocht naar Malta. Er is vrij veel verkeer en ik heb weinig kans om te slapen. Lekker gezeild tot de wind te zwak werd en het laatste stuk onder motor gedaan.

Vrijdag de 13e (my lucky day..) juli kom ik op Malta aan.

Valetta, Malta

67. Malta

Dit eiland heeft me altijd getrokken. De schipbreuk van de apostel Paulus, de strategische positie, de Kruisvaart, Maltezer Kruis, Vrijmetselarij, et cetera.

De eerste nacht breng ik door in de Grand Harbour Marina. Eergisteren melde ik mijn ongenoegen met de €46 liggeld in Syracuse. Hier is het €64…Maar op zijn minst is het wel eerste klas terwijl de faciliteiten in Sicilië derde klas waren. Het nadeel hier is dat het te ver naar het centrum is, te ver in de hitte de hoogtes te klimmen op de fiets. Ik vind een redelijke gunstige ankerplek dicht bij de Royal Malta Y.C. Ik kan van hier over de baai de stad inroeien.

Sint Johannes de Doper Kathedraal

De taal, architectuur en de bevolking is een mengsel van de noord- en zuidoevers van de Middellandse Zee. De lokale bevolking heeft ook wat in het gemeen met Brazilië, de kleding, smakeloos, vreemde combinaties van kleuren en patronen.

Zaterdag bezoek ik het museum in de Sint Johannes de Doper kathedraal en zondag morgen maak ik de hoogmis mee.

Dit weekend is het feest van de Heilige Maagd Maria van de berg Carmel. De straten zijn versierd en er is een processie van uit de basilica.

Processie prinses op de Basiliek

De straten en stegen liggen vol met confetti. 's Avonds vuurwerk. Hier zijn eeuwen oude tradities aan verbonden. Een paar dagen later neem ik de openbaar vervoer op de bus naar Mdna en Rabat. Bij Rabat zal Paulus de winter doorgebracht hebben. Mdna is net zoals Valetta een vestingstad en de zetel van het Maltese Bisschopdom. Hier is ook de prachtige St. Paulus kathedraal. En ook weer een bijzonder interessant historisch museum.

Ik kom hier ook mijn Franse anker buren tegen van "Una Volta", Bernard en Marie France uit Lyon met Parisienne vriendin Patricia Woensdag vroeg, de 18^e juli vertrek ik van Valetta, mijn bestemming Tunis. Het is hard kruisen in de tegenwind en tegen de avond heb ik nog steeds het westerse eiland van Malta, Gozo, in zicht. 31 mijlen in twaalf uur een gemiddelde van 2 ½ mijl per uur. Zo, kom ik er nooit. Ik sla rechts af.

Dit is de derde keer in mijn leven dat ik mijn plan voor Tunis moet opgeven. Toen ik vijftien was liftte ik van Nederland naar Italië en wilde met de veerboot van Palermo naar Tunis. Mijn paspoort en portefeuille werd onderweg naar Livorno uit mijn rugzak gerold. Twee jaar later kocht ik een boot ticket in Napels en ontdekte dat ik er niet verder dan Palermo mee kwam. Een jaar later, het jaar voordat ik naar Amerika emigreerde, lukte het me eindelijk de straat van Gibraltar over te steken naar Tanger.

Saħħa Malta!

Van mijn anker plaats, "Una Volta" met opkomende zon. Rechts de koepel van de basiliek van de Heilige Maria van de berg Karmel.

68. Sicilië en Sardinië

Donderdagmiddag ben ik terug op Sicilië, in Porto Empodocle. Vrijdag is het een prachtige zeildag naar Mazara del Vallo, op de Z.W. hoek van het eiland, dichtbij Marsala. Dit is een mooie stad. Een brede strand boulevard. De oude stad is gebouwd langs de rivier oever. De vakantiegangers zijn bijna uitsluitend Italianen.

Deze koopman brandt de kaarsen van beide einden. En volgens de tekst aan de deur van de kerk: "Ecco, io sono con voi tutti i giorni, fino alla fine del mondo" ("Voorwaar Ik ben met U alle dagen tot aan het eind van de wereld").

De preek in de domkerk was deze keer voor mij redelijk te volgen.
Ik had eigenlijk zaterdag al weg gewild, de weersverwachting was ideaal. Na de mis rekende ik af in de jachthaven en was op weg maar toen ik buiten de pier kwam beviel het me niet. Weer terug en in de beschutting van de pier geankerd.

12^e eeuwse domkerk van Santissimo Salvatore in Mazara del Vallo.

En maar goed dat ik niet doorzeilde. Van hier tot aan de noord oost hoek van Sardinië is er nergens een plek om onder de kust te schuilen.

Mis in de domkerk.

De verzoeking was er wel in het weerbericht gisteravond. Maar nu begint het weer bericht op de Marifoon met: "Securité, Securité" storm waarschuwing.

Een Franse boot ankert naast me. En nu zie ik dat een 15 meter Frans zeiljacht dat hier gister al geankerd lag is los geraakt. Er is weinig dat ik kan doen, de bemanning is klaarblijkelijk op stap. Ik roep de kustwacht op die al gauw komen en een extra anker zetten. Mijn Franse buurman heeft ook problemen als ik van een dutje wakker word. Ik besluit dat dit geen zin heeft om voor het €25 havengeld mijn boot te verspelen. Ik weer terug de haven in. Het blijft stormachtig en pas woensdag lukt het me verder te zeilen.

In plaats van door de straat van Gibraltar buitenom naar Nederland te zeilen wil ik door Frankrijk, via de Rhône en Maas terug

Vrijdag de 27^e kom ik in Olbia aan, op de N.O. hoek van Sardinië.
Jarengeleden was ik op Sardinië, op een zakenreis en ben ik toen langs de westkust gereden.

Ik ga zaterdagavond naar de mis en vertrek zondagmorgen om 7 uur met bestemming Corsica. Ik was al eerder op zaterdag naar de douane gefietst om van Italië uit te klaren.

De wind is pal tegen en ik maak weinig vooruitgang. Ik besluit om betere condities af te wachten in Porto Cervo met mijn "rich and famous" vrienden.

Ik zou me hier moeten voelen zoals mijn oma als ze per ongeluk in de Bonneterie op de Kalverstraat was terecht gekomen. Toch ontdek ik hier ook wel weer heel aardige eenvoudige mensen. De Romein, Fabio, en zijn dochter Martina, van de 17 meter Swan "Why Not?"die naast mij ligt, stellen zich voor en maken een praatje en vragen me of ze me ergens mee kunnen helpen. Hij heeft een mooie villa aan het strand, hij vertelt me dat hij een paar keer met zijn boot naar Amerika gezeild is.

Een Albert Heijn vind ik hier niet maar wel winkels die je tegenkomt op de Ginza, Fifth Avenue, en Champs Elysees. Gelukkig heb ik geen horloge nodig, mijn $15 Casio horloge heb ik weer aan de gang gekregen met een €5 nieuwe batterij, in Mazara del Vallo. Ik had mijn mooie horloge dat ik met de Kerst van mijn dochters kreeg laten liggen in de douche in Syracuse. Toen ik het ontdekte en meteen weer terug ging was en bleef het weg.

De weersverwachting blijft slecht. De Mistral blaast uit het noorden met windkracht 7 tot 8. Ik ben weer bezig met de vertaling uit het oud Frans van de drie jaar gevangenschap in China, van 1954 tot 1957, van de Nederlandse pater Jacques Huysmans, C.M., die ik in Vietnam leerde kennen. Een ongelooflijk verhaal van wreedheid, moed en vertrouwen in God.

De 1^e augustus kan ik eindelijk weer weg. Eerst even tanken. Als ik de vijf meter breedte tussen twee mega jachten naar de pomp vaar, schrik ik me een beroerte, opeens klapt een grote zijdeur open van "Laurel"; ik schreeuw, een Filipino matroos steekt zijn hoofd naar buiten en sluit de deur weer. Net op tijd. Ik moet tot 8 uur wachten voor de pomp te openen.

"Laurel" is van Seattle, als ik de Zuid-Afrikaanse crew vraag of dit Microsoft centjes zijn: "Nee, die hebben veel grotere jachten". Laurel is 73 meters lang en het grootste jacht gebouwd bij Delta Marine in Seattle.

Ik begin een beetje ongeduldig te worden om weer terug in Nederland te zijn en heb het echt wel een beetje gezien en gedaan wat de Middellandse Zee betreft. Ik ga richting Cannes en sla Corsica over.

69. Frankrijk

Drie dagen en drie nachten later, met redelijk zeilen, kom ik vrijdag morgen de jachthaven van Cannes binnen. Het liggeld valt me mee voor een haven als Cannes en een uitstekend georganiseerde haven, €26.

Zaterdagmiddag neem ik de trein naar Nice. Het is al weer heel wat jaren geleden dat ik een stuk van de Côte d'Azur zag. Ik ben op weg om oude vrienden te ontmoeten. De weduwe van onze huisbaas in Saigon in 1962 en 1963 en haar zoon en drie dochters. Joseph, de vader stierf hier een paar jaar geleden. Het is bijna vijftig jaar geleden dat ik de jongste dochter, Claudine, voor het laats zag op 26 februari 1963, zij is nu zestig, Michel is een paar jaar ouder.

Toen wij eind zestig in België woonden hebben wij de moeder, Liliane, weer gezien en de oudste dochter, Geneviève, die in Parijs studeerde toen wij in Saigon woonden. Geneviève is voor de val van Saigon, in 1974, teruggegaan naar Vietnam en zij en haar Vietnamese echtgenoot, Uyen, hebben jaren in communistische "heropvoeding" kampen doorgebracht.

Zij zijn op bezoek uit Noord Thailand en Claudine van Grenoble. Marie-Hélène is een paar jaar jonger dan haar oudste zuster. Ik heb haar nog af en toe gezien in de laatste dertig jaar als ik in Parijs op zaken was.

L.R. : Geneviève, Claudine, Michel, Liliane, Marie-Hélène.

Liliane, dik in de tachtig, is nog altijd net zo mooi en gastvrij als wij haar kenden in Saigon.

Ik heb jaren lang naar deze ontmoeting uitgezien en het is een geweldig fijne avond geworden. Liliane en de dochters hebben de echte bún bò voor het avondeten gemaakt.

Zondagmorgen voel ik me weer thuis in een taal die ik goed begrijp in de mis van 10 uur in Nôtre Dame le Voyageur, toepasselijk om de trossen weer los te gooien. Ik anker de zondagavond in Sainte Maxine in de baai tegenover Saint Tropez. Maandag zeil ik Toulon binnen.

Ik had veel zeilers me laten aanraden om de Calanques te bezoeken. Maar ik vind het een gekkenhuis, heel mooi, maar het is de Keizersgracht op 30 april en geen plekje om te ankeren of aan te leggen. Ik ga weer terug naar een rustige baai tegenover Cassis onder Cap Canaille. Het is een prachtige wandeling van de baai naar Cassis, langs de wijngaarden met indrukwekkende landhuizen. Dit is een van de mooiste stukjes van mijn Middellandse Zee reis.

Bij Cap Canaille, Cassis.

Vrijdag 10 augustus vaar ik Marseille binnen. Ik ben hier nog nooit eerder geweest. Zondag middag vertrek ik naar de mond van de Rhône. Ik heb heel wat afgelopen, geklommen en mooie kerken en historische plekken gezien.

Aan de mond van de Rhône bij Port St. Louis du Rhône. Dit gebeurt zelfs de beste zeilers.

Port St. Louis van ankerplaats.

Ik vind een kraan die de mast kan strijken, aan het kanaal dicht bij Port St. Louis. Maar de oude baas die de kraan bedient wordt hyper nerveus als ik niet snel boven in de mast de strop klaar krijg. Af en toe komt een grote tractor sleepboot langs en dan kan ik mijn mast verliezen als alles los zit en de boot gaat dansen. Toch allemaal goed gegaan. De rest van de dag ben ik bezig om alles wat op en aan de mast zit, stagen, vallen, et cetera, los te maken. Dan alles goed inpakken voor het weg vervoer. Ik vond een Duitse vrachtrijder die de mast naar Lelystad zal brengen.

Dat zal het veel makkelijker maken, vergeleken met de problemen die ik op de reis van Amsterdam naar de Zwarte Zee had. Er is een scheepsbenodigdheden winkel waar ik nog paar extra stootkussens koop voor de sluizen. Ik heb een vignette voor de Franse wateren dat een maand geldig is, iets onder €100. Een Duits echtpaar dat de Rhône afkwam geeft mij hun kaarten. Ik heb wat kaarten en gidsen voor hen, voor de Middellandse Zee.

Dinsdag morgen ga ik door de eerste kleine sluis. Net voor Arles krijg ik een angstig moment. Als ik even de kajuit in stap, staat water boven de vloer. Ik open het motor luik in de kuip, water spuit naar binnen; de pakking is los gekomen. Ik knoop zo goed mogelijk een handdoek er omheen. Maar in mijn domheid en angst knoop ik de brandstof slang er ook bij in en, als ik de motor weer in het vooruit zet, breek ik de slang. Dus meteen de tankkraan dicht. Wat nu? Ik kan niet zonder motor en zonder zeilen manoeuvreren. Ik neem de marifoon, geen ziel hoort mij. Dan zie ik een Duitse boot aankomen die ik iets eerder gepasseerd was. Het lukt me hen aan te roepen, zij slepen mij naar een ondiepe kant van de rivier tegenover Arles, terwijl ik pomp als een gek. Hier zal de boot niet kunnen zinken.

Nu kan ik ook beter zien wat er precies aan de hand is. Het water stond al te hoog om te schroefas te kunnen zien. Er is niets gebroken, ik kan de rubber schroefaslager weer terug over de buis duwen en de slangklemmen weer goed aandraaien. Ik duik ook weer een stuk slang op in mijn spullen om de brandstofslang te vervangen.

Gelukkig maar want alles is gesloten vandaag, het is Maria Hemelvaartdag. Ik had gehoopt misschien een processie te kunnen meemaken maar daar geloven ze hier niet meer aan. Ik vind een stuk of tien mooie ouwe kerken in Arles in de binnenstad. Geen een wordt nog als kerk gebruikt, het zijn nu musea of een of ander publiek gebouw geworden.

Arles, een jazz processie.

Het is zondag 19 augustus in St. Valier, Ardèche. KM 75. Ik ga stroomopwaarts, maar het valt mee. De Rhône heeft hier veel weg van de Donau.

Af en toe krijg ik een kijkje door de beboomde rivieroevers in weilanden met de witte Charolais en Limousin koeien, dorpjes en kastelen.

Als ik naar de kerk fiets voor de 10 uur mis ontdek ik dat God hier maar een keer in de twee weken langs komt. Deze zondag is Jorwerd misschien weer aan de beurt. In Marseille, in een prachtige grote oude Gotische kerk, waren een 100 stoeltjes gezet die half gevuld werden. De pater moest het helemaal in zijn eentje doen. Wat een tegenstelling met wat ik meegemaakt heb in de Stille Oceaan, Filipijnen en Vietnam.

Een paar dagen geleden ging ik door een van de diepste sluizen La Bollène met 23 meter verval. Gelukkig hebben ze allemaal drijvende bolders.

"La Bollène"

Mijn laatste stop, voor dat ik bij Lyon van de Rhône de Saône insla, is in Condrieu. Er is een redelijk grote sport haven, met wasmachine en douches. Hier liggen verschillende boten die getuigen van gebroken dromen. Ik zag ze hier en daar langs mijn weg door Europa. En in de havens vanwaar de grote oversteken moeten beginnen. Wat is er gebeurd?

In Lyon is een nieuwe bezoekers haven in het project "Confluence" wat vroeger een industrieel gebied was tussen de splitsing van de twee rivieren, nu allerlei futuristische kantoor en flatgebouwen en een reuzen grote shopping mall.

In de haven ontmoet ik een Nederlands-Zuidafrikaan, Robbie de Boer, met zijn vrouw Marge. Het is Marge's 60^e verjaardag vandaag. Zij wonen in Durban. Hij is in Hoofddorp geboren en was vier jaar toen hij met zijn ouders naar Zuid-Afrika emigreerde. Zij zijn lid van dezelfde jachtclub in Durban waar ik zes weken gelegen heb. Hij heeft de boot zelf gebouwd in Durban en naar Rotterdam verscheept. Zij zijn al een paar jaar elke zomer op de Franse wateren. Zijn charmante nicht, Hellen van Hoofddorp, is op bezoek.

Lyon

Zelfde brug, met de Basiliek N.D. de Fourvière.

De Saône is een geriefelijkere rivier, minder stroom, meer sluizen.
De sluizen hebben geen drijvende bolders meer en ik heb moeite de boot in tuig te houden met het snel instromende water.

Pret aan de sluis.

23 augustus in het mooie plaatsje Trevoux. De eerste Nederlandse roman schrijfsters.
Zaterdag 26 augustus stop ik in Seurre een mooi klein stadje. Het verkeer op het water is gestremd want er zijn hydroplaan racen vandaag. In de late middag mogen we door naar de jachthaven, op een zijriviertje. 's Avonds hoort vuurwerk bij het feest.

Sint-Maarten, in Seurre, is aan de beurt deze week voor de half elf dienst.

Er hangt een scheepsmodel in de kerk en de Kinshasa pater geeft een mooie preek over: "Ik en mijn huis wij zullen de Heere dienen."

Het is 29 augustus en ik ben bij KM 381 net in Fouchecourt aangekomen, hier eindigt mijn reis op de Saône en sla ik het Vogezenkanaal in; buiten Nancy om. Dan wil ik door het Marnekanaal naar Parijs.

Maandagnacht lag ik op een plekje waar ik ver van de bewoonde wereld was, doodstil, alleen af en toe de roep uit de verte van een uil. 's Morgens vroeg werd gras gemaaid. De geur mengde zich met die van koemest.

Er zijn nog altijd sluiswachter huisjes, die niet altijd meer bewoond zijn door sluis personeel, hier en daar kan je van de bewoners, groenten, fruit, eieren of honing kopen.

De sluizen zijn hier meest automatisch. Een 200 meter voor de sluis hangt een buis over het water die je snel moet pakken en een halve slag draaien om het vullen of legen proces van het sluis bassin te starten. En eenmaal vast in de sluis is er een stang die je naar boven moet duwen om de deur dicht te doen en het vullen of legen te starten.

In plaats van de buis te draaien zijn er ook trajecten waar je de sluis met een afstandsbediening apparaat in beweging brengt. Maar gisteren en vandaag waren er sluizen die bemand zijn. Dit zijn meest studenten, zij rekenen op €1 fooitje.

In een van de sluizen is een huurbootje naast me met een echtpaar en hun dochter en schoonzoon, uit Bern. Ik had vier jaar verkering met een Bearnaise, wij skieden wel eens in het Berner Oberland, vanuit Adelboden. Dus moest ik samen met mijn buren in de sluis, uit volle borst, het "Vogellisi" zingen. Het "Vogellisi", in Schwizerdütsch, is voor de Berner-Oberlanders wat "De blanke top der duinen" voor ons Nederlanders is. Met de akoestiek in de sluis moet het wel een wonderlijke indruk gemaakt hebben op de andere boten, een Amerikaan en een Franse charterboot die in een onherkenbaar taaltje zingen. Het was zelfs nog gekker toen ik in 2006 aan het strand van Vietnam in een Zwitsers gezelschap belandde.

De 4^e september hoor ik van de sluiswachter dat ik met mijn diepgang van 1,75m niet door het Marne naar Rijnkanaal kan want de waterstand is gevallen tot 1,4 m. Later kijkt Tanja, op het Nederlands motorjacht "De Eenling" of ik mogelijk via het canal d'Ardennes kan varen, ook negatief want het is ook gezakt op 1,6 m. Vandaag, 5 september, wordt me verteld dat de Maas voor onderhoud van een stel sluizen, wordt gesloten voor drie weken vanaf 15 september. Dus ik moet zo snel mogelijk voor de 15^e in Namen zijn.

Voordat ik mijn Rhône tocht begon heb ik mijn vrienden uitgenodigd om een stuk mee te varen door Frankrijk. Ce Ce was de enige die de beet nam. Zij is de Girl from Ipanema die ik op haar 59^e verjaardag in Saint Thomas ontmoette, in 2009. Ik had gehoopt haar in Parijs aan boord te nemen. Mijn plan is nu de boot een paar dagen in Namen te meren en Ce Ce in Parijs van het vliegveld af te halen.

Hier in St. Mihiel lig ik aan de kade naast "Brave Bart", een luxueus motorjacht als verbouwde "Katwijker". Het is in Alphen a/d Rijn door Boot gebouwd in 1910. Het vervoerde als "Kieks" zand van de Westerschelde naar Holland. Gerard Morgan Grenville, een bekende Britse milieu activist, was de eigenaar, toen onder de naam "La Poursuite du Bon Air". Later ook de Amerikaanse film acteur Darren McGavin, de echtgenoot van Kathie Brown, die speelde in "Bonanza". De huidige eigenaars Jim en Diane willen graag wat meer weten over de geschiedenis van de boot en ik beloof te gaan zoeken. Bij toeval is er een familie connectie met de Boot familie tak in Woubrugge, van de scheepswerf "De Dageraad" en mijn groottante Grada de Vries-Boot.

Dun sur la Meuse.

7 september, ik ben in Dun sur La Meuse. Gisteren was ik in Verdun. De Franse Maas is prachtig. De mais wordt geoogst en de akkers geploegd. Het is weer warm geworden.

De 11e september ben ik in Dinant. België is het 50e land dat de "Fleetwood" bezoekt sinds we van Amerika vertrokken in 2005.

Het is gelukt voor de sluiting van de Maas de 13e september in Namen te liggen. Zondag komt Ce Ce in Parijs aan. Mijn neef Dirk Jan komt morgen van Haarlem om spullen, vooral mijn zeil zakken, te halen om wat ruimte te maken voor mijn gast.

Ce Ce is voor het eerst in Parijs en we bezoeken de bekende trekpleisters. Jammer dat de Eifeltoren[40] toen al net weg was. Dinsdag zijn we met de trein via Brussel weer terug in Namen. Ik heb mijn fototoestel in de Thalys trein laten liggen. Gelukkig heb ik nu een getuige als er twijfel bestaat of ik zondag wel naar de kerk was. Het is best gezellig en Ce Ce weet de weg op een zeiljacht en het extra paar handen in de sluis maakt het allemaal makkelijker.
Ondertussen weet ik wat meer van de schrik die Ce Ce had twee weken geleden. En dit is waarschijnlijk ook de reden dat toen zij de kans kreeg om een tijdje van huis weg te zijn, ze mijn aanbod gretig aannam.
Ze woont in een groot huis in een buitenwijk van Atlanta, Georgia. Een van haar zonen woont in en ze verhuurt het souterrain en de bovenverdieping.

Het was een hete zomeravond, wat koelte kwam door de hordeur. Ce Ce zat op de sofa naar de TV te kijken. De voordeur ging open en twee jonge knapen komen binnen met skimutsen en willen weten waar haar brandkast is. Zij dacht eerst dat het haar zoon met zijn zwarte vriend was en een grapje wilden maken. Een had een afgezaagd jachtgeweer. De boven huurder kwam op het lawaai naar beneden, hij moest plat met zijn neus op de vloer gaan liggen. Ce Ce werd vastgebonden, maar ze worstelde zich los en vluchtte door de tuindeur. De schutter schoot haar na en door de luchtdruk en een schampschot van de hagel viel zij neer. Zij bloedde maar het lukte haar het bos in te kruipen. De twee knapen en de tussenpersoon, de drughandelaar voor de knapen die hem geld schuldig waren, werden gearresteerd en zullen heel wat jaartjes vast zitten.

In Luik heb ik een missie. Onze tweede dochter, Rose Marie, is in 1968 in Brussel geboren en door ons geadopteerd. Toen ik deze winter bij haar logeerde gaf ze me te kennen dat ze toch wel graag contact wilde hebben met haar biologische moeder. Haar oudere zuster, Lisa, die in 1964 in Santa Barbara geboren is heeft haar biologische moeder gevonden, al twintig jaar geleden. Rose Marie's moeder is van Luik en ik heb een straat adres. Maar dat is al 44 jaar geleden. Ik vind een oude dame, over de negentig die zich de familie herinnert maar geen idee heeft waar ze naartoe vertrokken zijn. Ik moet nog maar eens terug komen en op het bevolkingsregister gaan zoeken.

Via Maasbracht, Nijmegen, Zutphen, Kampen, Elburg, Spakenburg komen we vrijdag de 28e september in Muiden aan. Ik had al contact met Henk van Halteren, de baas van de Nieuwboer Botterwerf, gehad en was van plan in Spakenburg te stoppen. Maar hij kwam net de haven uit om naar Muiden te varen voor de "Koster tot Kapelaan" botter race, naar Volendam.

Ce Ce en ik mochten mee op Henks BU-59. Het was een fantastische zeildag en er na in Volendam [41] lekker gezellig op z'n Hollands na-gevierd.

Mijn connectie met Henk en Botters komt uit de associatie met de "Groote Beer", waarover ik eerder schreef tijdens mijn verblijf in Monnickendam in 2010. Deze maand verscheen het hoofdartikel in het september/oktober nummer van het Amerikaanse tijdschrift "Wooden Boat Magazine", onder mijn naam, over botters en de Nieuwboer botter werf.

---

[40] Een video waarom de Eifeltoren weg was: www.cometosea.us/albums/albums/CeCeEurope2012.wmv
[41] Video te zien op: www.cometosea.us/albums/albums/Botters.wmv

Koster tot Kapelaan race, bij het Paard van Marken.   Foto Ce Ce Coffee

Zondag waren we weer terug bij watersportvereniging de Schinkel in Amsterdam.

Alles bij elkaar de reis van de Middellandse Zee naar Amsterdam was: 1.650 km, 251 sluizen, 150 liters diesel, €275 in liggeld.

Ce Ce vliegt 10 oktober terug naar Atlanta.

Mijn kleindochter Corrine heeft het erg naar haar zin hier bij de UVA en kent Amsterdam al op haar duimpje en spreekt ook al wat Hollands. Ik ben dolblij dat ik dit jaar hier met haar kan meemaken.

70. Overwintering in Nederland

Op 13 november houd ik het eerste exemplaar van "De Mastmakersdochters" in mijn handen. Het had nog heel wat voeten in de aarde en ik ben blij dat ik hier ook voor teruggekomen ben, in plaats van de Straat van Gibraltar uit te zeilen.

Ik had gehoopt op schaatsijs, misschien mijn laatste kans nog weer eens op een Hollandse sloot te schaatsen. Voor het eerst ben ik in Nederland op de 30^e april en krijg ik de kans op een prachtige zomerse dag de pret mee te maken. En kort daarna het Kroningsfeest.

Nu neem ik ook de gelegenheid te baat om mijn bootdek te vervangen. In de dertig plus jaren is het 12 mm Teak versleten en er zijn talrijke kleine lekken in het dek. Het is gelijmd met kit op 12mm multiplex en bevestigd met schroeven van de onderkant van het multiplex. De punten van de schroeven kwamen bij het uitslijten op de oppervlakte en dat is niet leuk om met mijn blote knieën op het dek een zeil aan de voorstag te bevestigen; en het begon te lekken. In 2003 heb ik een paar honderd schroeven verwijderd. Met de kit bleef het muurvast zitten. En toen teak pluggen in de gaatjes gezet. Een heidens werk. Maar nu moeten er meer drastische steppen genomen worden. Ik begon er mee in april nadat de winter stalling weer in het water lag en ik in de loods kon werken. Om de hoek van de WSV "De Schinkel", bij Hans de Boer.

Nu ik op zijn minst nog zes maanden in de buurt zal zijn ben ik lid geworden van het kerkkoor van de Augustinus Kerk. We hebben een geweldige dirigent. Het koor, "Cantemus Dominum" bestaat uit ongeveer zestig leden, vrij gelijk verdeeld in sopranen, alten, tenoren en bassen. Ik zing al jaren tenor in mijn kerkkoor in Amerika.

Het hoogtepunt van mijn vier jaar terug in Nederland te zijn wordt de 4e mei uitvoering als wij voor een stampvolle kerk, op de dag van de Dodenherdenking, Fauré's Requiem en Cantique de Jean Racine en Mozarts Ave Verum en Laudate Dominum zingen. We geven dit concert samen met het "Plankenkoor".

Woensdag de 8e vliegen we naar Rome en zingen op Hemelvaartsdag in de mis in de Sint Pieter. Zaterdagavond zingen we in de mis in de Aartsbasiliek van Sint Jan van de Lateranen. Zoiets zal ik levenslang niet vergeten. Hoeveel Amerikanen krijgen zo'n kans?

Ik had gerekend om in juni met de boot klaar te zijn maar dat werd begin augustus.

Eind augustus geef ik een afscheidsfeestje voor familie en vrienden en leden van de Schinkel club. Maar een week later ben ik al weer, terug in Amsterdam.

In de buitenhaven van IJmuiden ontdek ik dat de zalingen in de mast te los zitten, mijn AIS systeem klopt niet en een loeiende storm in de haven brengt me terug in de realiteit dat ik deze mankementen eerst moet oplossen. Het is onderhand ook al hachelijk geworden om de Canarische Eilanden te bereiken voordat de herfststormen dit te gevaarlijk maken.

Ik hak de knoop door. De mast weer naar beneden om weer dwars door Frankrijk naar de Middellandse Zee te varen.

Het probleem in de mast, waar speling is in het gat voor de zalingen, laat ik lassen.

Deze keer toch maar weer de mast op de boot meegenomen.

Dinsdag de 24^e september, op een vroege mistige morgen, gooi ik de trossen los op "De Schinkel". Via de Westeinder, Alphen kom ik de eerste dag tot Dordrecht. In Woubrugge even langs de kant gegaan om een "De Mastmakersdochters" boek achter te laten voor Bouw van Wijk, de sloepenbouwer. De Duitse Mastmakersdochter was een tante van ons beiden.

Van Dordrecht door het kanaal door Zuid Beveland naar Terneuzen.

Toen ik veertien was waren we op vakantie met onze ouders in Zeeland. Wij zijn toen met de Veerboot overgestoken en gefietst naar Gent, langs het kanaal. Dat was in 1951. Wat me altijd bij blijft is dat we nog uren van Gent weg de kerktorens al konden zien. Net zoals Jacques Brel er over zingt. Ik kan de torens nergens vinden vanaf het kanaal of in het varen rond de stad waar het kanaal in de Schelde uitkomt. Er zijn industriële gebouwen schouder aan schouder langs het kanaal en hoge gebouwen in de stad verbergen de kerken. Jacques Brel zal het wel vanuit zijn vliegtuig beschreven hebben.

Vrijdag de 27^e vind ik een mooie rustige ligplaats in Oudenaarde.

Op het internet had ik een foto gevonden van een vrouw met precies dezelfde, ongewone, naam als de biologische moeder van Rose Marie. En er is een gelijkenis. Ik had zelfs een adres gevonden en haar een brief geschreven, zonder het over de adoptie te hebben, maar wel zo dat als zij inderdaad de moeder is en interesse in contact heeft zij het begrepen zou hebben. Zij kent onze achternaam. Maar ik had er geen antwoord op gekregen. Toch maar eens langsfietsen. Ik neem mijn vouwfiets mee in de trein en moet drie keer overstappen. Het fietstochtje is door een prachtig landschap in de buurt van Tournai. Het blijkt dat zij tien jaar jonger is. In ieder geval is dat opgelost en het uitstapje waard.

Ik neem dan de trein naar Leuven, om mijn kleindochter Corrine te bezoeken, met maar een overstapje in Brussel. Zij is hier begin mei getrouwd met Euan, een Schot die zij in Seattle ontmoette en die hier zijn laatste jaar aan de Universiteit van Leuven voor zijn doctoraal studeert.

Corrine is in Amsterdam afgestudeerd in januari. Het is een prachtige laat zomerdag en op de fiets doen we een rondje Leuven.

Maandag anker ik bij Perrone, in de Schelde. Dinsdag de 1ᵉ oktober net over de grens in Franrijk in Escadoeuvre bij Cambrai. Van hier verlaat ik de Schelde voor het St. Quentin kanaal.

Escaudoeuvre

Een elektrische sleepboot trekt ons tweeën door een lange tunnel aan het eind van het St. Quentin kanaal.

Vrijdag 4 oktober kom ik in Reims aan. 's Avonds is er een uitvoering in de kathedraal van een koor uit Kiel. Chorale Heinrich Schuetz. Zondag naar de hoogmis. Het is moeilijk mijn aandacht te houden met de voortdurende verandering in de schakeringen van de brand geschilderde ramen.

Ik word ook afgeleid door te fantaseren hoe het mogelijk was om dit bouwwerk te voltooien met de middelen en een tiende van de inwoner van Reims in de 13ᵉ eeuw. Hier werden keizers en koningen gekroond en in de volle kerkdiensten gehouden, in plaats van de nu honderdtal kerkgangers gehokt achter het altaar.

De moderne ramen vervangen die door de Duitsers in de eerste wereldoorlog zijn vernield. De Imi Knoebel ramen zijn door Duitsland gegeven en in 2011 onthuld.

Bij Imi Knoebel.

    Maandag ben ik in Chalons en Champagne. Vandaag 51 km door 15 sluizen gevaren, een tunnel door van 2,7 km. Het lijkt net alsof ik in de lucht zweef, in het midden van een pijp, door het spiegelbeeld in het water.
    Ik kan geen seconde mijn concentratie verliezen, ik heb op zijn hoogst 1,5 meter ruimte aan beide kanten. Er hing een dikke mist die pas rond elf opklaarde, het was moeilijk de stoplichten te zien op de sluizen. Van hier af aan begint het serieus klimmen naar het hoogste punt.
    Het is woensdag de 9e oktober, op het kanaal tussen Champagne en Bourgogne. In sluis 66 wordt me verteld dat vanaf sluis 63 het verkeer gestremd is tot morgenochtend omdat er een militaire oefening plaats vindt op de vliegbasis langs het kanaal bij St. Dizier. Zij raden me aan om aan de volgende sluis te overnachten omdat bij deze sluis "Gens du Voyage" zijn. Ik verstond eerst "Agence de Voyage" maar het was hun "politieke correcte" aanduiding voor zigeuners. Ik heb haast en doe liever die twee extra sluizen vandaag dan morgen. Ik vertel de sluiswachter dat ik nog nooit een slechte zigeuner ontmoet heb.
    Ik kan het woonwagenkamp zien liggen. Er is nergens een kade om aan te leggen en te ondiep aan de kant, dus ik zet mijn anker in het midden voor de sluis. Als ik aan de eettafel zit hoor ik een harde knal tegen de romp. En als ik naar buiten kijk zie ik een stelletje rotjochies wegrennen.

Dat gaat leuk worden om hier als een lokeend hulpeloos midden in het kanaal te drijven. Het is al donker en ik hoop maar voor het beste. Maar rond 11 uur wordt ik wakker van een luchtgeweer schot.

De volgende morgen ontdek ik de pellet diep in het multiplex van de kajuit. De sluis zou om 8 uur opengaan. Maar er gebeurt niets, dan komt een grote Franse motorboot me vertellen mijn anker op te halen want hij wil er door. Het blijkt nu dat de groene lens van het verkeerslicht op de sluis ook door die schooiertjes kapot geschoten is. In plaats van de Fransman mij mijn beurt te geven neemt hij de hele sluis in beslag en ik moet weer wachten tot hij er uit is en de sluis weer vol loopt. Dus, een vervelende les geleerd. Toch maar voortaan het advies van de lokale bevolking volgen. Bij de volgende sluis vertelt de sluiswachter me dat het gewoon geen doen is om de lenzen van de sluislichten aldoor weer te vernieuwen.

Van hier zijn er nog vijftig stijgende sluizen en dan ben ik op het hoogste punt en gaat het makkelijker en sneller bergafwaarts.

Zaterdag 12 oktober. Het is koud in de vroege morgen, mijn handen zijn blauw door het vasthouden van de natte bemodderde landvasten in de sluizen. Vers geploegde akkers.

Hier hangt de bekende geur van houtvuur kachels, die herinneringen terugbrengen aan mijn eerste winter bezoeken in de Vogezen en Alpen. Ik ga door de laatste bergopwaartse sluis op 375 meter boven zeespiegel. Dan door een 3,8 km. lange tunnel. Vandaag heb ik weer een sluis begeleider, Rudi, van de V.N.F. (Voies Navigables de France) die langs het kanaal in een klein autootje meerijdt, om de sluizen met de hand te bedienen. Gisteren was het Manuel. Zij stellen een fooitje op prijs en van hun kant krijg ik veel goede aanbevelingen voor ligplaatsen, et cetera. Het gaat nu sneller, vandaag door 31 sluizen en 42 km afgelegd.

Langs de volle lengte van de Saône en de Rhône worden de Amerikaanse Populieren door Maretak van het leven beroofd. Een vreemd natuurverschijnsel want als de boom dood is sterft de Maretak ook af.

Nu ben ik op de Saône in Verdun sur le Doubs, het is maandag de 14^e oktober. Vandaag had ik maar 3 sluizen en legde 88 km af. Ik heb ook wat meer ruimte en hoef niet meer constant met de hand te sturen. Woensdag ben ik weer terug in dezelfde haven in Lyon waar ik verleden jaar september was, in de "Confluance". Het is nu gratis want er is niemand in het laagseizoen om liggeld te incasseren.

Het is een stuk gezelliger in Lyon op de westoever in de buurt rond de universiteit dan het was in de zomervakantie. Dit is de Rive Droite en de straatjes en stemming lijkt op de Rive Gauche in Parijs. Als ik Lyon verlaat en in de Rhône terecht kom wordt de stroom nog sterker. Mijn gemiddelde snelheid op de Saône van 11 km/uur is nu 15/16km.

De eerste nacht op de Rhône lig ik weer in de grote jachthaven van Condrieu.

Dezelfde "roer"loze boten liggen er nog die ik hier verleden jaar tegenkwam. Mos groeit op de landvasten, en niemand schijnt de "Roep van de Ekster (Magpie)" te horen.

Het landschap begint te veranderen, meer Cipressen, Libanonceders, wijngaarden en rode dakpannen.

In Valance lig ik in de grootste jachthaven aan de Rhône, 450 ligplaatsen en het is 95% bezet. Ik vul mijn tank hier. Dit is een luxe om een tankstation aan het water te vinden, meestal moet ik jerrycans een dorp in slepen.

Vandaag kom ik dit bordje tegen, op de sluis. Om dat het Duitse verbasterd is neem ik aan dat er met "No Tipping" ook iets mis is. Waarom zou iemand hier fooitjes willen achterlaten met zijn vuilnis? Maar als ik het later in de haven, voor de zekerheid, toch maar even aan een Engelsman vraag, blijkt hij het te herkennen voor geen vuil te storten.
In de 55 jaar dat mijn spreektaal Engels is ben ik deze uitdrukking nog nooit eerder tegen gekomen.

Ik vraag me af wat de reactie van een Brit zal zijn als hij in Amerika een bordje "No tipping" ziet.
In Diezelfde 55 jaar is er ook heel wat veranderd in het Nederlands dat ik tot 1957 sprak. Ik kan me nog steeds niet brengen tot: "Doewie!" te gebruiken, of "Daar wordt je niet vrolijk van!".

De eerste keer dat ik de uitdrukking: "Is er verder nog iets dat ik voor U kan betekenen?" hoorde, was ik gelukkig even sprakeloos, want ik had anders misschien iets geantwoord waar ik me later voor zou schamen.

Zaterdag 18 oktober anker ik in de mond van de Vieux Rhône waar ze in de nieuwe Rhône vloeit. Geregeld komt de TGV trein over de brug maar ik was in diepe slaap of er reden weinig in de nacht, ik sliep ongestoord. Het is nu nog maar een kort stukje naar Avignon. Verleden jaar was ik daar voorbij gevaren. Het weer is stormachtig met regenbuien. De wind uit het zuiden is tegen de stroom in en er staan gemene hoge golven. Als een vrachtschip langs komt, vooral in de nauwere gekanaliseerde stukken, kaatsen de boeggolven kilometers ver van oever tot oever en weer terug. De boot steigert als een Bronco en neemt de gang er uit. Vandaag weer door de 23 meter diepe La Bolène sluis.

Le Pont d'Avignon

Die zondagavond, in Avignon, woon ik de mis bij in een mooi oud kerkje, Chapel de St. Louis. Het is 75% vol en er zijn aardig wat jongelui en zelfs wat kinderen. De pater is een Spanjaard die moeilijk te verstaan is.

Ik ontmoet aan de kade een Quebecois, Marc Pilar. Hij heeft in Engeland een Amerikaanse Nordic Tug gekocht. De enige in Europa die de scheepsbouwer, uit mijn omgeving, in de Southampton Boat show had staan. Hij heeft voor de tweede keer een succesvolle IT firma verkocht. De eerste keer heeft hij op zijn zeiljacht een paar jaar in de Atlantische oceaan rondgezworven.

Dinsdag varen Marc op "Vliemeux"[42] en ik richting de Middellandse Zeekust.

Net boven Arles slaan we rechts af de Petite Rhône in en via een lang recht nauw kanaal, dwars door de Camargues komen we die avond in de haven van Aigues Mortes aan.

Aigues Mortes was eens een belangrijke haven in de Rhône delta aan de kust van de Middellandse Zee. De imposante vuurtoren getuigd hier nog van. Maar de kust is over de jaren meer dan vijf kilometer van de stad zeewaarts gekropen.

Door aanslibbing van de Rhône, net zoals ik al eerder beschreef in juli 2011 in Sulina op de Donau aan de Zwarte Zee. Aigues Mortes (dode wateren) is door Koning (de Heilige) Lodewijk IX gesticht voor uitvalhaven van de kruisvaarders vloot, in 1272.

---

[42] Frans-Canadees uitdrukking voor: Plager, Pestkop

Château de Tarascon, ten zuiden van Avignon. Foto Marc Pilon

Wilde paarden in de Camargues.

Tour de Constance, Aigues Mortes

De volgende dag, 23 oktober doe ik het laatste stukje zoet water en laatste sluis in Gau du Roi, waar nu de vuurtoren en zeehaven is. Van daar is het een 3 km naar de kunstmatig aangelegde jachthaven en condominium complex Port Camargue.

Dat zit er weer op. Ongeveer 1.600 km, 241 sluizen €145 liggeld en 180 liter diesel. Alles bij elkaar, twee keer de Rhône en de Donau komt het totaal voor de Europese waterwegen op:

565 sluizen, 6.000 km alles solo, behalve van Namen tot Amsterdam verleden jaar.

Dit is een van Frankrijks grootste jachthavens, aangelegd in de zeventig jaren. Hier wordt morgen de mast weer rechtop getakeld. Het is weer warm geworden. Mijn muskietennet moet weer uit een donkere hoek van de boot opgegraven worden. Na al de jaren in de tropen, is dit bij ver het kwalijkste plekje wat muskieten betreft. Vanaf drie uur 's middags tot de volgende morgen word ik opgegeten door zwermen van hongerige steekmuggen, als zij een plekje vinden waar ik me niet ingesmeerd heb.

Ik ben hier nog een tijdje zoet met de mast weer goed gestaagd te zetten, wachten op mijn nieuwe draadloze multiplexer voor mijn navigatie systeem, de korte golf radio weer aan te sluiten, et cetera.

Zondag fiets ik naar Grau du Roi voor de mis van 10 uur. Mijn voorband gaat plat. Ik zet de fiets op slot en loop het laatste stuk. Geen mens te zien als ik bij de St. Pierre op de stoep sta. Weer hetzelfde liedje, God slaat Grau du Roi over vandaag. Maar mijn zondag wordt gered door Viviane en haar broer Jean-Pierre die hier een uitstapje maken van uit Nimes. Er is mis in Aigues Mortes en ik hoef de 5 km niet te lopen. Ik rijd met hun mee.

De kerk N.D. des Sablons is een prachtige middeleeuwse kerk. Viviane is op haar 60^e van de Protestantse naar de Rooms Katholieke kerk overgestapt. Dus wij zijn beiden "ontkettert". Jean Pierre nodigt me uit om met hen een geweldige typische Franse zondag lunch te eten.

Viviane in de zijkapel van Ste. Thérèse in de N.D. des Sablons.

    Marc Pillon komt een paar dagen in de haven liggen. Ik kook voor ons tweeën, met vers geraapte Eekhoorntjesbrood paddenstoelen. Gisteren geraapt onder de Pins Maritimes. Marc vertrekt de volgende dag, 1 november, naar Les Saintes Marie de la Mer.
    2 november, een zaterdag, het weerbericht ziet er redelijk gunstig uit om zeil te zetten voor de Balearen. Met mogelijke uitwijkhavens aan de Spaanse Oostkust.
    Maar ik ben een paar uur later weer terug in Port Camargue met een stuk polypropyleen touw om de schroef en een gekwetste reputatie. Ik had de kaart beter moeten bestuderen om de kardinaal boei buiten de haven meer ruimte te geven. Ik kwam in een ondiepte terecht waar het tjokvol was met kreeftvallen. Dit wordt een dure grap. €345 voor de sleep. In plaats van het touw onderwater te proberen los te snijden besloot ik weer de wal op te gaan om zeker te zijn dat er verder geen schade aan de schroef en de schroefas is. En tegelijkertijd mogelijke schade aan de onderkant van de ijzeren kiel te boetseren van de verschillende keren dat ik in Frankrijk vastgelopen ben.
    Dit blijkt geen overbodige voorzorg te zijn. Op een paar plekken is het ijzer bloot gekomen.
    De 6^e november ziet het weerbericht er redelijk, uit na een paar dagen van stormweer. Maar als ik de volgende morgen, donderdag, nog een laatste blik werp op het meteo bulletin bij de havenmeester, blijkt het dat de wind vannacht van noordoost naar zuidwest draait en er later windkracht 7 tot 8 verwacht is. Maar nu merk ik dat mijn AIS[43] systeem niet werkt. Ik beslis om toch te vertrekken en dan in Frontignan, bij Sète, gunstigere condities af te wachten en vandaag de kans te krijgen om te zien dat alles aan boord goed loopt.
Ik had mijn grootzeil laten repareren in Hoorn en daar ben ik tevreden mee.

---

[43] Automatic Identification System. Via Marifoon zie je op een scherm de schepen in je buurt en een alarm kan gezet worden op een gewenste afstand.

De jachthaven in Frontignan is een half uur fietsen van de stad.

Ik vind, Patrick, een technicus die vrijdag en hij krijgt de AIS aan de gang. Maar gelukkig anders moet ik tot dinsdag wachten want maandag is alles dicht voor de 11^e november Herdenkingsdag. Frontignan is een heel mooi oud stadje. Zondag ga ik naar de mis in de St. Paul kerk gebouwd in het begin van de elfde eeuw in Romaanse en gotische stijl.

De weg terug naar de jachthaven gaat door de Camargue zoutwater moerassen en overal staan de Flamingo's in het ondiepe water te turen.

's Middags maakt Julien Pernod, een jonge zeiler, een praatje met mij. Hij laat me zijn boot zien die hij voor $ 2.050 in Florida gekocht heeft en hier heen gezeild heeft over de Atlantische oceaan.

Julien Pernod en zijn low-budget zeewaardig jacht.

Hier is weer een staaltje van hoe klein de wereld is. Hij heeft de boot voor de overtocht opgeknapt in Green Cove Spring op de St. Johns rivier in Florida, waar ik was met de "Fleetwood" in 2008 en 2009. Een stel van dezelfde namen van de "regulars" waarvan het anker in de rivierbodem is vastgeroest, passeren de revue.

Hij is een echte avonturier en heeft al heel wat van Amerika gezien, in Alaska gewerkt en in Port Townsend, een klein oud havenstadje in mijn buurt waar ik goed bekend ben. Ik vraag hem natuurlijk of er een familie connectie is met de bekende Pastis, hij bevestigt dit.

Het heeft de 10^e en 11^e hard gestormd, op de terugweg van de stad op zondag was de wind zo sterk dat ik er niet tegen in kon fietsen en ik de fiets voor me uit moest duwen. Maar de weersverwachting is dat ik van Frontignan af een kort weervenster heb en als ik dichter bij Ibiza ben het daar redelijker zal zijn als aan de Franse kust.

De 12^e november zet ik mijn koers voor de Canarische Eilanden via Ibiza.

71. Epiloog

Gig Harbor, Washington, april 2017.

Tijdens Kerst en Nieuwjaar, na de 16e november 2013 schipbreuk, gebruikte ik de flat van mijn Zweedse zeil vrienden in Palma de Mallorca. Kort daarna was ik terug in Nederland en vloog begin april 2014 naar Gig Harbor. Mijn plan was om, na de april feesten hier, een boot te gaan zoeken in Florida, een opknappertje, en dan weer mijn oude plan voort te zetten om naar Cartagena, Colombia te zeilen.

Maar ik kreeg hier de kans om een kopie van de "Fleetwood" te kopen. Ik had in 1980 nog drie bouwpakketten van de Engelse scheepsbouwer gekocht. Het eerste bouwpakket was verkocht aan een jonge man die de boot een paar jaar gezeild heeft en haar toen heeft verkocht. De tweede eigenaar moest van de boot af voor gezondheidsredenen. Multiplex boten zijn hier heel moeilijk te verkopen. Ik kocht de boot voor de spaarcentjes die ik had en na een grondige onderhoudsbeurt, dezelfde kleur en naam als mijn eerste "Fleetwood". Vanaf Gig Harbor, via het Panama, voltooide ik mijn circumnavigatie op 31 maart 2017, een maand na mijn 80^e verjaardag, voor de kust van Fort Lauderdale, Florida.

Houdt een oogje op mijn blog www.cometosea.us .

Wie weet komt er nog een vervolgverhaal.

De Oude, 17 mei 1980 † 16 novembe 2013   De nieuwe 2014 ???

72. Dankwoord

Allereerst ben ik dankbaar dat ik dit boek kon schrijven. De schipbreuk had fataal voor mij kunnen aflopen. Ik ben dankbaar dat dit avontuur mij zoveel heeft geleerd en zegen heeft gegeven en dat ik weet wie de Donor is.

Een aantal vrienden heeft me geholpen met het doorlezen en corrigeren. De laatste zestig jaren is Engels mijn voertaal waardoor mijn kennis van de Nederlandse taal achteruit is gegaan.

In de volgorde van het boek:

Maria Boonzaaijer[44], zelf een succesvolle en productieve schrijfster die sinds wij elkaar in Frans Polynesië ontmoetten haar vierde boek publiceert. Maria heeft ook geholpen bij de redactie van "De Mastmakersdochters"

Mieke van den Berg, wij kennen elkaar van het koor van de Augustinus kerk. Mieke is vertaalster Duits en tekstschrijfster.

Jeannette Jansen-van Oostveen en Henk Jansen, zij hebben een dubbele portie voor hun rekening genomen. Jeannette en ik kennen elkaar vanaf de lagere school. Zij en Henk hebben me ook met mijn eerste boek geholpen.

Mijn neef Karel van den Berg en zijn vrouw Ankie. Toen ik bij hen op bezoek was in Eck en Wiel in de gerestaureerde oude boerderij, telde ik ongeveer 3.000 boeken. Karel bezweert me dat hij ze allemaal gelezen heeft. Zij hebben ook meegewerkt aan "De Mastmakersdochters".

Ermi Jansen[45], zij en haar man Sjef zijn zeilvrienden die ik in Fiji ontmoette. Ermi heeft drie romans geschreven. Zij redigeerde ook een gedeelte van "De Mastmakersdochters".

Jan Siebold de Vries, mijn neef, 6^e generatie van de Mastmakers familie. Hij heeft de twee laatste porties van "SoloMan" voor zijn rekening genomen, met de hulp van zijn broer Carol.

Heel hartelijk bedankt, ik heb er ook weer veel van geleerd, zonder jullie hulp was dit mij nooit gelukt.

---

[44] https://www.facebook.com/MariaBoonzaaijerFanpage/

[45] Ermi Jansen: Uitgeverij Global Sailing.

73. Index voor de Diashows

Dus eerst www.cometosea.us/albums/albums en dan /Shipwreck&Baleares.wmv als voorbeeld voor de eerste diashow dus de complete link is dan :
www.cometosea.us/albums/albums/Shipwreck&Baleares.wmv

In volgorde van het boek   www.cometosea.us/albums/albums/

Schipbreuk en Balearen 2013	Shipwreck&Baleares.wmv
Van California tot Vietnam 2005-2006	PacificthruPhilippines.wmv
Vietnam 2006	Vietnam.wmv
Borneo tot en met Zuid-Afrika 2006-2007	BorneothroughSouthAfrica.wmv
Van Zuid-Afrika tot Virginia 2007	SouthAtlantic.wmv
Intra Coastal Waterway winter 2007-2008	ICW.wmv
Chesapeake Bay zomer 2008	Chesapeake.pdf
Intra Coastal Waterway november 2008	ICWNovember2008.wmv
Noord Caraiben Winter 2009	Caribbean2009.wmv
Oversteek naar Holland 2009	AtlanticCrossing2009.wmv
Holland 2009-2010	Holland2009-2010.wmv
Van Noordzee naar de Zwarte Zee 2010-2011	Danube.wmv
Zwarte Zee 2011	BlackSea.wmv
Griekenland en Turkije 2011-2012	Greece&Turkey.wmv
Adriatischezee en West-Middellandsezee 2012	WesternMed.wmv
Frankrijk naar Hollland 2012 en retour 2013	ThroughFrance.wmv

Er zijn meer diashows bijvoorbeeld van de Falkusa race in 2012 /Falkusa.wmv
De winterreis door Indochina in 2009-2010: /Indochina.wmv en diashows van traditionele ilschepen op http://www.cometosea.us/albums/TraditionalSailingVessels.doc
U kunt een link index vinden voor al mijn diashows op www.cometosea.us/albums/albums

74. Index van "Logs"

De Logs werden geschreven direct na het verlaten van een stuk van de tocht. Hier vindt U meer specifieke beschrijvingen en is waardevol voor zeilers die deze zelfde route willen volgen. Vaak staan de GPS anker coördinaten er bij.

Dit is de volgorde van de reis. Dus de eerste vindt U als: www.cometosea.us/albums/log-Marquesas.htm

Marquesas.htm
Papeete.htm
Tahiti.htm
Fiji.htm
Vanuatu.htm
Melanasia.htm
Philippines.htm
Vietnam.htm
Malaysia.htm
Indonesia.htm
Bali.htm
IndianOcean.htm
Madagaskar.htm
South Africa.htm
St. Helena.htm
SouthAmerica.htm
Chesapeake.htm
CaribbeanWinter2009.htm

Na dit laatste Log begon ik met geregeld blogs te schrijven met gedetailleerde gegevens, beginnend met de oversteek naar Nederland in juni 2009 op www.ComeToSea.us.

75. Contents

1. Inleiding 5
2. De "Fleetwood" rond de wereld route. 6
3. De Rekening 7
4. Alles Kwijt 8
5. Goudlokje en de Drie Beren 10
6. Tagomago.. 12
7. Hoe kwam ik op de klippen terecht? 12
8. Hulp van alle kanten 14
9. Dromen 16
10. Uitstel 18
11. De "Fleetwood" 19
12. Een domper op de droom 20
13. Naar zee met AOW 20
14. Solozeilen 23
15. Door de Golden Gate 27
16. Santa Barbara 28
17. De Stille Oceaan.. 30
18. De Markiezen 32
19. Nuka Hiva 38
20. Ua Pou 41
21. Pape'ete 41
22. De Benedenwindse Eilanden 48
23. Amerikaans-Samoa 50
24. (West) Samoa 51
25. Wallis 53
26. Fiji 55
27. Vanuatu 58
28. Banks Eilanden 63
29. Honiara, het eiland Guadalcanal 69

30. Ghizo 71
31. Papoea Nieuw-Guinea 73
32. Terug in het Noordelijke Halfrond 74
33. Filipijnen 76
    Mindanao 76
    Cebu 77
    Naar Mindoro 81
    Mindoro 83
34. Vietnam 84
    In Vietnam 1961-1963 88
    De slag van Ap Bac 93
    Danang 95
    Hanoi 99
    Terug in Danang 100
    Nhatrang 102
    Saigon 103
35. Borneo 110
36. Confrontatie met een Moro Moslimrebel 114
37. Sulawesi (Celebes) 115
38. Bali 119
39. Kersteiland 123
40. Seychellen 125
41. Moord op Madagaskar 129
42. Mahajanga 132
43. Zuid-Afrika 134
    Richards Bay 135
    Zes weken in Durban 136
    Kapers op de Kaapse Kust 142
44. Sint-Helena 146
45. Brazilië 152

46. Langs de Amazone, Frans-Guyana en Suriname	155
47. Trinidad	160
48. Van Oost naar West	165
49. De Intra Coastal Waterway	166
50. De Chesapeakebaai	174
51. SoloMan raakt op een zijspoor	175
52. Weer solo op het oude spoor	179
53. De Maagdeneilanden	183
54. Puerto Rico	188
55. Hispaniola	192
56. Terugreis naar Florida	196
57. Florida	197
58. De oversteek naar Holland	200
59. In Nederland	209
60. Van Noordzee naar de Zwarte Zee.	219
Bratislava	228
Budapest	229
Servië en Kroatië	230
Calafat	234
Zimnicea	239
Winterstalling	241
Knippen en Scheren in Zimnicea	242
Bulgarije	248
61. De Zwarte Zee	256
Constanta	256
Varna	258
Nessebar	259
Sozopol	261
62. Istanboel	264
63. De Egeïsche Zee	268

64. Middellandse Zee 2012	275
65. De Adriatische Zee	285
66. Kroatie	287
67. Malta	292
68. Sicilië en Sardinië	294
69 Frankrijk	297
70. Overwintering in Nederland	306
71. Epiloog	318
72. Dankwoord	319
73. Index voor de Diashows	320
74. Index van "Logs"	321